双底线思维

中国宏观经济政策的实践和探索

毛振华◎著

中国人民大学出版社
·北 京·

<<< 推荐序

在实践中思考解决中国问题的方案

本书作者毛振华与我的交集源于他的老师、我的挚友董辅礽先生。20世纪90年代末，按照董辅礽先生的要求，博士在读的毛振华旁听了我开设的经济史课程。他的博士论文《资本化企业制度论》提交答辩时，我受邀担任答辩委员会主席，给了论文较高的评价。后来，此论文由商务印书馆成书出版，听说好评不少。董先生2004年逝世后，以他的学生们为主，发起设立了董辅礽经济科学发展基金会和中国经济学理论创新奖，毛振华是主要的操办者，我也是支持者。

毛振华1979年考入武汉大学，那一代大学生有着强烈的家国情怀。作为中国信用评级行业的开创者，毛振华的事业平台越来越大，但他不忘初心，在把中诚信做成国内最大的信用评级机构后，2007年选择了转身——将大部分精力转向了学术研究和教育事业。目前，他担任中国人民大学经济研究所所长、武汉大学董辅礽经济社会发展研究院院长等职。他在武汉大学、中国人民大学和中国社科院研究生院等高校和研究机构担任硕士生、博士生导师，指导了一批学生。他2006年在中国人民大学参与创办的“中国宏观经济论坛”已成为国内很有影响力的宏观经济研讨会，已持续了13个年头，每季一次，已开了50次，如此坚持实属不易。他在这个宏观经济研讨会上发表的很多观点，也引起了学界、决策层和市场的关注。这次，毛振华以他在这个论坛上的讲演发言稿为主，整理成书，体现了他对中国经济运行和政策的观察思考。可以看出，很多见解是很有价值的。2009 年，他发布了题为《次高速增长阶段的中国经济》的研究报告，第一次提出了中国经济增长原有动力发生变异，中国经济已告别超高速增长阶段，进入次高速增长阶段，这与后来中央关于“中高速增长阶段”“经济新常态”的提法高度吻合。他执笔的 2016 年年度报告提出，要进一步明确宏观调控中防风险与稳增长的双底线思维，并将防风险放在更加突出的位置上。这一政策建议也与 2017 年中央开始更加关注防风险甚至将此列为三大攻坚战之首的经济政策高度吻合。2018 年，中国债券市场信用风险上扬，企业债务违约常态化，这也从侧面印证了毛振华当初的判断具有很强的预见性。他提出的以中央政府、地方融资平台、企业和家庭部门之间的债务“大腾挪”来缓释地方政府隐性债务风险和企业部门信用风险的主张，以及把提高企业股本率作为降低负债率的主要措施的主张，很有针对性和前瞻性。

对于他这些学术成绩的取得，我并不意外。多年来，毛振华在学术上孜孜追求，在企业经营实践中不断思考，这本《双底线思维：中国宏观经济政策的实践和探索》是他回归研究后交出的一份答卷。

2008 年以来，为了应对全球金融危机，多国政府出台了相应的政策，多国经济学家积极参与了这一现实课题的研究，出了一些新的成果。经济学家们对中国宏观经济形势与政策的判断，历来众说纷纭，莫衷一是。但可以肯定的是，至少从以下角度看，毛振华这本书是独一无二的：把研究起点拉回到十年前，以中长期视角重新分析和判断 2008 年的这次危机给中国带来的影响，审视在政策应对方面的得与失，明确未来的政策取向。从这个视角展开分析的优势显而易见——摆脱当下的约束和短视，拨云去雾，方见月明。他在这本书中对中国宏观经济形势的判断、对宏观经济政策的思考都充满真知灼见，对当下中国经济政策的制定有启发作用。特别是他对中国债务风险防范的认识、对提高企业股本率的看法、对中国经济增长动能转换的认识，以及对民营经济发展的建议等，都切中当前中国经济运行的风险点，对防范化解重大风险、确保经济稳定增长具有很强的现实可操作层面的参考意义。

经济研究是一项伟大的事业，希望毛振华“不忘初心，永葆好奇心”，继续沿着理论创新之路不断开拓进取。毛振华由仕转商、由商转学的人生两度转身，也让我欣赏和支持。我希望更多的年轻人将理论学习与社会实践相结合，为中国学术研究贡献更多的智慧，为中国经济社会问题的解决提供更多的方案。

我祝贺本书的出版，也期待毛振华在经济学研究的道路上取得更大的成就。

2020 年 3 月

<<< 自　序

复盘过去十年，继续看多中国

2008年爆发于美国并逐渐蔓延到全球的金融一经济危机是我们研究宏观经济和宏观政策必须关注的一个重要节点，是中国宏观经济的分水岭。其实，中国经济在经历了一个长周期的增长后，在2007年达到峰值，实际上也需要进行一次周期性的调整。2008年上半年，我们施行的是防止经济过热的政策。当我们在奥运圣火熄灭之后再看全球经济的发展时，世界已是满目疮痍。我们的首要任务调整为应对美国及其他国家的救市政策对中国的影响。从这时开始，中国这个没有爆发金融危机的国家所采取的政策以及这些政策所产生的效应，既改变了中国的经济格局，也改变了世界经济的格局。就对中国经济的影响而言，我在2009年发表的题为《次高速增长阶段的中国经济》的报告中已经提出，金融危机后支持中国经济超高速增长的因素已经衰减甚至逆转，但韧性犹在；除惯性因素外，结构转型也会带来一些新的增长动力，中国经济将告别超高速增长而进入次高速增长阶段。这个提法曾被官方采用，只是后来被“中高速”“新常态”等表述所替代，但表达的内容大体上是差不多的。可以说，全球金融危机之后，中国潜在经济增长平台下移已经是不争的事实。这虽然有金融危机冲击的影响，但更多的是改革开放最初三十年支持中国经济增长的全球化、人口、资源等传统红利逐步衰竭带来的必然结果。

除了对经济运行的影响之外，金融危机对中国宏观政策的影响是另一个值得深入研究的课题。2008年全球金融危机对经济理论和宏观政策提出了很多新的挑战，欧美等发达国家纷纷启动货币宽松政策以挽救经济。相比之下，中国并非金融危机的风暴中心，所受影响相对可控，但随着欧美等经济体陷入萧条，欧美等国居民依托高负债支撑的超出实际支付能力的消费难以为继，外需大幅下滑，国内GDP增速也一度出现断崖式下跌。虽然当时中国经济内生增长动能仍在，通过结构调整转型升级或仍有望使经济保持较快增长，但GDP增速短期快速下滑使各界对中国经济增长过度悲观，同时发达经济体大幅量化宽松的氛围也鼓励了国内政界学界通过政府干预稳定经济的热情。为了对冲全球金融危机可能给中国经济带来的进一步下行的风险，中国启动了以“四万亿”投资计划为主要内容的一系列经济刺激政策，由此进入“债务—投资”驱动的经济增长模式。从金融危机开始直至2016年，保增长、稳增长一直是中国宏观调控政策的主要内容。值得一提的是，虽然这一时期的政策更偏向于稳增长，但金融危机时的保增长措施本身就以防范风险、应对危机为出发点，本质上仍然与防风险有着重要关联。并且在保增长、稳增长的过程中，政策仍然对防风险予以了高度关注。例如，在危机之后，随着通胀压力、资产泡沫开始显现，货币政策又开始调整。2011年，中国人民银行明确将货币政策取向由“适度宽松的货币政策”调整到“稳健的货币政策”。

在2008—2016年稳增长、保增长措施的带动下，中国经济实现了全球率先企稳，为中国经济发展赢得了难得的窗口期。中国经济保持次高速增长，与西方国家错峰，我们成为世界第二大经济体、最大的贸易国，并在2014年成为资本输出国。中国经济从此站在近代史以来最高的平台上。但稳增长下“债务—投资”驱动的经济增长模式也导致宏观风险尤其是债务风险快速积聚。根据我们的测算，截至2016年年底我国宏观总杠杆率已经达到265%，较2008年增幅超过120个百分点，虽然低于日本、法国、加拿大，但已超过美国、韩国，也高于同等发展水平国家。其中，非金融企业部门杠杆率高达180%，居于全球首位；政府部门杠杆率也持续增长。此外，为稳增长投放的巨量货币在房地产、股市、债市伺机流动，导致了房地产结构性泡沫问题突出、资金"脱实向虚"加剧等。

2016年，随着全球经济的复苏和中国经济的稳中向好，中国宏观政策迎来了调整窗口期，有机会在稳增长政策的边际效用下降和风险累积到相当程度的情况下开启一轮以控风险为主要目标的政策调整。2016年年中，我发表了以《中国宏观经济政策必须转向防风险》为题的报告，第一次把金融危机以来中国的宏观政策浓缩为"稳增长、防风险的双底线思维"。报告提出，金融危机以来长期的稳增长政策取得了良好的效果，但同时也积累了债务居高不下、金融机构不良资产率攀升等诸多风险；随着美国经济复苏，欧洲经济企稳，国际市场需求回升，宏观政策应转换至以防风险为重心。这个报告通过中国人民大学的智库渠道提交给中央并获得了领导批示。此后政策的调整与转向也在一定程度上印证了我的判断。2016年7月举行的中央政治局会议提出要"抑制资产泡沫和降低宏观税负"；2016年年末的中央经济工作会议提出稳增长、防风险，这个思想在2017年的两会也有所体现；2017年10月举行的十九大把"防范化解重大风险"列为三大攻坚战之首。2016年下半年至2017年，相关监管部门持续出台防风险、去杠杆的政策，宏观杠杆率增长出现边际放缓势头，风险有所缓释。一系列宏观政策的调整表明，如我之前所预期和建议的，宏观调控重心转向了防风险。2018年至2019年，在中美博弈加剧、中国经济运行外部不确定性增加的背景下，宏观政策再度加大了对稳增长的关注。2018年6月的中央政治局会议提出“稳就业、稳金融、稳外贸、稳外资、稳投资、稳预期”的“六稳”政策，并在此后的多次重要会议中予以重申。但在政策变中求稳的同时我们并未放弃防风险。2019年年末的中央经济工作会议在“稳”字当头的同时明确强调要继续打好三大攻坚战。2016年以来，中央关于经济政策依然有多个目标，但经常浓缩为稳增长和防风险，双底线思维逐步定性。

回顾2008年以来十余年中国宏观政策所走过的路，我认为，金融危机以来中国的宏观政策可以高度浓缩为两条：稳增长以及与稳增长相配套的一系列政策，防风险以及与防风险相关的一系列政策，也就是稳增长、防风险的双底线思维。这是我近年来一个主要的研究成果，也是我加入中国人民大学从事研究工作以来对宏观经济理论的一个重要贡献。然而，经济学研究是一段漫长的旅程，并非一朝一夕之功。从1979年9月进入武汉大学政治经济学系政治经济学专业学习开始算起，我与经济学结缘迄今已逾四十年。1983年我大学毕业，第一份工作在湖北省统计局综合处；两年后调入湖北省政策研究室，先后在战略研究处和综合处工作。1988年6月，我被借调到海南建省筹备组，起草第一届海南省政府工作报告，建省后调入海南省政策研究中心担任经济处副处长。1990年，我调到国务院研究室工作。在1992年我创办中国诚信证券评估有限公司前，我基本上在政府的研究机构工作，从事宏观经济与宏观政策的研究。20世纪80年代后半期，我发表了一些关于宏观调控理论和宏观经济形势分析的文章，也因此我2006年有幸加入中国人民大学，被聘为经济研究所联席所长、教授、博士生导师。我结合之前的研究经历和研究兴趣，把研究的重点放在宏观经济动态分析与政策研究上，并和杨瑞龙教授、刘元春教授一起创办了中国宏观经济论坛。我们研究团队每个季度发布一次研究报告，我几乎参加了每一次论坛，撰写过主报告和分报告，也发表了一些文章。其中不少观点引起了决策层的重视，双底线思维就是其中之一。本书所收录的，正是这一时期我的一些研究成果。

在经济学近三百年来的发展历程中，各类经济学理论与流派不断涌现，大师辈出，灿若星辰。我不敢与经济学大师们相比，但思想的光芒无论多么微小，总该有它存在的价值。我把我这些年关于双底线思维的文稿整理成本书，如果诸位读者觉得能从中得到一些思想上的启发和收获，我将深感安慰。

毛振华

2020 年 3 月

目　录

第三部分 稳增长与防风险：宏观调控的两条底线

第四部分 寻找新的经济增长点：新思路、新方案

导言

双底线思维：中国宏观经济政策的实践和探索

2007 年夏天，次贷危机在美国爆发并很快波及全球。2008 年第三季度，受出口萎缩拖累，我国经济增速出现明显下滑。当年 11 月的国务院常务会议推出了旨在扩大内需、促进经济平稳较快增长的一揽子政策，即后来公众熟知的“四万亿计划”。2009 年 2 月，国务院审议通过包括钢铁、化工、有色金属、汽车等在内的“十大产业振兴规划”。项目所需资金除极少部分由中央财政划拨外，大部分由地方政府负责筹措。同期，央行政策取向转为信贷与货币政策双宽松。在一系列“稳增长”措施的带动下，中国经济率先企稳。2009 年，中国超过日本成为第二大经济体，并于 2013 年超越美国成为第一大货物贸易国，常年稳居全球第二大进口国地位。这些经济成就的取得，与中国在金融危机后及时采取措施稳定增长不无关系。宏观政策的调整使得中国经济在金融危机后全球经济普遍低迷的情况下赢得了难得的发展机遇。

但是，这些刺激政策也带来了诸多问题，引发多重风险。十年来，中国宏观杠杆率快速攀升，债务风险加剧。2017 年以来，随着宏观去杠杆政策的推进，宏观杠杆率增长边际放缓，但依然处于较高水平。其中，非金融企业部门债务风险高企，国有企业部门尤为突出；地方政府显性债务风险虽然可控，隐性债务风险不容小觑，未来债务偿还压力明显；房价快速上涨，加杠杆买房导致居民部门杠杆率上升的同时，也削弱了居民消费能力。2018 年以来，经济下行叠加融资环境收紧，信用事件频发，债务周期转换背景下信用风险尤其是民营企业信用风险集中释放，已引发关注。与此同时，长期宽松的货币政策导致货币政策效率递减，经济过度货币化问题逐步暴露。加之危机后很长一段时间我国的金融监管实际上有所放松，金融机构及其从业人员的贪婪导致金融过度创新，资金脱实向虚，金融风险逐渐积聚。更重要的是，非金融部门债务风险存在向金融体系传导的现实渠道，进一步加剧金融系统的脆弱性；一个孱弱的金融体系无力为非金融部门提供必要的支持，让债务重压之下实体部门的发展以及整个经济的增长愈发举步维艰。稳增长、防风险已成为现阶段宏观调控的两条底线。特别是，要明确稳增长和防风险的逻辑顺序，现阶段防风险是稳增长的前提。

本书首先对次贷危机爆发后十年来中国经济的走势、政策的调整与演化做一个简单回顾；接下来对这些应对政策所带来的得失进行深入评价与反思，并结合当前我国经济面临的主要问题和困难提出未来宏观调控应构建防风险、稳增长的双底线思维，且防风险为稳增长的前提；最后对中美贸易冲突可能带来的影响做了简要分析。

◎ 金融危机前后宏观经济政策的回顾

2008 年的金融危机是一个转折点。中国在 2008 年上半年经济还比较热。实际上，世界经济危机是 2007 年从美国开始的。中国情况比较特殊，中国在 2008 年有一个重要事件是奥运会。为了迎接奥运会，中国国内整体气氛都非常热烈，全社会的关注点是奥运会，经济上也是热火朝天。2008 年上半年的货币政策是上调存款准备金率，这是收紧银根的一个标志，是防止经济过热的一项政策。也就是说，2008 年全世界出现危机的时候，我们浑然不知，还沉浸在经济高速增长的过程之中，还在防止经济增长过热。到 2008 年下半年，等奥运会的圣火熄灭之后，我们发现世界经济满目疮痍，这时我们采取了非常激烈的政策来刺激经济增长，防止经济快速下滑。这一年中国的宏观经济政策历史罕见地向两个方向使劲：一般来说经济政策都有规律，都有中间过渡段，但这一年我们没有，上半年在防止经济过热，下半年在防止经济快速下滑。因此 2008 年是一个非常重要的年份。

2008 年以来，中国经济政策调整到保增长。2008 年下半年防止经济快速下滑，之后，保增长、稳增长就一直出现在我们的政策目标里。到 2016 年年底，防风险也被纳入进来。但这只是从字面来看，实际上从 2008 年起中国经济就在防止风险。防止下滑也是防风险，我们最害怕的就是世界金融危机波及、传染、影响到中国经济。但在政策里没有看到“防风险”这个词，出现这个词的时候已经到了 2016 年。这是我们从政策分析里得到的结论。2016 年年底中央经济工作会议正式提出了防风险，尽管是放在最后一部分，但实际上可以说这翻开了中国经济政策的一个新篇章。2017 年中央经济工作会议正式提出来把防风险作为攻坚战之首。

◎ 稳增长政策评价：成绩与问题

怎么来看这段时间的经济政策呢？如果把 2008 年到 2018 年这十年当作一个长周期来看，这段时间的中国宏观经济非常值得我们思考和总结。

这十年发生了很大的变化。第一大变化：2009 年，中国成为全球第二大经济体。中国成为全球第二大经济体这件事情本身是历史性事件，就像习总书记说的“中国历史上从来没有像今天这样接近我们伟大复兴的目标”。第二个变化也很重要。2009 年，中国成为世界第一大贸易国。成为世界最核心、最主要的贸易国这件事情，也反映了中国在世界上的地位。中国不仅是全世界最重要的出口国，也是全世界最主要的进口国。第三个变化是过去从来没有过的。2014 年中国成为资本的净输出国，也就是说中国对外投资净额与外商直接投资的差额出现正数。

这三个变化放在历史长河中来看，都是历史性事件——成为全球第二大经济体、第一大贸易国、资本净输出国。这三个变化恰好发生在 2008 年危机之后。从这个意义上讲，这些成绩的取得，和我们旨在保持增长的一系列经济政策是分不开的。

另外，中国宏观经济还有其他一些新变化：第三产业比重上升，需求结构向以消费需求为主转变。第三产业比重上升是一个国家走向发达的标志，现在中国第三产业发展的速度大大快于第一产业和第二产业，这使得整个中国的经济结构发生了向现代化转变的历史性进步。从需求结构来看，消费在不断上升，外贸在小幅回暖，投资在不断下降，这是我们所期望的结构。我们期望中国制造业的市场靠中国，中国人民生活水平的提高靠我们的消费能力。但做到这一点并不容易。经济学讲的需求叫有效需求，即有支付能力的需求，不是心理、生理需求，是指货币购买力。

改革开放和加入 WTO 为中国经济增长带来了很大的贡献，但是我们迎接胜利果实是在 2008 年危机之后。所以中国经济和世界经济是错峰发展的，在其他国家经济大规模下滑的时候，我们保持了一定的增长速度。这里的“一定”很重要，“一定”的背后是我们有很多措施。这些措施有正向作用，也有负向作用。正向作用不需要说太多，但是问题一定要搞得很清楚，因为问题导向才是所有经济政策的出发点。稳增长政策所积累的风险逐步显现，是我们要研究的主要问题。

首先是“债务—投资”的驱动模式。金融危机爆发时，出现了流动性的短缺，很多企业经营难以为继。这时就要向市场注入流动性。在以美国为首的西方国家出现了量化宽松的政策。当时的美联储主席格林斯潘和他的继任者伯南克都是量化宽松的支持者。伯南克上任不久后曾说："我要用直升机在天上撒钱，让老百姓去买东西。"美国是一个过度消费的国家，他们采取的宽松政策是向私人企业注资。我们采取的方式是直接向国有企业注资。2008 年危机之后中国经济增长的奥妙，在这里；我们的困难，也在这里。西方国家私人资本的投资一定要收回来，美国在几年之后把投资都收了回来并且赚了钱。中国的情况就不一样了，中国经济总体的杠杆率持续上升。

我们讲的宏观债务率涉及三个部门——政府、企业和居民。中国地方政府的债务有两类——隐性债务和显性债务。单看显性债务，我们是比较低的，加上隐性债务就比较高了。地方政府负债率攀升是很大的潜在风险。现在财政部、央行、发改委、审计署都在清理地方政府债务，对地方政府债务的清理成为国家经济政策的一个非常重要的手段。债务的增长速度大大高于 GDP 的增长速度，所以说现在的经济增长很大程度上是靠债务增长来推动的。地方政府债务攀升很快，但总体可控。另一块就是非金融企业部门的负债，我国非金融企业的债务率达到 166.8%，远高于世界平均水平。另外是居民债务，过去我们一直认为我国居民债务是比较低的，但是居民债务这几年攀升很快，在 2016 年和 2017 年有些月份居民贷款增长速度高于整个社会的新增贷款增速。这段时间最大的一个问题就出现在居民部门——杠杆率突然上升，家庭部门风险隐现。居民借了钱，投入到房地产中去，降低了实际消费能力，其他消费受到制约。

除了债务问题，当前我们面临的另一个问题是投资率不断下降，最终资本的形成对经济增长的贡献率下降。现在我们投入 2 元的货币发行带来 1

元的 GDP，在 2006 年的时候获得 1 元的 GDP 只需要投入 1.2 元，这是一个很重要的变化，反映了国家经济增长对于货币制造的依赖。钱投放出来，并不能最终形成资本，资本形成的经济贡献率下降了。

量化宽松政策还引致了不同领域的资产泡沫，特别是房地产泡沫，现在房地产还是处在高位运行。另外，人口、资源、资本这些传统的红利在消失，整个社会的全要素生产率出现明显下降。现在我们投入巨大的货币换来的增长与货币投放是不成比例的。货币投放本身没有对错，假定全社会的物质财富是均等的，投放更多的货币会摊薄以前的每个单位财富的价值量。传统的货币学理论认为，更多的货币追逐同样多的商品会产生通货膨胀。但中国发行了很多货币，商品还是这么多，却没有发生通货膨胀。这是中国的一个机遇，刚好我们在产能过剩期。另外，劳动力成本升高、人民币汇率上升也导致“中国制造”竞争力的下降。劳动力成本的上升是双刃剑：一方面提高了工资，提高了劳动者的报酬，提高了消费能力，改善了人民的生活，这是我们应该做的；另一方面提高了生产成本，降低了“中国制造”的竞争力。两者权衡，我们需要一段时间之内逐步提高生产水平，但是不是需要这么快提高仍值得研究。

中国经济的新常态，既是由经济发展的客观规律决定的，也是前期经济刺激政策所导致的必然结果。这些政策有两面性：一方面提高了中国的地位，推动了中国的经济增长；另一方面积累了风险。增长在一端快速地显现，风险在另一端快速地积累，这是我们目前遇到的问题。

◎ 宏观调控思维转向以防风险为核心

在这样的背景下，我国宏观经济政策面临经济危机以来的调整转换期——宏观调控思维转向以防风险为核心。我自己在这方面做了很多研究。

2009 年我提出“次高速增长的中国经济”，第一次比较正式地做出研究报告，反映经济政策的历史性转换。2014 年我出了一份报告：新常态下宏观风险的缓释机制。我们认为，宏观风险已经很高，要建立一种缓释机制，因为不能任由风险爆发。西方国家的经济危机被认为是有效的破坏手段，让经济重新回到均衡，有积极的意义。中国一直没有发生危机，我们也不想发生危机。但要建立缓慢释放风险的机制，危机的苗头出现时让危机往后延，不能不消化。特别是要防止出现巨大的破坏性风险，这是我们很重要的思考。2016 年年底，我们提出稳增长与防风险双底线的中国宏观经济。2016 年中央经济工作会议第一次提出了防风险，2017 年加大了防风险的政策力度。2017 年 6 月，我们提出警惕违约风险的爆发引发金融市场波动。2017 年 12 月提出防止监管踩踏可能带来的市场风险的超预期释放。我们进一步提出 2018 年是发展的普通年、监管的特殊年。这是我们对形势的一个判断，这些判断也反映了中国经济政策调整的变化。

为什么宏观调控的重心要向防风险转换呢？我国债务风险已接近临界点，然而改革开放四十余年，我们国家没有发生过大的经济危机，在这个过程中我们的经济取得了耀眼的成绩，这足以证明我们的调控能力。我们也没必要害怕危机，金融危机可以帮助消除某些问题，打开资源重新配置的新局面。中国经过这么长时间的发展能够应对小危机，中国的企业有防风险的能力；中国居民的生活水平经过这么长时间的提高，也能防范一些小风险或局部风险。在整体债务水平很高的情况下，我们一定要防范小风险捆绑进而变成大风险，警惕危机的发生。

如果一个经济系统中有很大一部分投机性融资和庞氏融资，那么风险是很大的。庞氏融资者知道自己不能还钱，还钱的唯一来源是再借钱。我有一个观点——金融危机是金融体系的人制造的，不完全是实体经济的危机。大多数危机不是实体经济传过来的，而是源于金融系统的交易。因此，对金融从业人员的管制是防范风险的核心。所有投机性的交易都来自金融体系本身，源于金融机构、金融从业人员的贪婪。对于金融体系的这种判断或许过于负面，但我们的确要看到金融风险的实质。

非预期收紧是指在特别的环境下突然采取比想象过激的措施的时候，有可能因为一种过激措施超出预期而产生债务危机。货币政策非预期收紧引发经济危机有三种路线图：第一种是引发企业资金链断裂。金融去杠杆导致利率上升，企业还不起利息，企业的资金链断裂。第二种是整体流动性紧张。金融机构不愿意把钱拿出来，整个金融交易出现问题，市场的信用就出现问题，票据不能兑付，想卖的卖不掉，后续安排不能实施，整个经济也要出现问题。第三种是市场交易引发的资金链断裂。某些产品出现了问题，如在股票交易市场放杠杆，用自有的 1 元和借来的 9 元买股票，等到股价下跌时没钱补仓，如果股指大幅下跌就会出现系统性的兑付风险，整个交易就会被中断，这时非理性地抛售资产，就会出现大面积的亏损从而导致经济危机。这些非预期收紧是我们要防范的。无视风险的释放会出现很多问题。

从历史经验看，大多数经济危机是由金融系统危机引起的。1929 年美国经济危机之后，世界上几乎所有的经济危机都是金融危机，是金融系统先出问题然后冲击到实体经济。为什么出现这样的情况呢？过度的金融化和货币化，金融业脱离实体经济的需要发展，这就是危机的起因。2008 年美国的危机是一段时期内放松监管导致过度的货币化、金融化造成的，但美国在危机之后采取的是量化宽松政策，本来就很宽松，还要继续量化宽松，进一步投放货币。一切都指望时间这个伟大的窗口，却忘记了开越大的窗口就有越大的容量待消化。我们要看到金融危机本身。中国史无前例地把防范金融危机放在金融攻坚战的首位。产能过剩不会引发系统性危机，部分钢厂、煤矿关闭不会出现大问题，有很多的替代品刺激经济。唯独金融这个总阀门打开不是一个小的品种的问题。我们分析发现，全世界金融体系高度的顺周期性加剧了危机的爆发与传播。所谓顺周期，就是经济越好，越借钱，债务规模越来越大。等到一个拐点的时候，危机就爆发了。全世界的大危机都是以这样的逻辑发生的。我认为发生一些小危机以释放风险是有必要的。危机的发生是重新配置社会资源的过程，有些企业要发生破产，不配得到社会资源；资源要用在好的企业中。危机是双刃剑，我们不讲其破坏作用，好的一面是它能带来重组、新的技术革命、新的结构。

前文提到我们必须把经济政策调整到以防范风险为主上面来，对此还要看实施的可能性。中国经济整体企稳，为防风险提供了机会。有个很重要的指标是企业的利润增长。当然，企业利润增长也要从两方面来看——大型企业、上游企业好一些，一度被打压的煤炭、钢铁企业得到很好的恢复，但是像制造业、轻工业等行业的企业还是不太好。在这种大背景下，国家宏观调控的重心要向防风险方向转变。

关于经济政策有很多说法，如保增长、调结构、惠民生、防风险。但底线思维是最重要的，不能放松的底线是保增长、防风险，其他的都可以说是中长期的，如调结构、惠民生，都不是短期能解决的问题。但保增长和防风险一天都不能出问题，防风险出问题就会导致大风险，增长垮下去也不行，这两件事情是大的底线思维。很多人提到底线是降低失业率、完善社会保障制度、扶贫，我认为这些都是中长期的问题并一直在变好。但保增长和防风险随时可能变化，所以我们在这两个问题上要小心。

双底线思维的核心是这两个底线之间是有辩证关系的——谁处在优先

位置、谁是前提，这才是我们研究双底线思维的最大价值。

把防风险提上日程之后，2017 年这一年中央高层对防风险一再提出要求，特别是把防风险列在三大攻坚战之首，并在十九大报告中提出这一点，体现了我们的忧患意识和底线思维。三大攻坚战分别是防范化解重大风险、精准扶贫、污染防治。污染防治肯定是中长期的，不是一天就能做好的。精准扶贫是改革开放以来我们对人民收入最大的贡献，我们的贫困人口在逐渐减少，但我们提了一个加速的目标，即在 2020 年消灭系统性的、成片的贫困，有了时间的要求，扶贫成为一个紧迫任务。但十九大报告中仍然把防范化解重大风险放在首位，这充分体现了中央对防范金融风险的认识。在这样的背景下，我们出台了很多防范风险的政策，包括控制宏观杠杆率，总体上讲就是要把总债务水平降下来，这是总龙头，只有在总龙头控制的情况下才能调结构，才能有保有压，有重点地来防范。另外就是要完善监管，对金融监管体制做了调整，合并银监会和保监会，强化了人民银行的功能，成立了国务院金融稳定发展委员会。在地方政府债务方面也做了很大的政策调整，“开前门”“堵后门”，特别是打击违规举债，这给了地方政府很大的压力。

我国宏观调控的思维是双底线的思维，是稳增长和防风险相辅相成，既要防风险又要稳增长，并且这两者互为条件、互为前提。在防风险时增长不好，风险就会更大；在稳增长时出现风险，稳定肯定不好，这两者是孪生的。即便如此，两者之间还是有重点的，一方面保持较为稳定的增长速度至关重要，没有稳定的增长，就没有时间窗口，就无法为防风险创造条件。特别是在全球经济出现风险的时候，保持稳定增长就是不出大风险最重要的前提。另一方面，政策的边际效用下降，风险累积到一定规模，就要强化危机意识，这时候应该推出防风险政策。

◎ 大国博弈下的中国经济形势

在全球贸易保护主义升温的背景下，中国要重启经济刺激政策吗？我的观点是，我们现在的主体问题在国内，不在国际，所以不能随便放弃防风险的底线、重启经济刺激政策。但是要高度关注中美的贸易摩擦，因为中美贸易摩擦不是简单的经济贸易问题，而是更深一层的大国博弈问题，是中国的GDP超过了美国的2/3、中国的经济增长速度加快、中国赶超美国的势头非常明显的问题。中美贸易摩擦是在世界经济政治格局可能重写这样的背景下出现的，是在国家与国家间的力量均衡发生变化的背景下出现的。这个背景是大国博弈，所以我认为有三种可能性：轻度、中度、重度的情景。轻度情景就是贸易问题，双方冲突降温，最后达到一种新的均衡，继续前行。中度情景是贸易摩擦升级，双方贸易冲突波及更多的领域，中国的机电产品、家电玩具、纺织行业都将受到比较大的影响，美国的运输设备、电子产品、农产品、化工产品也会受到比较大的影响，结果是两败俱伤。重度情景是双方展开全面的贸易战，影响将不再限于经济领域。

短期来看，中美贸易摩擦对中国经济是有冲击的。但是中国有自己的理论，要坚持自己的方向。在美国自私的贸易保护主义背景下，中国要高举全球化、自由贸易的旗帜，这不只是对全世界的贡献，也符合我国的国家利益，也是我国传统价值观的体现。全世界自由贸易的扩大，在全球化分工背景下对中国是有利的。我们要有足够的自信，这是我们现在很重要的政策选项。

在对美关系上，我们要有更长远的思考。中国处于上升期、追赶期，而美国处于衰退期，时间窗口对中国有利。如果国际环境保持稳定，再过几年中国的发展又不一样。因此，在现在这个时候和美国决裂对我们显然是不利的。

中美贸易冲突是必然的结果，是一个长期的过程。在这样的背景下，坚持改革开放、提升经济发展质量，是唯一的选择。

第一部分>>>

次高速增长的中国经济：新周期与新常态

2008年次贷危机后，我们所面临的情况是全球性经济危机诱发中国的周期性调整。在中央政府的强力刺激下，中国经济一度企稳回升，但不久后再次调头向下。这期间，中国经济走势的定性一直颇受争议。有人说经济已经呈现L形企稳；也有人说会呈W形，还有继续下行的可能。但不可否认的是，中国已经制止了危机初期恐慌情绪的蔓延，进入常规经济危机的状态，这种状态的一个突出表现就是经济增速降台阶后进入次高速阶段。

在我看来，我们对于此次经济危机的分析不是很透彻，这导致我们最初表现得过于恐慌。危机之初，大家认为它是百年一遇的经济危机。但从后来的情况看，它所带来的影响、造成的破坏并没有想象中那么严重，中国所受到的冲击也没有当时估计的那么严重。但对中国来说，这的确是自20世纪90年代初建立市场经济制度以来，我们所遭遇的最严重的一次周期性调整。相应地，我们应该如何看待危机期间政府出台的经济政策？一个硬币总是有两面：一方面，这些政策有正确、有效的一面。在当时的环境下，一揽子刺激政策成功遏制了恐慌的蔓延，保持了经济体的基本稳定。另一方面，我们也有惊慌失措的一面，对形势的估计过于紧张，过多地采取了行政干预措施。同时，我们的政策进一步强化了原有惯性，忽略了调整的必要性，没有真正进行结构调整，反而继续以债务驱动的投资作为拉动GDP增长的主要力量。这是我们当前面临的各种困难、风险的根源所在。诚然，在历次应对危机的过程中，世界各国都曾经采取一系列政府干预措施，这次也不例外。但这并不能证明过去人类关于经济体系的认识是错误的，不能证明政府比市场更有效率、更公平，更不能成为政府强化经济干预的依据。因为历史告诉我们，危机终会过去，常态——市场和竞争——必将回归，这是我们不能忽视的客观规律。

回到开篇的结论——中国经济已经进入常规经济危机的状态。对于经济危机，在理论上我们很早就有接触，但真正感受到与世界同步的经济危机，这还是第一次。在这样的情况下，正确认识经济危机就变得非常重要。一方面，经济危机有其破坏性；另一方面，正是由于它的破坏性，经济危机成为各国调整经济结构从而促使经济螺旋上升的契机。对我国来说，在短期应对政策已经取得一定成效，而新的经济增长点尚未形成的情况下，进行一些转型就变得尤为重要：其一，由重总量调整向总量和结构调整相结合、以结构调整为主的政策导向转型；其二，由重存量刺激向存量和增量相结合、注重增量的方向转型；其三，从重投资向投资和消费相结合且更注重消费转型；其四，从重制造业向以服务业为主兼顾制造业转型；其五，由重外需向重内需为主兼顾国际市场转型；其六，由重政府调节向重市场调节为主转型，这也是最重要的一点，因为政府调控只能引致政策性复苏，成功的市场调节才能真正表现为市场经济的复苏，只有真正的市场调控才能真正地赢得市场。

我们应该看到，这些转型原本就是中国经济中长期应该完成的任务，次贷危机及其后的应对措施不过是加剧和凸显了问题的严重性、紧迫性。只有认识到这些转型的艰巨性与长期性，在逆周期的平衡之中才能找到真正的增长之路。

一、中国经济步入次高速周期

◎ 传统经济增长因素出现变异

改革开放的前30年，我国经济持续高速增长，这有赖于市场化、国际化、工业化、人口红利、高储蓄、高投资等因素的支撑。我们非常幸运，赶上了经济全球化、信用消费、信息产业革命这三个重要的历史机遇，三者叠加成为创造中国经济奇迹的核心因素。但是，由于市场经济体系基本建立、新型的全球分工格局已经出现、人口结构逐渐向老龄化过渡、城市化进程已经度过其加速期、重工业化阶段已经基本完成，我国经济增长的传统支撑点已经开始步入边际递减或总量衰退的变异阶段。

这些经济增长的传统支撑点的影响开始出现递减、走向衰弱，其缘由逐个来看：一是体制转轨带来的资源配置效应开始衰退；二是全球化红利开始步入平稳发展阶段，国际贸易的加速增长将被贸易平稳增长所替代；三是工业化虽然进一步发展，但第二产业对整体经济的主导效应和带动效应已远不如从前；四是人口红利已经过拐点，人口负担的反向效应开始出现；五是城市化率虽然依旧会稳步提高，但其产生的增长冲击力量在加速回落。

仅仅从对立面去寻找经济增长的新源泉固然不够全面，但是从对立面出发的确是一条很重要的路径。我国经济增长的未来源泉可能转向“消费率提升”“城市化加速”“服务业发展”“技术创新与技术深化”“社会改革和政府体制改革进一步推进所带来的资源配置效率的提高”五方面。研究表明，我国消费率每提高 1%，带来的 GDP 增速的提高将达到 1.5%～2.7%；城市化水平每提高 1%，人均 GDP 将提升 2.25%；服务业占比每提升 1%，可带来经济增长提高 2%；社会改革与政府体制改革带来的资源配置效率的提升空间可以与前期市场化改革相比拟。

因此，中国经济还存在着国际上的相对比较优势，国内市场还有很大挖掘空间，城市化、工业化水平还有可能进一步提高，中国经济的发展趋势并没有改变，但将进入较长时间的次高速发展时期。

◎ 经济次高速增长阶段的特征

我国经济增长趋势不会出现根本变化，这意味着经济增长支撑因素的转变和切换过程也将是良性的、循序渐进的，而不是突发的。因此，2009 年开始的这轮结构转型和调整，是在传统经济增长模式的惯性基础上的适度调整，是传统经济增长因素退出和新因素培育的过程。

在调整期间，中国经济会处于一个次高速增长期，之后，中国将成为中等发达国家。具体来说，次高速增长期会呈现以下六大特征：

一是目前世界经济危机并不会改变中国经济增长的趋势。

二是中国经济增长轨迹的变化将被缓慢启动。

三是在增长轨迹转变的进程中，新增长源泉对传统增长源泉的替代使中国经济一方面依然具有高速增长的态势，另一方面将出现总体缓慢下降的趋势，中国经济将步入一个较长时期的次高速增长阶段。

四是未来各种要素对经济增长的贡献率将发生巨大变化：资本因素的贡献率将下降，而技术和资源配置效率的提高对经济增长的作用将大幅度提升，劳动因素将在经历 15 年左右的平稳期后出现上扬态势。但从绝对额来看，中国未来经济增长依然具有高储蓄、高投资、高资本、高速度的特色。

五是从供给结构与需求结构来看，未来次高速经济增长的结构都处于良性调整的过程中，但调整的速度较慢，人们所期望的快速结构性调整与快速增长方式转变不会出现。与此同时，调整的模式具有明显的需求先导型、产业内部深化等特点。

六是人们原来所预期的“内需驱动模式替代外需驱动增长模式”“消费主导型增长模式替代投资主导型增长模式”“技术—人力资本密集增长模式替代资源密集增长模式”“服务化驱动增长模式替代工业化特别是重化工化驱动模式”的增长模式大转变并非如想象的那么迅猛。具体表现为：第一，消费对经济增长的作用较2008年以前出现一个明显的转折性变化，消费贡献率下滑的趋势得到全面扭转，但我们的研究显示，这种回升的势头总体来说要比很多学者所想象的速度慢得多；第二，净出口的贡献率在2008年经济危机之后将出现一个明显的回调，但贡献率的逆转短期内也是一个小概率事件，外需驱动向内需驱动的转变过程也比很多专家想象的要漫长；第三，投资计量结果与要素测算结果基本一致，即虽然投资贡献率处于下滑过程，但资本依然是未来20多年中国经济增长的第一推动力。

◎ 以动态平衡术实现增长模式转变

经济转型调整是一个中期问题而不是短期问题，更不可能一蹴而就，要防止急于求成的想法。要完成经济增长模式转变，需要坚持“六大动态平衡术”。

（1）在需求结构转型过程中，必须注重总需求三驾马车的动态平衡。外需驱动转向内需驱动并不等于简单降低净出口的规模，投资驱动转向消费驱动也不是单纯地压制投资的规模。我国出口—投资驱动增长模式不仅有深厚的国际分工体系基础，更为重要的是，具有内部储蓄基础。因此，调整出口—投资驱动型增长模式，不仅依赖于传统粗放的开放政策和投资政策的调整，而且依赖于国际分工环境和内在分配—储蓄体系的变化。若简单采取压低出口和投资的转型方法，只会导致宏观经济在需求快速下滑与结构冲突激化的双重压力下，出现大幅波动。在我国高储蓄率和国际分工格局等因素的影响下，高投资在中短期内依然具有合理性和必要性。当然，这并不意味着投资没有调整的空间，投资结构调整仍应当成为当前政策的核心要点，要与产能过剩的调整相匹配，摆脱“利用新投资来满足旧产能过剩，新投资又形成新产能过剩”的循环怪圈。投资高速增长可行的支撑点，应放在人力资本、生产型服务业及软基础设施上。

（2）在城市化加速的进程中，必须重视经济转型与社会转型之间的平衡。城市化带来的投资和消费的增长，是以社会改革为前提的。城市化的速度快于社会改革的速度，不仅会带来城市化成本的急剧增加，还可能使高速经济增长失去稳定的社会环境基础。第一，农村人口向城市转移，并非单一的“经济吸引”。事实上，代表现代生活方式和文明发展方向的城市文明是未来人口转移的核心动力，而“文明移民”主导下的城市化，将使城市化的社会成本加速攀升。第二，即使是“经济移民”为主体的城市化，如果没有户籍制度、养老体系、社会安全网、政府治理、农村土地制度，以及其他公共设施建设的改革与之匹配，城市化也难以承受经济波动带来的强烈的社会外溢效应。第三，必须充分认识未来产业发展模式和就业模式变化的规律，不能过高估计服务业发展所吸纳劳动力的数量。第四，城市人口结构的急剧变化，可能成为制约城市化带来的各种消费效应和投资效应的核心因素。

（3）在工业化驱动模式向服务业驱动模式转型过程中，必须高度重视服务业与制造业、服务业与消费之间的互动。不能简单通过打压工业投资和工业发展来提升服务业的比重，也不能简单通过提高服务业的投资来增加服务业在GDP中的份额。进一步提升工业化水平、提升消费水平、改革服务业投融资体制依然是服务业增长贡献率进一步提高的三大要点。服务业的发展需要层次化分类处理。第一，生产性服务业在本质上是工业化发展到一定阶段的产物。在未来经济增长时期，第二产业依然是经济增长的第一推动力，服务业的发展依然没有摆脱其工业依附的特性。因此，工业生产性服务业的发展，必须通过工业的进一步深化、工业服务的外包与分工的发展来推动。第二，消费性服务业在本质上是消费水平大幅度提升、消费层级发生质变的产物，而消费的增长以及消费结构的进一步革命是比较缓慢的，需要以收入分配机制、社会保障体系等社会性制度发生重大变革为基础。第三，金融、航空、电信等混合性服务业的发展不仅受制于目前的各种行政性管制，也受到目前全球分工格局固化的约束。发达国家高端服务业的输出及各种管制对我国高端服务业的约束将使这些产业的发展面临“两难困境”，这需要在战略上权衡放松管制与对外开放的利弊。

（4）掌控在向新技术、新能源、新产业驱动型经济发展模式转变进程中的平衡。必须重视需求型技术变迁与供给型技术变迁之间的匹配，重视产业的技术基础与经营基础的匹配、技术变迁与制度变迁之间的匹配，避免在产业升级和技术创新盲动性的驱使下，陷入“新能源陷阱”与“动态比较优势狂躁症”之中。

（5）重视后工业社会目标与工业化社会目标之间的平衡。避免过度利用后工业社会的目标来评判工业化发展的各种措施，防止出现盲目跟随发达国家的发展目标和发展措施，使我国政策目标出现“内在冲突”“目标无解”的困境。必须正视我国经济发展阶段的特性，在政策制定上坚持实事求是，避免被发达国家发展理论带来的意识所侵扰。

（6）我国的社会与政治结构需要经济保持一定的增长速度。我国经济未来在增长模式转变和新轨道运行的进程中，依然有保证次高速增长的基础，增长目标不宜大幅度压低，结构调整、增长方式变轨并非与高速增长存在必然的冲突，“在高速增长中调结构”依然是未来经济发展的基本原则。

关于经济结构转型有以下几点建议：一是经济结构转型和经济增长方式的调整不宜过猛，在坚持“在高速增长中调结构”的原则下，目前“速度”依然具有首要性和战略性。二是应当将社会结构转型速度与经济转型速度之间的矛盾作为当前政府需要解决的核心矛盾，全面解决社会转型滞后带来的各种问题，使中国经济在以“社会改革”为核心的改革中获得“第二次生产力大解放”。为此，应当加速社会保障体系、收入分配制度及其他社会安全网的建设，并制定相应的社会改革长期规划。三是适度调整目前以“反危机、防恐慌”为目标的短期应对政策，转向以经济转型和培育新增长源为着力点、兼顾短期的宏观经济政策。四是投资政策不宜大调整，中国依然需要较高的投资增速。五是收入分配制度改革特别是初次收入分配制度改革应当成为改革的核心要点。六是农村改革与城市化改革速度应当匹配，而且要积极、稳健地推进城市化进程，进而扩大国内需求。

二、以“大腾挪”打造新常态下的经济新格局

经济均衡与经济波动是经济运行非此即彼的两种基本状态，经济调控则通过政策手段使经济波动重新回到均衡的状态上来，不至于偏离得太远。调控政策轨迹可以表现为理论成果，而在实际经济层面则表现为“结构调整”，这是一个伴随中国经济多年的词了，其意图是使经济重新回到均衡的状态或者恢复政府期望的局面，既是手段也是目标，是动态与静态的转换。中国经济多年处在中高速发展的阶段，然而，尤其是2015年以来，经济下行压力越来越大。中国经济进入新常态以后，又进入了一个攻坚期。中国经济谋求转型与增长的再平衡、经济转型和均衡的重建，需要通过生产要素的重新组合来实现。正如熊彼特所说，“经济发展的本质就在于对现有的劳动和土地等所提供的服务加以不同于从前的使用和生产要素的新组合”，这种组合就是创新。李克强总理主张“大众创业，万众创新”的理念，正是调动资源和要素的重组和流动。自然而然的一个问题是，如何促进资源的流动和重新配置呢？其主要抓手是什么呢？

实现资源流动和重新配置的核心是资金的投放和使用。通过资金的流向来引导资源在区域和产业两个维度的再配置，进而实现经济结构调整和再平衡，这个过程可以形象地概括为“大腾挪”，指通过大腾挪来打造新常态下的经济新格局。

◎ 在区域和产业两个维度实现大腾挪

1. 投资区域的大腾挪

中国正在由一个商品输出、资本输入国转变为一个商品、资本双输出国，中国的资本走向世界，在更广阔的国际市场寻找投资机会。在宏观经济增速换挡的背后，外部环境改善乏力使得出口增速持续低位运行，对经济的推动力大大降低，消费和投资是拉动经济增长的主要动力。尽管消费自2014年年底以来成为拉动经济增长的最主要动力，但从政策效果显现的快慢来看，消费比投资落后。在宏观经济触底阶段，投资对刺激经济反弹的作用更为直接和有效。尤其是在“稳增长”依然是宏观调控重要目标的前提下，更需要充分发挥投资对经济增长的带动作用。在投资中，基础设施建设自2012年以来逐渐成为投资增速最快的领域，特别是铁路、公路和机场建设。

但是，近几年国内的基础设施建设投资，尤其是部分地区在交通运输和房地产方面的投资，局部不平衡，超出现阶段的需要，导致投资回报率持续下降，而较低的项目回报率对国内市场的投资效率也产生不利影响，再加上房地产市场和新能源市场超前发展带动部分相关行业出现过度投资，使得钢铁、水泥、风电制造、多晶硅等行业的产能过剩问题突出。这些现象都对投资方向和区域的重新定位提出要求。

2014年习近平主席提出的“一带一路”倡议为国内资金拓展了新的投资空间。“一带一路”沿线国家和地区中有相当一部分经济发展严重受到基础设施建设落后的制约，十分需要外部的技术和资金支持。据测算，在2020年之前，亚洲基础设施投资的资金缺口达7 300亿美元。由“一带一路”倡议的实施带来的投资区域向国际市场的转移已经成为当前的热点问题。随着亚投行成立、丝路基金正式投入运营，投资区域的大腾挪已经拉开序幕。从亚投行57个意向创始成员国的组成来看，37个来自亚洲和大洋洲，20个来自欧洲、拉美和非洲，这可以看成世界格局的又一次重塑，全球经济利益格局再平衡正在悄然发生。在这一过程中，中国正在由一个商品输出、资本输入国转变为一个商品、资本双输出国。欧美发达国家作为世界经济增长火车头的作用已大大降低，以中国为代表的新兴经济体日益成为世界经济发展的重要推动力量。

“一带一路”倡议不仅是基于中国资本走出国门的需要，而且为亚太地区发展中国家带去经验，满足它们依靠自身难以实现的基础设施投资需求，还会增加当地的其他投资需求和就业机会，促进当地经济增长，建立起多赢的合作机制。同时，从中国国内经济发展的角度看，可以借力“一带一路”倡议的实施加强构筑综合立体大通道，形成中西部地区与中亚、东欧、西亚的新商贸通道和经贸合作网络，带动产业由东南沿海向中西部转移，有助于推进中西部的开放型经济发展进程，推动区域经济结构建立新平衡。

2. 产业结构的大腾挪

由传统制造业、产能过剩行业向先进制造业、新兴产业、服务业转变。产业结构的调整是宏观经济增长点转换的重要步骤，这既包括传统制造业的技术创新和产业升级，也包括新兴制造业的快速发展及服务业的壮大。从制造业来看，中国制造在过去一直是廉价物品的代名词。然而，随着人力成本的上升，中国制造的价格优势已经大大削弱，跨国公司的工厂也在向成本更低廉的越南、印度尼西亚等国家转移。同时，落后的产能带来的环境污染等负的外部性影响也加重了社会发展的负担。因此，进行技术升级，提升中国制造的含金量，寻找经济发展与环境保护之间的平衡点，由制造大国变成制造强国，才是长远发展的道路。国务院在2015年5月公布了中国制造强国建设的战略规划，发布了《中国制造 2025》并将其作为第一个十年行动纲领。规划提出了通过三个十年的“三步走”战略，以创新驱动、质量为先、绿色发展、结构优化、人才为本为基本方针，以 2025 年、2035 年和 2045 年为三个时间节点，力争在中华人民共和国成立一百年时，综合实力进入世界制造强国前列。这意味着，作为国家层面的重要任务，制造业将要开启一个新的发展阶段。在力求把制造业做大做强的同时，第三产业的快速发展则是从三次产业结构上向发达经济体的追赶和靠近。

从 2012 年的数据看，在国际主要发达国家中，美国和英国的第二产业比重仅为 20%左右，第三产业比重均在 80%左右；制造业强国德国和日本的第二产业比重比美国和英国高 6%～9%，相应的第三产业占比低于英、美，略高于 70%；上述国家的第一产业比重仅在 1%上下。相比之下，中国第一产业比重（9.16%）、第二产业比重（42.64%）明显高于发达国家，而第三产业比重（48.19%）虽然逐渐上升，但到 2014 年仍低于发达国家 20%～30%。按照未来三十年发展为制造业强国的目标，中国的第三产业比重仍然需要增加 20%以上，拥有巨大的发展空间。以服务业为主的第三产业快速发展，不仅能够增加经济的活力，满足经济社会向前发展的要求，而且可以创造大量就业岗位，承接因技术发展释放出来的农业和制造业的劳动力，实现经济结构调整过程中人力资本的转移。国家大力倡导大众创业、万众创新，出台了多项鼓励创业的政策，一方面有助于加快技术进步的速度，另一方面有助于让优秀的人力资本向更具增长潜力的产业转移，为转换经济增长点、改善经济结构积蓄力量。

资源的腾挪是对过去结构的改变，是由一种状态转变到另一种状态的过程。中国经济社会正处于大变革之中，毫无疑问，方向是积极的。但是，在转变的过程中，无论是投资区域向境外拓展还是内部经济结构的调整和产业升级，都有一些问题需要重视；并应针对可能产生的负面影响尽早采取行动，防止不良影响扩大，影响变革的进程。

◎ 大腾挪与风险防范

1. 资本输出中的风险意识

资本输出和项目运作环节，识别和防范“一带一路”在沿线国家可能遇到的多重风险是前提。

一是沿线国家的政治风险。沿线国家由于多具有重要的地理位置和战略价值，经常成为大国角力的焦点，地区关系常处于紧张状态；同时叠加种族和宗教的多样化冲突，政权更迭频繁。这些不仅会给东道国的偿债能力和货币带来不稳定因素，对投资安全性也存在着较大的风险。因此，在进行投资之前，十分有必要明确东道国的政治风险水平，评估投资与贸易能否顺利进行。

二是东道国的经济风险。虽然沿线国家大都拥有丰富的能源、矿产、农业原材料及旅游资源等，但相当一部分国家工业化程度偏低，产业结构相对单一，处于产业价值链的底端，经济基础较为薄弱，可能难以应对突发事件的冲击而出现经济衰退，继而引发政策变化，出现较高贸易壁垒的可能性也更高。这些都影响着外部投资的可持续性，需要充分考虑。另外，基础设施建设投资的收益水平不高，往往要依靠带动区域经济发展来补充基础设施建设投资者的收益。东道国是否具有发展配套项目的能力、能否满足项目的收益要求也是十分有必要纳入考虑的问题。

三是在东道国投资的金融信贷风险。基础设施建设投资往往规模较大，期限较长，需要大量的、持续的资金支持。如果东道国的金融、外汇政策波动较大，无论是对资金投资的持续性还是对投资收益水平都可能产生较大影响，投资人面临的不确定性大大上升。

综合上述问题可以看出，对投资的国家和地区进行多重风险识别是资本走出去的必要前提，应该针对潜在风险做好充分的评估和充足的准备，以达到事半功倍的效果。

2. 产业结构调整中的风险

在国内产业结构调整的过程中，需要解决一些实际问题并防范债务风险。

一是在投资新兴产业、鼓励创新的同时，要注意减少行政干预，让市场在资源配置中发挥决定性作用。总结过去的经验可以发现，部分传统行业产能过剩问题的出现，与个别地区没有很好地发掘自身发展的优势和特点，盲目跟从、一哄而上，行政干预市场导致无差异化的发展有较大关系。因而在新一轮的产业升级、结构调整过程中，应该更加注意减少行政对市场的干预，将政府的注意力放到完善市场运行规则、对市场进行有效监督、提供一个公平开放的市场环境上，让市场在资源配置中起决定性作用，激发市场的创造力，增强差异化竞争和市场多样性，进而提高资源配置的效率。

二是在大腾挪的过程中，要注意保持一定的经济增速，为结构调整创造一个有利的环境，以延长调整可用的时间窗口。中国在 2008 年金融危机后的几年中，经济增速由两位数下降到一位数，尤其是从 2010 年二季度到 2012 年一季度的近两年时间里经济增速下降了 4 个百分点。这一降幅如果发生在发达国家，很可能意味着经济衰退，即便对于中国这样绝对增速较高的发展中国家，也是难以承受的。在当前进行经济结构调整的阶段，如果不能将经济增速稳定在一个较高的水平，前期积聚的风险就可能集中爆发，影响到经济社会的稳定，改革也将难以继续推进。因此，在“调结构”

的同时，不能忽视“稳增长”的重要性。

三是在化解前期积累的风险的过程中，尤其是在解决债务问题上，注意对非国有经济的保护，避免因政策兜底国有经济风险而完全挤占非国有经济的资源。2015 年以来，监管机构已经明确表态，存量的政府性债务通过置换、展期等方式避免违约。但是，对于金融机构，尤其是银行来说，在经济尚未企稳的情况下，风险控制也是重中之重，因而就出现了为保证对城投公司在建工程的贷款而对非国有企业进行抽贷，进而使得部分中小企业发生连锁性资金链断裂的情况。在直接融资渠道尚未完全通畅的情况下，银行贷款对于民营企业来说几乎是最重要的资金来源，金融机构对其的歧视性抽贷行为会加剧其困境，对于非国有经济的冲击较大，可能影响经济结构调整的效果。因此，在确保国有经济不发生系统性风险的同时，更应注意满足民营中小企业的融资需求，打通民营企业股权、债权直接融资通道，给民营企业留下生存空间。

◎ 结语

中国经济正步入艰难的重构期，资本边际效率的复苏也需要时间。随着“一带一路”倡议的落实，对内统筹实施“四大板块”和“三个支撑带”战略组合，引导产业由东向西梯度转移，拓展和腾挪区域发展新空间；对外把区域开发开放结合起来，加强新亚欧大陆桥、陆海口岸支点建设，有助于资本边际效率的复苏，推动形成产业发展的新格局，实现中国与沿线国家的双赢。大腾挪的序幕正在拉开，大腾挪的成效值得期待。

三、扩大内需——寻找经济增长新动力

◎ 寻找新的增长动力

为什么要走依靠内需发展经济这条道路？因为支持危机前中国经济超高速增长的因素已经衰竭甚至逆转。对此已有很多分析，简单总结一下，主要集中在以下几方面。

1. 市场化改革制度红利步入递减区域

市场化改革是改革开放前30年推动中国经济增长的核心要素之一，其平均贡献率达15.89%。随着市场化改革的全面推进，其对经济增长和资源配置效率改善的作用开始步入递减区域。据研究，市场化对我国经济增长的年均贡献率，1978—1989年为14.13%，1990—1999年为23.69%，2000—2008年仅为8.56%。据多个研究机构测算，我国市场化总指数在2000年以前处于不断加速上升的状态；2001—2005年处于匀速上升的状态，平均每年上升8.9%；2006—2009年则处于增速递降的状态，平均每年下降2.4%。下降的核心原因就在于，在加入WTO和进行大量相应制度改革之后，我国已成为市场经济国家。按照欧美反倾销领域中市场经济地位标准和测度体系来测算我国的市场化程度，我国早在2003年就已经超过市场化经济体的临界值。目前，我国市场化的程度已经超过85%。在社会商品零售总额中，实行市场调节价的商品和服务已经占到95%以上，80%以上的企业完成了现代企业制度改制，市场化程度处于中等发展中市场经济国家的水平。市场经济体制的确立，意味着体制转轨历史任务的完成，也意味着通过市场化来获取资源配置改善效应的空间将越来越窄，市场化对经济增长的拉动作用也将大幅度减弱。我国市场化水平的进一步提高，不依赖于单纯的放权让利和体制性的转轨，而是依赖于以收入分配、社会保障、政府体制为核心内容的社会政治体制改革，难以成为推动资源配置效率提高的核心动力源。

2. 出口难以持续作为经济增长的核心动力和主要源泉

次贷危机前，我国高达60%的外贸依存度已超过历史上任何大国经济的极限。主要发达国家和地区外部不平衡的调整速度压缩了我国外部需求的空间，我国主要货物出口地的经济增长大幅度放缓制约外部需求增长的潜力，出口产品集中度不断上升逐步界定了我国出口品的国际市场容量，劳动力和资源成本上升及汇率上升压力制约了出口品的国际竞争力，逆周期的贸易政策会进一步压缩我国经济的外部需求，出口退税政策难有进一步提升的空间。因此，出口作为经济增长的核心动力和主要源泉难以维持，并将步入递减区域。

3. 工业化的传统模式难以为继

2008年，我国工业化程度达到42.9%，工业对GDP的增长贡献率达46.1%，工业化快速进程对我国经济的发展起到了重要的推动作用。但长期以来粗放式的工业化不仅对资源造成了巨大的浪费，对环境造成了巨大的破坏，还带来了当前产能的极大过剩，成为我国经济结构调整的主要方向。未来，我国工业化程度的提高将受制于环境和资源的约束，传统粗放型的增长模式有待改变。

4. 人口红利逐渐衰竭

长期以来，我国经济增长依赖于丰富的劳动力资源和劳动力低成本优势，人口红利支撑着经济的高速发展。但随着老龄人口比例的不断上升以及低成本劳动力优势的丧失，我国人口红利逐渐衰竭。随着新《劳动法》的实施、未来社会保障体系的不断完善，以及收入分配格局的调整，我国劳动力成本有所上升，低廉劳动力的时代已一去不复返。另外，随着我国迈入老龄化社会，居民高储蓄的状况也将有所改变，高储蓄率为我国经济增长提供充足的资本来源、支撑我国经济高速增长的历史也将一去不复返。

随着改革的推进和发展水平的提升，这些因素对经济增长的拉动作用本身就会不断弱化，2008 年的次贷危机则进一步加剧了这一进程，迫使我们不得不重新思考，探索新的增长点。

◎ 依靠扩大内需，中国经济可维持次高速增长

是不是中国经济增长一定告别高速度了呢？我的看法是，中国依然有可能保持次高速增长。这是因为，虽然中国经济失去了过去所依赖的条件，但幸运的是国内尚有拉动经济增长的因素，也就是说国内需求的提升能给中国经济增长提供机会。国内需求体现在哪几方面？

1. 城市化

城市化是经济未来增长的重要载体和源泉，是促进投资、改善经济结构、促进第三产业发展和扩大国内有效需求的重要手段。一般认为，城市化水平每提高 1 个百分点，人均 GDP 将提升 2.25 个百分点。相同经济发展水平下，我国城市化水平低于世界平均水平 12.8 个百分点，这证明我国目前的城市化发展滞后于工业化的发展。根据对历史长时间序列比较研究可以发现，我国目前的城市化水平只相当于美国 1910 年、日本 1960 年和韩国 1970 年的水平，我国城市化具有很大的潜力。

2. 服务业

未来服务业大力发展的基础，来自消费需求的提升以及生产型服务业围绕制造业的展开与深化，最终形成服务业与制造业的良性互动。我国服务业在GDP中的比重过低是制约产业发展和需求提升的一个关键因素。目前，我国服务业占GDP的比重与世界平均水平、低收入国家、高收入国家相比，分别低30、7.3和33个百分点。如果第三产业占比能够在未来达到世界平均水平，将带动GDP保持较高速度的增长。

3. 消费

由“投资大国”“制造大国”“高储蓄大国”向“消费大国”的转变，将成为我国经济持续高速增长的第一边际推动力。研究表明，我国消费率每提高1%，带来的GDP增速的提高将达到1.5%～2.7%。2008年，我国的消费率与澳大利亚、巴西、法国、印度、意大利、俄罗斯、韩国、日本、美国相比分别低23.2%、32.7%、31.6%、16.2%、30.6%、16.7%、21%、25.7%、39.5%。即便是印度，其消费率也处于65%以上，而中国的最终消费率则长期低于50%。可以说，消费是中国未来很重要的一个增长点。

伴随着上述内需潜力的充分挖掘，中国经济将逐渐向依赖内需转型，并发展为一个常态的中等发达国家。

◎ 扩大内需必须提高劳动者报酬

中国经济会不会自然而然地达到上述的状态呢？答案恐怕是不会。因为我们知道，经济学讲的需求是有效需求，也就是消费者有支付能力的需求，它不是你的欲望和愿望，而是需要有收入和支付能力支撑。那么，怎么让人民有支付能力、消费能力呢？居民消费能力的提升就成为中国经济转型的一个关键。日本在经济增长最高速的时期推出了一个国民收入倍增计划——大概 7 年左右翻一番。中国没有明确地讲，但是中国新的五年规划已经传递出了这样的信息。居民消费如何提升呢？很直接的办法就是在收入分配中提升劳动者的工资报酬，从而使得劳动人民有支付能力的需求得到实现。

同时，我们也看到，劳动力工资上涨也不仅仅是因为我们有这样的需求，还因为中国劳动力市场结构已经发生了变化，农村剩余劳动力无限制供给的情况已经结束。当然，也有人说中国现在面临的情况是劳动力剩余没有完全解决下的刘易斯拐点，这也是一种分析方法。总体来说，劳动力需求/供给已经发生了变化，这是非常重要的一个变化。与此相适应的是我们的工资体系发生了变化。过去，农民工工资形成机制是传统的生存工资法则，但现在的工资定价法则已经发生改变，不是只给低工资，而是人们要追求一种保留工资约束基础下的市场议价法则。这里，关键就是国民收入分配格局的变化。

◎ 通货膨胀是必然伴生物

与扩大内需相伴随的是什么呢？就是持续的通货膨胀，它会伴随我国经济发展从超高速向次高速转型的全过程。通胀的成因是什么？从价格的上涨来看是因为供求关系发生变化，需求大于供给。但是，从中国的实际情况来讲，有几点我们要非常关注：一是劳动力价格上升直接引起服务价格的上升。涨工资就意味着价格上涨，因为未来中国要发展服务业，而服务业中的劳动含量比较高。在美国，租赁汽车每天大概需要 38 美元；而如果还需要租赁司机，每天的费用要 500 美元。如此大的差距从何而来？这就是劳动力的价格。二是农产品价格上升就等同于给农民提工资，因为土地的产出有限。再从购买力评价这个角度来看，虽然我国有一些产品甚至有些农产品的价格高于国际市场，但总体来看，我们的服务、产品价格在全世界范围内是很低的，这需要国际上的平衡。与此同时，大量货币投入市场必然会造成流动性泛滥，进而引起通货膨胀。

当然，物价上涨的原因还有很多，比如经济反弹时投资需求的上升、价格翘尾因素等都会引发通货膨胀。通胀不可逆需要伴随我们经济转型的全进程。服务产品和服务本身的价格在上升这一事实具有正面意义，因为只有提升这部分产品及劳动力的价格，才有可能使人民的生活得到改善，也才有可能让人们享受到中国发展的成果。

此外，输入性通货膨胀不可控。中国经济的发展改变了过去国际上很多大宗商品特别是矿产品的供求关系格局，从而引发了世界性大宗商品价格的上涨。所以，从国际上来讲，价格上涨是我们无法控制的。我们曾经讨论过买卖双方定价权的博弈，既然我们是买家，为什么我们不能确定价格？为什么价格一定要由卖家确定？这就要看我们买的是什么。比如矿产品，它是从地底下挖出来的，并不会因为中国买家拒绝购买而变质，所以中国买家的筹码不多。所以，这个价格对我们来说是不可控的。此外还有补差性调整。过去我们一直保持高成长、低通胀的价格体系没有理顺，价格体系本身需要调整。另外，社会保障体系的改革总体来看提升了居民消费，但也有可能在一些领域引发价格的上涨，因为社会保障体体系改革会进一步分清政府与私人各自承担的责任。放开私人服务领域也会引发价格上涨。更重要的是，在全球性的流动性泛滥中，中国也不例外。

◎ 通胀不可怕

出现通胀是不是就是世界末日？是不是就要出问题？我的回答是：通

胀不可怕。我们有一项关于通胀容忍度的专门研究，简单来说，结论包括：从宏观来看，只要 GDP 增长速度超过 CPI 增长速度 3%以上，宏观经济就不会出现大问题；从微观来看，如果居民收入增速超过 CPI 增速 5%以上，也不会出现问题。还有一个问题就是，关键食品价格的上涨是不是一定会引起恩格尔系数的上升？在我们的衡量体系中，由于工资上涨速度高于农产品价格上涨速度，又由于农产品消费只占消费领域的小部分，所以未来的恩格尔系数会持续下降，恶性通货膨胀也不会发生。另外，由于在过去中国积累了大量生产工业产品的能力，所以无论遇到什么情况，工业产品价格上涨都会非常困难，所以全面恶性轮番涨价的通货膨胀不会出现。我认为，中国经济增长仍然可以保持比较好的速度，所以应该将通胀的容忍度由原来的 3%提高到 5%～6%，在经济增长速度更高的情况下甚至可以再高一点。

还有一个问题不能回避：很多国家或地区在出现通胀的时候伴随着严重的经济危机，甚至是政治危机与社会动乱。如 1947—1949 年国民党政权在大陆的崩溃，又如北非、阿根廷等出现的动荡，都与通胀有关。但在今日中国，通胀不会直接引发这些问题。20 世纪 80 年代末 90 年代初，中国的通胀率曾经几次超过两位数，有一年甚至达到了 23%，在这种情况下都没有出现社会动荡。我们真正要防范的是什么？答案是通胀和失业并发。失业才是真正的问题。从这个意义上来讲，通胀不可怕，失业才可怕。什么会引发失业？经济停滞。但中国现阶段有条件继续发展，这就有可能遏制通胀和失业并发的局面，所以通胀并不可怕。因此，不要过度反应。因为反通胀而使经济增长停滞，这就会出现滞胀，这倒是我们尤其要关注的。

四、从制造大国到消费大国

总供给与总需求是宏观经济学中非常重要的一对概念，两者之间的平衡是保持经济稳定和持续发展的重要条件。因此，从供给与需求关系的角度探讨经济增长问题是宏观经济分析的基本框架，也是解决经济增长问题的出发点。在改革开放前30年中国经济取得长足发展的时候，我们遭遇全球性的经济危机，使得中国经济增长逐步积累的问题凸显出来，特别是社会需求不足、生产能力严重过剩问题，成为制约中国经济健康发展的关键。这次危机也暴露了我国传统的依赖投资增长、不断扩张生产能力的增长模式的弊端。因此，实现中国经济增长模式转换，确立中国不仅是一个制造业大国，也是一个消费大国的战略，成为我们在历史和现实条件下的必然选择。

◎ 改革开放前30年中国经济增长中总供给和总需求关系的历史回顾

改革开放以前的中国，无论是总供给还是总需求均处于低水平阶段。当时，社会生产能力低下，尽管社会对商品的需求很大，但供给短缺，因此社会总需求也长期处于压抑状态。几千年来，中国经济长期处于总供给小于总需求的短缺经济状态。

1978年开始的以市场经济体制为取向的改革开放，打破了中国长期实行的计划经济模式，中国经济也因此发生了历史性的转折。从总供给和总需求的角度看，改革开放前30年可以划分为两个阶段。

1. 第一个阶段：从1978年到20世纪90年代中期

这一阶段，中国经济经历了由短缺经济到基本供求平衡的过程。这期间的改革主要是“解放生产力，提高积极性”，以扩大供给为主要内容。中国经济增长从投资扩张开始，配合以压抑消费的释放，其中总供给的有效扩张起到了中间传导的关键作用，几千年留下来的供给缺口被迅速填平，这也成为改革开放以来中国经济增长的第一推动力。

虽然在此期间供给驱动经济增长的模式使得经济有显著的波动，但也应看到它诱导了经济的高速发展。世界经济发展过程的一般规律表明，国家经济起飞的初始过程往往是以总供给驱动为主要特征的，这是社会开始有效利用自然资源和人力资源扩张社会供给的必经阶段。只有实现有效供给的社会扩张，才是实现持续经济增长的开源之本。

快速扩张的供给使得社会供求之间达到了基本平衡，但遗憾的是20世纪90年代中期消费扩张出现了黏性和障碍，没有很好地跟随供给扩张的步伐，从而导致了之后越来越明显的总需求不足，这使得中国经济进入第二个阶段。

2. 第二个阶段：从20世纪90年代中期到2008年

这一阶段是中国经济从基本供求平衡到总供给严重大于国内总需求的阶段。但值得庆幸的是，中国经济并没有因此而陷入困境，而是迎来了经济全球化、信用消费和电子通信技术革命三者重叠的历史性机遇，这使得中国经济经历了一个“黄金”的高速发展时期。

由于中国开放战略的实施，在比较成本优势下，中国经济成功地利用了国际市场需求；特别是2001年底加入WTO，中国经济迎来一个新增长期。融入世界经济以后，中国积极参与全球分工，外部需求有了快速的拓展，并极大地吸纳了国内过剩的产能，这是中国经济成功实现高速发展的第一个需求因素。据有关数据分析，出口对中国经济拉动贡献达到35%～45%的水平，中国是全球化进程中的最大受益者。

第二个需求因素也跟历史有关，是成熟的市场体系利用过的而中国尚未开发的一部分需求，即信用消费需求。在简单需求得以满足之后，中国很快就盯上了老祖宗从来没有用过的信用需求。信用需求简单来说就是用未来的钱满足当前现实的消费，这使得个人消费者从以前只拥有一张简单的“现金流量表”增加到拥有另一张“资产负债表”。从此以后，按揭贷款买房、买车就被人们大量使用，把未来的需求和未来的收入转化为现实的需求，从而推动了现实经济的快速发展。因此，房地产和汽车行业成为这一时期支撑经济增长的重要力量。

非常幸运的是，我们又利用了供给创造的需求。这一时期，我们刚好迎来电子通信产业的技术革命拉动全球经济的机遇，这是第三个需求因素。可以说，这是成熟市场经济体制下，少有的可以验证萨伊定律的时点。萨伊定律早先被批判和否定，西方主流经济学认为供给不能创造需求，而需求反过来能够创造供给。我也认同这种批判。但需要提醒的是，萨伊定律在一个例外情况下是具有适用性的，这个例外就是新的技术革命。如果某一个新的技术革命带来一种新的产品，而这种新的产品又能够改变人们的生活方式，就会带来巨大的需求。在这种情况下，供给就能够创造需求。在历史上，蒸汽机、电、汽车以及通信技术和计算机，这些技术极大地改变了人们的生活方式，成为生活的必需品，极大地创造了需求。中国成功地利用了这一机遇，成为世界电子通信业的制造大国。

总结改革开放前30年后半阶段的经济快速增长，经济全球化、信用消费及通信和电子技术革命，成为这一增长的最主要推动力量。然而，随着人们对信用消费的快速利用、新技术革命带来的效用递减，这些因素对需求的拉动作用开始减弱。特别是由美国次贷危机引发的百年一遇的全球性经济危机，严重削弱了外部经济吸纳我国过剩产能的能力，中国经济供求严重失衡的突出矛盾被放大，中国经济面临着严峻的调整压力，并且进入一个新的历史时期，我将此称为“后改革时代”。

从2008年开始的“后改革时代”，是中国作为一个人口大国和制造业大国，逐步向成熟市场经济体制过渡的关键历史时期。如何重新调整我国的供求关系、消化巨大的过剩产能、创造新的需求成为当前我国经济迫切需要解决的问题，这个问题值得我们认真思考。

◎ 以内需为主是中国经济转型的核心内容

在改革开放前30年的快速增长中，大多数学者甚至政府决策者认识到，中国经济增长是粗放的增长，需要转换经济增长方式，提高技术创新能力，实现集约化的增长。关于增长模式的转换，几乎涉及中国经济供给领域的所有内容，大多是从如何改善结构、提高技术和市场竞争能力等供给因素角度出发的，而从消费需求方面展开的分析甚少。当然，这与我们历史上长期处于短缺经济状态有关，也与我们历史性地利用了信用消费、全球化和技术革命创造的需求有关。可以说，2008年以前，改善和扩大供给是中国经济持续增长的主线。

2008年，在中国经济体制改革30年之际，在总结中国经济长期高增长奇迹的经验的同时，不可忽视的问题是，从总需求方面支持中国经济持续高增长的这些因素，基本上已经衰减甚至消失：“短缺经济”已成为历史；全球化带来的市场机遇正在衰退，并且我们需要在一个较长时期内消化由于过高的外需依存度形成的过剩生产能力；信用消费的井喷式扩张阶段已经过去，局部风险凸现，短期内不可能大规模扩张；电子及通信领域的技术创新效应递减，难以出现新的革命性的突破，且由于市场竞争，在消费总量上难有大作为。可以说，不找到中国经济增长需求拉动因素的新内容，中国经济增长就难以保证。

在2008年经济危机的压力下，世界各国都在寻求刺激消费、扩大就业、促进经济增长的政策，中国政府也推出了以“四万亿投资”为标志的一系列政策措施。这些措施从短期来看，是有可能缓解经济增长的困难的；但从长期来看，仍然没有走出过去在需求制约矛盾不突出条件下政府主导的依靠投资扩张的老路。如前所述，中国经济增长的需求拉动因素已发生根本性改变，继续传统的以供给领域为主的操作可能难以发挥过去发挥过的效用。并且由于部分资金注入已严重过剩的产业领域，反而会与已经问题重重的结构性矛盾形成共振，加剧宏观经济的困难。因此，短期内寻求扩大内需的有效措施和长期探求中国经济扩大内需战略，是中国经济增长的核心问题。

从根本上解决中国经济增长的需求制约问题，要求我们在“国家战略”这一更高层次上思考。

要破除传统思维，把宏观经济政策的着力点从供给领域转到需求领域，而需求领域的重点要放到国内消费需求上来。从供给上改进，进一步提高竞争能力拓展国际市场，是可遇而不可求的，也非一日之功，且主动权并不完全在我们手上。在当前全球消费紧缩的背景下，我们更要清醒地认识到通过改善供给扩大国际市场的困难，即使我们重新启用过去行之有效的鼓励出口政策，也难以取得曾经有过的效果。扩大投资需求本身具有也扩大了未来供给能力的两重性，长期来看，如果没有消费需求的大规模扩张，势必会扩大供需矛盾。唯有扩大国内消费需求，才是尚有潜力、我们握有主动权且副作用较小的领域，这是历史和现实给我们的选择。

把扩大国内消费需求作为一项长期的经济政策，并将其提升到“国家战略”层面上来。中国已经成为全球重要的制造业大国，提供了发达经济体所需的大多数基本消费品，这是中国经济的成功之道。但是，出口市场的萎缩，不仅是当前全球危机的临时困难，也会成为未来的常态。一方面，由于国际社会对于以美国为代表的过度消费模式的反思，市场有萎缩的趋势；另一方面，中国经济发展必然导致的劳动力、环境资源供给成本的上升，也削弱了中国产品的竞争力。而与此同时，中国国内消费需求市场特别是农村市场还处于很低的水平，有很大的发展空间。因此，扩大国内需求，既为我们走出低谷、实现长期增长找到了支撑，也能达到改善国民生活的目的。从全球范围看，中国国内消费需求的扩大，也是对世界经济增长的巨大贡献。

中国成为一个消费大国，是中国经济增长模式转换的核心内容。只有这样，中国经济才能减少国际依赖，保证经济安全；也只有这样，中国经济才能解决现有生产能力过剩问题，才能为新一轮扩大供给创造条件。

制造业仍然是中国的重要优势和发展重点。在具有更充分国内市场的条件下，制造业可获取更好的发展条件，从而提升制造业的竞争能力。未来中国经济的健康格局是：中国既是一个制造大国，也是一个消费大国。

之所以把“消费大国”目标作为国家战略来考虑，是因为这一目标涉及我国经济体制政策的一系列调整。

中国能否成为“消费大国”，取决于国民消费能力能否取得总体提升。这对我们过去长期实行的一些重大政策，提出了改革调整的要求。

一是调整收入分配政策。长期以来，我们在国民收入分配领域重国家、轻个人。2002—2007 年间，中国 GDP 年增长水平在 10%左右，但财政收入年增幅超过 30%。2008 年，我国劳动者报酬占 GDP 的比重依然在 11%～

12%这一较低水平。因此，通过制度安排，总体上提高劳动者报酬在国民收入中的分配比重，让广大人民群众分享改革发展的成果，是这一国家战略的关键。

二是加快城市化进程。城市化意味着人口的迁移和巨大的内需。多国经验表明，农村人口向城市迁移会产生巨大的“累计效应”，进而成为经济增长长期的需求拉动因素。据测算，如果我国城市人口达到70%，将增加5亿城市人口，需要投资50万亿元以上。这部分投资不仅仅依靠政府，而且因为这些人口广泛的社会关系，还会牵动全社会的投资。从这个意义上讲，中国目前较低的城市化水平，是历史留下的需求空缺，也是实施“消费大国”战略的重要可利用资源。

三是改革农村土地制度。与城市化问题相联系，改革土地制度，使现有农民土地成为可交易的资产，将为农村城市化提供巨大的资金来源，并为农业劳动生产率的进一步提高创造条件。这一问题涉及许多重大有争议的内容，这里不展开分析。

四是加快社会保障体系的建设步伐，构建社会安全网。国际经验证明，国民消费信心和能力，取决于社会保障体系的完善程度。只有加大社会保障体系的投入，扩大受惠人口，提升保障水平，才能改变我国现实存在的较低收入与较高储蓄并存的现象，使民众减少就业、医疗、教育、养老等方面的后顾之忧，敢于消费。逐步建立覆盖全社会的社会保障体系，也是推动中国城市化进程的必要措施。

五是调整经济结构，大力发展服务业。我国服务业占国内生产总值的比重不到40%，低于发达国家70%的水平，也低于与我国经济发展水平类似国家的约50%的水平。发展服务业可以有效增加就业量和居民收入。服务业的发展要求提升劳动工资，并且改变我国民众的消费习惯，为互相提供的服务支付费用，这些也涉及更广泛、复杂的社会经济文化领域，这里也不展开论述了。

令一个传统的“重生产轻消费”观念根深蒂固的国家转型为生产消费并重的消费大国，是一项宏大的系统工程。限于篇幅，本书不一一列举实现这一转型所需的调整改革和发展的多个因素。仅从上述分析中，我们既看到了实施这一战略的复杂性，也能体会到实施这一战略对我国经济社会发展所起到的关键作用。

◎ 以扩大就业为扩大内需的优先政策

全球性的经济危机使我国经济增长的既有条件出现了重大的变化。在市场压力下，中国经济面临着生产能力严重过剩、部分企业关停、大量农民工失业返乡，以及随之而来的企业利润和政府财政收入双双下降等诸多问题。中央政府出台了一系列拉动经济增长的措施，提出了“保增长、保民生、保稳定”的方针，显示了在特定困难时期，政府愿意更多地干预经济以防止经济进一步衰退。分析这些政策措施可知，侧重于扩大投资需求的措施比较多，而侧重于最终消费需求的措施少了一点。

国际经验告诉我们，以就业为主线的政府措施对于直接扩大内需效果最明显。对于低收入工薪阶层来说，工资收入基本上全部用于即期消费。如果这部分人失业，不仅消费能力下降，而且可能出现一些社会稳定方面的风险。反观扩大投资需求的效果，则只能有1/3左右转为即期消费，并且从长远来看是进一步扩大供给能力。因此，扩大就业应该是经济调整时期政府调控措施的重点，而GDP增长率应降为次要指标。

关于就业问题，许多学者有深入的研究，理论上的分析已足够支撑应以扩大就业作为扩大内需价值取向的观点。本书仅就如何扩大就业提出一些初步的想法。

第一，运用补贴政策直接扩大就业。有人建议给予新增就业的企业每人每年补贴 8 000～10 000 元，这是可以考虑的方案。起码对于每年新加入产业后备队伍的几百万名大学毕业生，更有这种紧迫性。以每增雇一名应届大学生补贴 8 000 元，每年有 600 万名毕业生估计，实施这一方案需要 480 亿元。这虽然是一笔不小的支出，但这些补贴可以全部转化为即期消费，对于经济增长的拉动作用远远大于其他领域的投资。更重要的是，这一措施能够把改善民生落到实处，维护社会和谐与稳定。可以说，就业补贴政策是我们需要尽快推出的刺激经济的措施之一。

第二，要大力扶持发展民营企业和劳动密集型产业。目前，政府推出的扩大投资计划，基本上是政府直接投资或由国企实施，且集中于基础设施和重化工产业，这些领域的就业弹性较低。统计资料表明，国有企业的资产就业率是最低的，民营企业则是最高的。因此，我们需要进一步强化刺激内需政策的就业导向，特别是要关注大批失业返乡的农民工及面临就业压力的大学毕业生的就业问题。建议政府在实施刺激经济政策时，更多地支持中小民营企业和劳动密集型产业的发展，防止政府资源集中于国企而出现就业方面更大的压力。虽然从利益传导上看，国有企业可以更直接地实现政府的财政目标，但实现的宏观效果并不好，这是我们要重视的问题。

第三，要在目前社会保障体系不健全的情况下，采取专门的失业应急措施。例如，扩大对失业者的救助，完善培训计划，建立有助于推动就业的中介组织等。

第四，加大农村基础设施建设投入，为返乡农民工创造就业机会。当前比较严重的问题是返乡农民工的再就业问题，他们基本上是我国社会保障体系的“死角”。建议在新增的投资中，集中资金建设农村的道路交通和水利基础设施。农村地区的基建不需要使用大型工程机械，能最大限度地招用农民工。农村条件的改善，也为我国农村地区的发展提供了基础。相对于目前国家推出的一些大型铁路、机场建设计划，农村地区投资的社会效益会更好。

五、下一轮经济增长的动力在农村

我一直认为经济学的窍门在于研究供求关系，宏观上是总供给与总需求的关系，微观上则是一般的产销关系。在供给与需求之间，现代市场的核心不是供给而是需求。竞争市场中只要有需求，市场就一定会有满足需求的供给。为什么？因为市场会启发创造性来满足需求。但是，对于很长时间备受批判的、认为供给能够自动创造需求的萨伊定律，我认为其也有合理的一面，那就是：在技术创新背景下，供给可以创造需求。比如，原来没有汽车，汽车生产出来后，人们才产生购买汽车的需求。由于创造了新的生活方式，所以新的消费形式由此产生，新型供给催生了新型需求。

过去40年，中国经济为什么能够实现腾飞？有两个重要原因：一是现实需求的空缺。最初，市场经济的启动从票据开始，是短缺经济，从无到有，填补空档。由需求大于供给到基本平衡再到供过于求的过程，在20世纪90年代中期就基本完成了。二是超前消费。这是美国人发明的，整个西方社会都饱和使用。使中国人民负债，实现超前消费成为常态，这是一个从无到有的过程。而超前消费里有另一个机会，那就是支撑经济的发展。这对中国经济必定是很大的拉动。先用完现实需求，再透支未来需求，这是除体制改革以外的又一大问题。如果这个问题解决好了，整个经济就会出现较快的增长。

那么，中国下一轮经济增长存在什么新的需求点？还有什么机会？我的答案是农村机会——农村市场还没有被开发出来。中国基本上是靠农村来支撑经济发展的。毛主席早期靠农工产品剪刀差来支撑中国工业。然后是小平同志初期，靠城乡收入的剪刀差，使中国有一个所谓的人口红利，实际上就是劳动力低成本的红利。城乡资产的剪刀差是另一个剪刀差，目前依然存在，还在发挥作用。经过中国市场化的改革，特别是财富结构的变化，城市居民大多有自己的资产负债表，有了自己的资产。农民还不能这么说，农民的土地不能计量，因为没有产权。农民拥有土地，是集体财产里的分享者，但是并不能计量作为农民主要财产的土地的货币价值。这三个剪刀差也支撑了中国经济城市化的发展，我们修的道路和城市的扩张大都是在征用农民土地的基础上完成的。

农村消费者数量庞大，庞大的人口基数提供了庞大的消费需求，从而创造出一个庞大的消费市场。日本国土面积虽小，但它不用到加拿大、澳大利亚等地广人稀的国家开发市场就能保证自身经济发展，为什么？因为它有着一亿多的居民，有着足以维持经济发展的消费需求与消费市场。中国近 6 亿农村常住人口提供了巨大的潜在消费需求，从而成为许多大产业发展的推动力。这是一个机会，是中国经济发展的大好机会。短期来看，我们要提高农民消费。

有人说，农村新政策催生的市场价值可能是 20 万亿元，即使打一折，也有 2 万亿元，这是未来消费加上产业增长带来的最大的需求。这两者结合在一起，会创造更高的经济高峰。这是我们的机会。下一步如果遇到困难，就必须依靠农村市场。房地产市场也要靠农民支撑。改革开放初期，中国城市人口只有 1 亿，剩下的全是农村人口。现在，在城市里生活的人口占到总人口的一半左右，这一比例在未来还要提高，达到 70%甚至更高。所有的城市人口都是由农民转型而来的，无论是通过何种渠道、何种模式。由农村户籍转为城市户籍，或者不转户籍而长期留在城市的人，都被视为城市人口，这个过程将形成中国巨大的需求。

但是，受中国土地制度的限制，农民只有在生他养他的地方才拥有土地，而到其他地方后并不能通过买卖获得土地，就会变得一无所有。这是因为，在中国，土地是不能流通的资源，不能私自买卖。对农民来说，土地是他们最后的保障，因此，他们只能一辈子留在他们出生的土地上。即使进城打工，他们的土地、财产还在农村。面对这样的情况，我们解决方案的第一步就是实现宅基地的改革。一次性地固定下现有的宅基地，不再划分新的宅基地；如果想获得更多的宅基地，就必须另外购买。这个时候，宅基地是可以买卖的，因为它已经不是农地，已经成功转化为住宅用地，这样农民就可以从宅基地的买卖中获得收益。宅基地变成财产，不需要在农村住的人可以把它卖掉进城，需要这块土地的人以社会闲置资金和农民置换，这是很有价值的。

第二步是进行农田所有权交易。有人说这是农村改革中的第二次革命。比如，价值20万亿元的土地中，有10%可以拿出来交易，通过其他方式获得收益的农民就可以购买更多的土地。农民可以用这些土地做什么呢？上市交易。农田所有权上市交易，将城市中沉淀下来的不消费资金转移到农村，从而成为发展农村经济以及保证农村人口消费的资金，实现资源的有效配置。农民获得资金后，就会进城购房、买车，释放更大的消费潜能。在封建时代，没有市场经济、没有城市的载体，这些人被称为流民。但现在不一样了，农民在城市中存活下来并不难，如墨西哥就有上千万的外来人口，其中不乏农民。因此，我们要充分利用城市的容纳空间来开启农民的需求。

六、再析新常态

◎ 对新常态阶段性特征的认识

1. 新常态的内涵

中国经济的“新常态”不同于发达经济体受经济危机影响导致状态低迷的新常态，而是指中国进入经济转型升级的关键发展阶段，是中国经济迈向更高阶段的必经之路。“新常态”是相对于“旧常态”而言的，后者主要是指经济增长维持高速、增长模式粗放、产业结构以工业为主，且政府干预经济较为频繁的状态。新常态具有广泛的内涵：一是新常态具有新特征；二是新常态具有稳定性；三是新常态具有可持续性。新常态并不是要安于现状，而是要通过加快转变经济发展方式，推动中国经济在新起点上实现持续健康发展。

2. 新常态的特征

（1）中国经济的结构性减速。中国经济由改革开放最初 30 多年约 9.8％ 的高速增长，转为约 6％～8％ 的中高速增长，再往后可能是更低的中速增长或中低速增长。到 2030 年前后，经济增长速度有可能进一步下降到当今西方发达国家的水平。GDP 潜在增速的下滑是中国经济增速下滑的核心原因之一。经济潜在增长率是指一国在一定时期内，在既定的技术和资源条件下，在充分就业和不出现严重通货膨胀的情况下，各种资源最优和最充分配置所达到的最高经济增长率。经济潜在增速的变化不仅与人口等参数有关，而且与短期失业的控制、投资领域的选择、有效需求水平的调控有密切关系。

（2）经济结构优化升级。新常态下，经济增速放缓，但是，结构将不断优化。只有实现经济结构优化，经济的平衡性、协调性和可持续性才能增强，经济质量和效益才能提高。经济结构优化调整包括两方面：一是调整存量，包括去产能、去库存、去杠杆等；二是优化增量，包括培育新产业、新业态、新技术、新品牌等。因此，全面的结构性调整是新常态的重要特征之一。实践证明，结构调整较快的地区发展较为主动，经济增长形势也较好。

（3）经济增长实现创新驱动。当前，中国科技创新能力不断提高，在一些重要领域已经跻身世界先进行列，生产方式、产业组织形式、商业模式等各方面创新不断加强。但是，中国仍然面临核心技术缺乏、科技转化能力不强等问题，经济新常态迫切需要进行科技创新，依靠创新驱动引领发展。同时，经济转型升级、民生持续改善和国防现代化建设对创新提出了巨大需求。庞大的市场规模、完备的产业体系、多样化的消费需求与互联网时代创新效率的提升相结合，为创新提供了广阔空间。

◎ 供给结构与需求结构失衡

1. 供给结构与需求结构不协调，产能过剩与产业结构失衡并存

目前，中国经济增长乏力的根本原因在于，政府主导的投资模式加剧了总供给与总需求之间的结构性不匹配。从需求角度看，以成本竞争为主的传统工业品的需求逐渐减弱，以技术竞争为主的新兴工业品的需求增强，需求结构正在出现明显的中长期分化趋势。从供给角度看，中国工业生产供给结构的调整明显落后于需求结构的变化，造成供需错位。虽然有

望通过投资途径在短期内缓解结构性需求不足，但即使刺激了经济，从长期来看也再一次扩大了第二产业的产能，为随后经济增长中的结构性需求不足留下了更大的隐患。

需求与生产的结构性矛盾突出，加剧了工业领域产能过剩问题。有关统计显示，中国有19个制造业行业产能利用率都在79%以下，有7个行业的产能利用率低于70%，且产能利用率过低的行业范围已经扩至光伏、风电等新兴产业。当前，中国的产能过剩反映出长期粗放式的经济发展所导致的供给结构与需求结构脱节，从而形成“结构性产能过剩”。此外，政府主导的投资模式对民间投资产生了挤出效应。投资的结构性不平衡，民间投资增速快速下降，对中国经济的健康发展会产生负面影响。

2. 货币投放总量激增导致资产价格泡沫，投放结构性失衡

(1) 货币投放总量激增，催生资产价格泡沫的同时带来通胀压力。2005—2015年，社会融资总量由3万亿元人民币增加到15万亿元人民币，这无疑增加了经济风险。此外，中国M2/GDP长期居高不下，反映了商业银行的支付风险及可能的通货膨胀。商业银行集中的大量存款没有创造相应数量的GDP，货币资金的边际生产力不断下降。M2/GDP的提高意味着M2的增长速度大大快于GDP的增长速度，存在着超额货币供应，潜在通货膨胀压力很大。目前，中国货币供给快速扩张、流动性过剩带来的问题，既在于推动物价上涨，又在于大量流动性在虚拟经济内部自我循环。这不仅加剧了资产价格泡沫的泛起和膨胀，还使本应服务于实体经济的资金被占用，弱化了经济刺激政策的效果。资产价格过快上涨，又会加剧通货膨胀预期。如果放任资产价格泡沫膨胀，将会出现泡沫的突然破灭，对金融和经济造成重创。

(2) 信贷投放结构不合理。一方面，信贷行业分配不合理。工业贷款

供给较多，而农业贷款支持较少；生产性信贷增速较快，消费性信贷发展滞后；传统产业信贷支持优于新兴产业。另一方面，信贷结构期限不合理。目前，中国商业银行信贷的期限结构，存在长期信贷比重过高、短期信贷比重过低的问题。2006 年以来，中国中长期贷款占比超过短期贷款占比。2010 年，中长期贷款占比达到高点，为 63.5%，之后略有下降，2014 年降至 59.4%（见图 6-1）。这一组数据不仅反映了中国信贷市场需求的变化，也反映了银行致力于加强信贷风险管理，提高信贷资产收益。

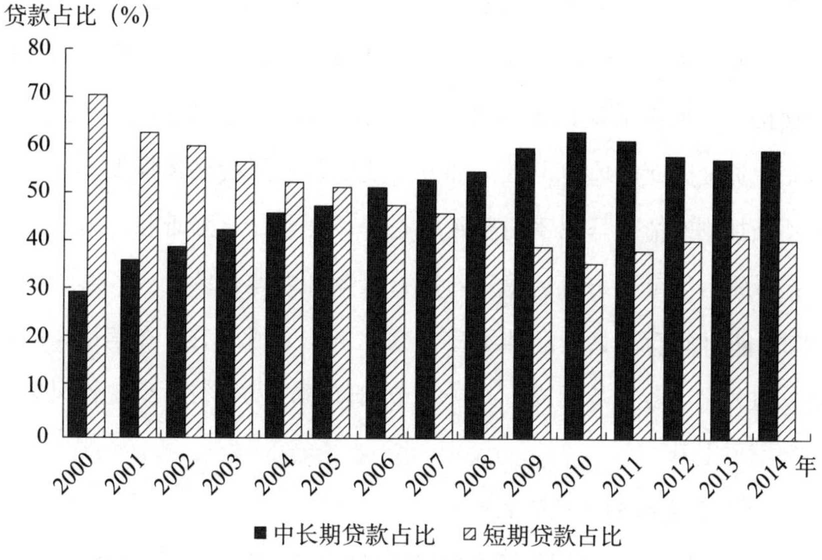

图 6-1　长期贷款比重大大超过短期贷款（2005—2014 年）

◎ 债务风险与金融市场波动

1. 财政收支矛盾加剧，政府债务风险不减

近年来，受经济增长放缓、结构性减税等多种因素影响，中国财政收入增长不断放缓，而财政支出保持刚性不减，财政收支压力不断增加。随着地方政府进入偿债高峰期，财政收入增长放缓使得债务风险更为凸显。稳增长也将面临资金来源的不确定性。制造业、房地产和基础设施投资占固定资产形成总额的近 70%，是固定资产的主要构成部分。目前，在房地产和制造业投资放缓的情况下，稳定经济增长就要增加政府基础设施建设投资，这要求地方政府的融资平台公司继续向银行、信托等金融机构融资。这种“以时间换空间”的方式，既增加了地方政府债务负担和财政风险，也影响了其他行业获得新增资金的机会，从而影响了稳增长的效果。

2. 实体经济信用风险加快暴露，传导至金融体系的风险不断累积

一方面，实体经济中的企业成本依然较高；另一方面，价格传导机制不畅使得上游成本无法向下游转移。盈利不佳加上债务高企、资金紧张，导致企业资金链断裂风险上升。部分企业的债务风险已经爆发，这种信用风险不断加剧的情况呈现逐渐蔓延的态势。企业经营困难和房地产市场调整，危及银行等金融系统的稳定，银行贷款坏账率持续上升，影子银行风险增加，商业银行不良资产和不良贷款比例均有所上升。在信用风险加快暴露的过程中，若大范围或者某一环节出问题波及银行，系统性风险的发生概率就要上升。

3. 互联网金融领域风险激增

2012 年以来，互联网以及大数据的发展直接推动互联网金融迅速崛起，国内以 P2P 网贷行业为主的互联网金融发展迅速，其中，P2P 网贷行业累计成交量不断增大，P2P 也成为理财市场上的主要投资品种。互联网的发展、大数据应用的崛起推动金融制度与业务模式不断创新，对金融行业发展格局形成冲击。而在行业迅猛发展的同时，由于被监管者与监管者之间信息不对称，金融监管机构难以准确了解金融机构资产负债实际情况，难以针对可能出现的金融风险采取切实有效的金融监管手段，行业内风险不

断暴露，出现了 P2P 跑路、坏账率攀升、信用贷款逾期率激增等问题。2015 年问题平台达到 896 家，是 2014 年的 3.26 倍，问题平台数占行业的 34.5%。金融创新速度过快导致金融模式与金融监管脱节，由此造成特定领域的金融风险加大并逐步向其他领域扩散。

4. 人民币汇率波动以及资本流动加剧，对国内资本市场波动的影响加强

随着中国资本项目放开管制，跨境资本流动的阶段性特征已发生改变，由原来的净流入转变为流入、流出更为频繁。随着人民币汇率形成机制更为市场化，汇率与利率之间的联动影响也更为密切，这将加剧中国金融市场的波动，增加货币政策调控的难度。如果人民币过快贬值，将与资本流出和国内股市波动形成恶性循环，压缩货币政策操作空间，有可能使货币市场利率上升，引发债市风险；还会使企业海外负债成本增加，导致部分企业出现短期偿债风险。

从偿债能力来看，中国债务风险总体仍处于可控区间。一方面，中国债务主要是国内债务，外部债务比例较低；另一方面，中国储蓄率一直较高，目前中国仍处于净储蓄国家行列。居民部门的债务偿还能力强；国有企业多年积累了规模庞大的资产。中国还拥有规模庞大的矿产资源和丰富的海洋、森林等资源。其中，根据全国重要矿产总量预测项目组 2014 年的推算，中国 23 个矿种的总价值达到 244.4 万亿元。各类资源加上行政事业单位的资产和全国的基础设施建设等资产，使得政府部门也具有较高的偿债能力。

虽然总体上看债务风险可控，但是违约风险在上升，商业银行不良率快速攀升（见图 6－2）以及汇率波动引起资本流出风险上升等情况，使得系统性风险有所上升。一方面，违约事件加快爆发会对市场信心造成较大

冲击，导致资本外流更严重；另一方面，资本外流将使货币政策进一步宽松，从而影响资金面，在资金收紧的情况下，可能会使更多企业面临流动性风险，导致违约加速扩散。

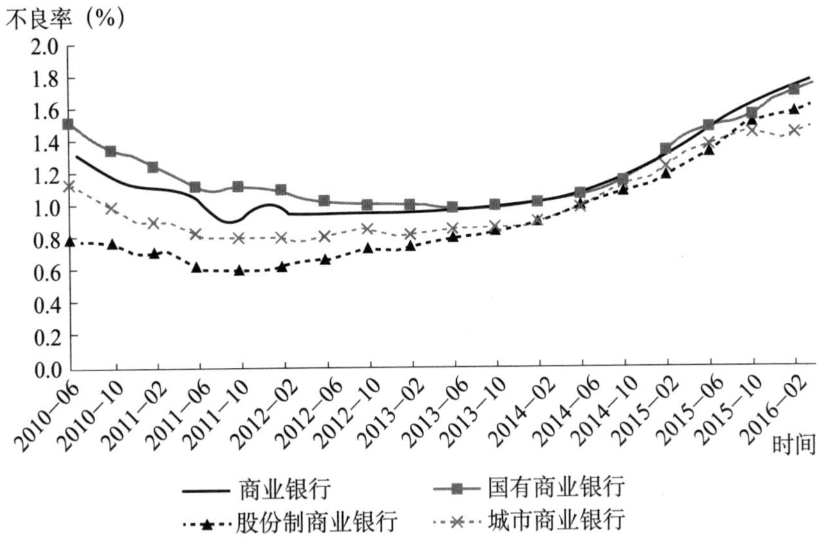

图 6－2　中国银行业不良率变化情况（2010－2016 年）

◎ 房地产行业发展仍面临不确定性

1. 房地产及相关行业对中国经济增长的贡献接近 30%

由于房地产业具有很强的产业关联性，其对中国经济发展的重要性远远超过了房地产投资本身。从居民资产配置的角度来看，房产是城镇居民家庭资产最主要的组成部分。2005—2015 年，总体上房价持续上涨，在投资渠道匮乏及实体经济投资回报率下滑等影响下，房产投资是实现资产增值保值的重要手段。《中国民生发展报告》数据显示，城镇家庭财产中，房产占比的中位数为 80%，农村房产占家庭财产比例的中位数是 60%。可见，一方面，房地产业所涉及的产业链条非常广泛，其变动对相关产业乃至整个经济发展都会产生重要影响；另一方面，房地产同样是一个民生问题，楼市泡沫破裂与否对社会稳定具有非同寻常的影响。

2. 系统崩盘的概率较小，但供需拐点已经出现

2014 年以来，中国房地产市场全面调整，房地产投资、销售面积等相关指标均出现大幅下滑，产业链条上的相关产业，如钢铁、建材等，近年都陷入发展低谷。房地产市场的周期性调整是当年经济下行的核心影响因素。由于 2005—2015 年的快速发展，目前房地产库存量处于高位，但随着人口结构的变化，房地产行业潜在需求已在 2013 年发生逆转。房地产市场已经由“供不应求、总体偏紧”的状态转向“供过于求、总体偏松”的状态。由于供需状况的变化，房地产市场的全面调整还将继续。由于房地产业的相关产业链条长、涉及范围广，房地产业调整将继续影响相关产业，进而影响中国经济增长和经济结构调整步伐。

3. 潜力依旧，房地产市场全面崩盘、引发系统性金融风险的概率较小

未来房地产市场依然具备相对坚实的需求支撑。一方面，中国城镇化的持续推进和家庭规模小型化，将继续催生大规模的刚性住房需求；另一方面，虽然人口老龄化对住房需求产生负面影响，但城镇人口规模扩大，能抵消一部分效应。房地产供给过剩主要是三、四线城市的结构性过剩。伴随着城镇化的推进，收入分配制度改革推进居民收入水平提高，潜在刚性和被压制的改善性需求或将释放。刺激政策对房地产企业和住房购买者在资金渠道和首付比例上都有很大放松，对房地产销售的改善起到了促进作用。尽管如此，在库存水平依然较高（尤其是三、四线城市）、人口结构出现阶段性变化的情况下，房地产业仍处于去库存与分化发展的调整周期中，要说行业全面回暖，还言之过早。

◎ 人口红利渐失，资源环境约束不断加强

1. 劳动力人口逐年下降的同时，劳动力成本不断上升

农村剩余劳动力的转移支撑了中国工业化过程中庞大的劳动力市场需求，但是，劳动力无限供给的时代已经结束。就业人口占总人口的比重以及绝对值近年来均呈现下降趋势。从 2011 年开始，16～64 岁人口占总人口的比重开始下降（见图 6－3）。国家统计局将 16～60 岁设定为劳动年龄，这一数据的绝对值在 2012—2015 年已经连续 4 年下降。随着人口老龄化的加剧，未来中国的劳动力人口将会进入漫长的萎缩期。中国劳动力成本在不断上升。经济学人智库的研究表明，2008—2012 年，中国劳动力收入增速超过劳动生产率增速。2005 年以前，农民工月平均工资不足 1 000 元；到 2012 年，农民工月平均工资达到 2 290 元。如果全要素生产率得不到提升，劳动力成本上升及结构性短缺所产生的压力无法消除，中国经济的比较优势将被削弱。因此，转变经济发展方式势在必行。

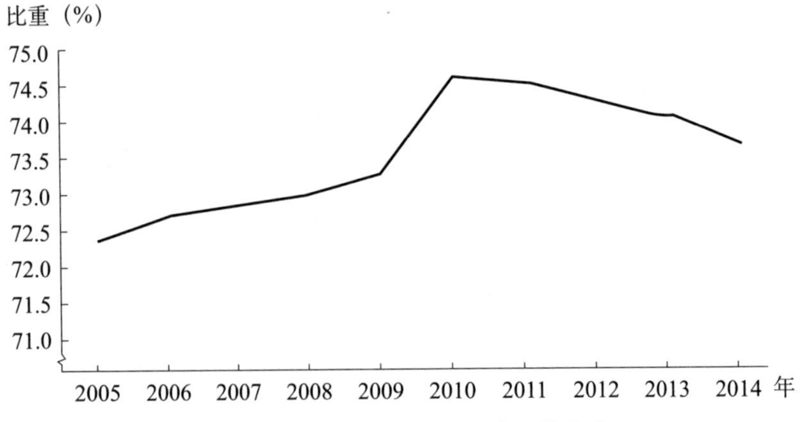

图 6－3　16～64 岁人口占总人口的比重

2. 资源短缺和环境恶化对经济发展的制约日益显现

土地资源匮乏、耕地不断减少和土地资源质量下降，制约了农民收入增长，阻碍土地规模化经营，限制农业劳动生产力提高，也不利于中国农业经济发展。水资源严重短缺，叠加污水排放量逐年增加，成为制约中国经济增长的重要因素。高度的能源消耗与浪费，大大减少了中国能源储量，能源对外依赖度不断上升，或将对国家能源安全产生威胁。

中国生态环境形势日益严峻，全国江河湖海普遍遭受污染，七大水系近一半河段遭受严重污染。大量的废气排放导致城市空气污染普遍较重，一些大城市的颗粒物和二氧化硫浓度已经超过世界卫生组织及国家标准的2～5倍。酸雨污染区面积已经占到国土面积的1/3。城市烟尘、酸雨、可吸入颗粒物等，经过物理、化学、生物等作用和反应，形成复合型污染，严重污染了土地资源、空气资源和水资源，直接威胁到居民生存环境和身体健康。农村水土流失、地力衰减、草地退化、土地沙化，越来越多的河水变得不适合农业灌溉和生活饮用，直接影响到农产品质量和居民食品安全。这种以城市为中心的环境污染和以农村为中心的生态破坏相互交叉影响，造成中国环境问题的复杂性和严重性，导致中国生态系统整体功能下降，抵御各种自然灾害的能力减弱，并带来严重的经济损失。

◎ 如何超越新常态

根据以上分析并结合当前的国内外经济形势，正如党的十八大报告所提到的，“把握扩大内需这一战略基点，加快建立扩大消费需求长效机制……扩大国内市场规模”才是超越“新常态”的唯一突破口，而扩大内需最根本的动力在于调节收入分配结构及新型城镇化的加速和深化。

回归政策本身，不论是收入分配体制调整还是新型城镇化的加速深化，都涉及要素价格、垄断行业、公共财政和社会保障等一系列改革，这关系到众多利益主体，因此，单枪匹马突进式的政策改革并不能取得预期效果。与之相呼应的是，自 2008 年经济危机以来，我国保增长目标下的货币政策和财政政策乏力、边际推动力递减，虽然国家采取了积极的财政政策和相对宽松的货币政策，但受制于财税体制、金融体制和行政体制等，政策效果大打折扣。如果缺乏经济体制进一步的深化改革，当前这种依赖财政和货币刺激的经济增长已是强弩之末。

种种迹象表明，2008 年经济危机以来，体制约束和制度建设滞后成为我国经济整体运行效率大幅下滑的主要原因，这在很大程度上倒逼我国从制度层面系统解决经济运行效率问题，即改革顶层设计问题，这需要领导集体有更大的政治勇气和智慧。事实上，当前也只有制度层面的顶层设计才能解决收入分配、城镇化质量提升等关系到经济长期稳定增长的动力问题。可以预见的是，下一轮的制度改革不会是简单的帕累托改进，而是涉及利益再分配的制度性红利，能保证我国消费升级、新型城市化加速和深化，并提升货币和财政政策等宏观调控工具的调控效率。未来顶层设计、改革红利的释放将有效助推中国经济超越“新常态”!

七、GDP 要接地气

改革开放以来，中国经济持续高速增长带来的是 GDP“容量”的爆发式扩张，在带给我们大国崛起的荣耀的同时，也引发了一些争议和问题。这在一定程度上是因为过去我们过分注重 GDP，奉行的是一种供给驱动的模式，这种模式的特征是：增长上注重总量扩张，偏失结构优化；分配上偏重于国家，忽略个体；只强调物质增长，而忽略了发展的本质也在于民众的福祉。因此而暴露出的问题便是过度资源消耗、对人口红利过分榨取、盲目注重效率而损害公平等。

对于中国经济和社会来说，2013 年注定是一个备受关注的历史节点，它的意义不仅仅在于新一届领导层上任，还在于前所未有的改革契机的出现。改革或将被重新注解，发展也将被赋予新意。增长的质量、转型的突破、改革的方向、发展的意义，这些抽象的表达或将变得更为具体、贴切和充满力量。

◎ 经济增长与结构转型要惠及民生

在包括供给侧结构性改革在内的政策措施的拉动下，2016 年下半年到 2018 年上半年中国经济增长压力有所缓解。但基于以下两点，短期内中国经济恐怕仍将处于调整期和底部徘徊阶段。

其一，外部经济增长趋缓导致出口不畅，让中国的决策层和企业意识到，必须寻求更多的创新，夺取新技术的制高点，而不是继续简单重复产业链末端的工作，但短期内在新技术产业替代方面很难有大的突破。与此同时，次贷危机后特别是近几年，世界进入“全球慢化”① 阶段，以美国为代表的发达国家重新定位自己在全球分工中的角色，制造业回流或前往具有更廉价劳动力的地区成为一种选择，而这将进一步削弱“中国制造”的全球竞争力。在双重压力下，特别是在美欧经济走势放缓、中美贸易冲突前景尚不明朗的背景下，出口滑坡及对经济增长贡献度不高的状态短期内显然不会有根本性的改观。

其二，经济的短暂回暖主要得益于政策面支撑和地方政府基建投资带来的稳增长效应，但未来这种模式的可持续性较差。本轮经济刺激中，地方政府担当了稳增长的主角。通过批新区、批项目来拉动地方低迷的经济，本质上地方政府仍旧在固守投资驱动经济增长的模式。不断增长的地方政府融资规模便是一个信号。比如，地方政府依靠融资平台加速发债，城投债发行规模创下一个又一个新高②。而地方政府这种靠投资稳增长的方式，实际上与中央调结构的思路是有错位的，一旦考核机制弱化 GDP，地方稳增长的动力会有所减弱。

在增速放缓、结构转型前提下，经济增长的着力点有必要从供给端向需求端转移，改变“唯 GDP 是瞻”和盲目的速度崇拜，更加注重增长的质量和民众的福祉。实际上，要实现结构调整、经济高增长，就应该转向有质量的增长，不应过分在乎增速，而应该更多地关注经济能否惠及民生。只有民众共享了经济福祉，共享了改革发展的成果，发展才有意义，才能让消费真正成为拉动经济的新引擎。从这个意义上来说，中长期的结构调

---

① 世界进入“全球慢化”. 参考消息，2019-01-28.

② 由此带来的问题是本书第二部分分析的重点。

整应该从注重供给端的增长向注重需求端的消费转移。

◎ 增长与转型离不开制度重建和政策突破

如何在中长期的经济增长过程中成功实现结构转型？这一问题的关键在于扩大内需，而扩大内需最根本的动力在于调节收入分配结构及新型城镇化的加速和深化。这两项改革能否顺利推进，还在于系统性的配套改革能否稳步推进。

2012年的中央经济工作会议提出“积极稳妥推进城镇化，着力提高城镇化质量”。城镇化将释放巨大的消费需求。城镇化包括进城农民的教育、医疗、养老等问题，还包括农民的工作问题，所以城镇化是一系列政策制度调整改革的结果，无法一蹴而就。在推进城镇化过程中，一定要防止城镇化成为新一轮的城市化，固化或变异为拉动投资的手段，继而城镇化产生的内需扩大效应远远落后于拉动投资带来的土地财富效应。

城镇化要提高质量，真正拉动内需，还应尽快推进户籍制度改革和土地制度改革这两项关键性的改革。越来越多的迹象表明，只有改革不合时宜的户籍制度，取消依附在户籍制度上的不公平待遇，才能打破不合理的城乡分割，从身份上赋予农民和城市市民一样平等的权利，使得农民享有教育、医疗等基本的公共服务和社会保障。城镇化应从户籍制度改革入手，扩大中小城市和部分三线城市农民工就地入籍试点范围。

土地不能自由买卖、政府对土地的垄断性供应，不仅造就了高房价，而且剥夺了农民获取土地升值收益的权利，使得农民难以获得财产性收益。改革土地制度，便是让土地这种最重要的资源要素充分流转起来，盘活农村宅基地市场，通过确权实现土地自由交换，提高“农民在土地增值收益中的分配比例”，减少侵害和掠夺农民利益的不法行为。农民有了平等的身份、公平的待遇、合法的财产收入，可以像城里人一样去体面地工作、生活，去尽情地消费，才是一种真正有效的、有质量的城镇化。

另一项重要的改革涉及收入分配领域。目前，收入分配改革方案久议不决，总体缺乏进展，其根本原因在于原有制度造就的既得利益格局难以打破。改革这种不合理的分配模式，一方面要改变的是国家、企业和居民三方中，国家占大头，企业和居民收入过低、增长缓慢的窘境；另一方面，要打破垄断性行业和职工收入过高的格局。事实上，收入分配改革既需要一个总体性的框架方案，也需要一套具有可操作性的措施。鉴于目前经济增长仍面临一定压力，居民消费已经显露疲态，应该尽快逐步推进、加速总体分配方案出台，制定阶段性的措施。

第二部分>>>

债务积累与风险缓释：来次小型危机又何妨

我们这一代人正经历着人类历史上空前的发展——中国经济的增长，它从根本上改变了中国的供给与需求关系，从经济学意义上讲，是供给和需求关系的互动。从40年前算起，上溯几千年，中国经济都处于严重的短缺当中，我们的祖辈都是在短缺中生活的，这是总需求大于总供给、需求得不到满足的问题。所以，我们早期的改革就是提高积极性。简单的提高积极性就基本结束了5 000多年甚至更长时期中国的短缺经济时代。大约在20世纪90年代初，我们进入供求基本平衡的阶段。而现在，进入了全面供大于求的时代。在现代市场经济条件下，决定经济发展的主要因素是需求，所以有效需求不足成为这些年经济遇到的难题。因此，我们所有的政策都跟解决这个难题有关。事实上，从20世纪初开始，全世界经济学的主要命题和解决命题的答案也都集中在这个领域。

中国实现了全面经济增长，但是中国并没有出现马克思分析过的由有效需求不足带来的生产过剩所引发的经济危机。中国为什么没有引发危机？我自己的判断是：在中国还存在着一种很大的潜在需求，这也是20世纪30年代以后，主要西方国家挖掘和使用的需求——信用需求。在中国的历史上，信用并不是一种需求，大家把自己的储蓄用来消费。当信用消费产生后，每个人、每个公司、每个机构的消费总量中，除自有的一小部分外，还有一部分是借贷，即信用的需求。从国际经验看，信用需求大体上能够有效地拉动一个国家经济增长15年。因此，挖掘一个国家的信用体系，包括有效地利用这足以支撑15年的需求，就成为该国经济取得成功的关键。

在不知不觉中，我们已经在将近十年的时间里消耗了相当大一部分信用需求。那么，还有多少是可以挖掘的？我们使用这个祖先留下的机会，维持了一段较长时期的经济高速增长。要在一个很高的基础上继续谋求高增长，这是不是很难实现？我的回答是：如果不出问题，中国经济仍然将以一个很高的速度运行。那么，中国经济是否会以及可能出现什么问题？我们有什么办法来防范这些问题？我觉得，尤其要认真关注信用需求，要防止信用需求所产生的负面作用。信用需求是一把尖锐的双刃剑，可以带来发展，也会有负面力量。西方国家曾面临过并且现在仍在经历着的严重经济危机，我们会不会遇到？什么时候会遇到？我们有可能避免吗？这对我们来说是一个巨大的问号。中国的成败、中国经济的成败，很大一部分应该在这里寻找答案。

现在我最担心的，就是我们在使用一直不太关注也不太熟悉的信用。若信用需求出了问题，整个经济、社会体系就会出问题。在中国，信用的缺失和信用体系本身存在问题，是影响我国经济发展的关键，也是影响我国经济增长进入良性轨道的关键。从这个意义上讲，我对“什么改变中国”这一命题的回答是：信用改变中国。特别是，它已经改变了中国，它的变化也将进一步改变中国。

八、多重风险叠加的中国经济

回顾 20 世纪以来世界各主要经济体的发展，几乎每一个都爆发过经济危机。无论是区域性的大萧条，还是全球性的金融危机，都让我们认识到：随着市场经济的发展，经济危机似乎不可避免地会发生。改革开放以来，中国经济已经走过了 40 多年，维持了较长时间的高速增长。虽然几次受到外部经济体爆发的危机的波及，但中国经济都抵抗住了冲击，保证了平稳发展。然而与此同时，中国经济的风险也在不断累积，尤其是在 2008 年次贷危机之后，低迷的外部经济环境更让中国经济自身风险的累积速度加快。时至今日，在中国经济进入“次高速增长时期”的背景下，经济风险的累积已经达到了一个新的临界点。在这样的情况下，中国经济是否会爆发危机、何时会爆发危机、能不能有效地化解危机成为决策者不得不面对的课题。从其他经济体的发展经验来看，中国经济似乎很难避开经济危机的漩涡。然而，历史的教训也表明，通过经济危机释放风险往往会付出较为惨痛的代价，因而寻求有效的方式让危机得到化解就显得尤为迫切。如果能够及时建立合理的机制，让风险得到释放的同时避免爆发系统性危机，就有可能让中国经济不至于陷入新的危机之中。在此之前，理清中国经济的风险问题，找到风险释放的切入点和重要抓手，对于建立完善的风险释放机制至关重要。

◎ 国企杠杆率过快上升是中国经济的主要风险

1. 国企高杠杆的形成

2008 年次贷危机爆发之后，全球主要经济体都遭遇流动性短缺，出现企业资金链断裂问题，表现为严重的债务危机。为了应对这一冲击，美国、欧盟、日本等主要经济体纷纷推出货币宽松政策提振经济，中国也于2008年底推出了四万亿元规模的刺激政策，以避免中国经济像其他经济体一样陷入衰退。

金融危机之前，中国经济发展的“三驾马车”中，出口对GDP的贡献占比曾经超过50%，但是危机之后，外部需求的低迷使中国经济原有的“出口—投资驱动”模式走到尽头，亟待转型。然而，政府刺激政策的出台并没有让中国经济转向更为健康的“消费—投资驱动”模式，而是在短期货币宽松的作用下转向了“信贷—投资驱动”模式，表现为宽货币、扩信贷、扩投资。这一变化的结果是让整个社会的杠杆率迅速上升。不仅如此，受经济体制中的国有观念影响，中国的货币宽松还走了一条“借道国企”的特殊道路。2008年以后，中国大量投资是通过国有企业的扩张完成的，这里不仅仅指原本就存在的国有企业，还包括大量新成立的国有企业，比如在江苏、浙江等地，过去很多地县一级没有国有企业，但借助扩信贷、扩投资，开办了很多新的国有企业。另外，目前因为债务问题备受关注的地方政府融资平台从本质上看也是国有企业。这些国有企业都进入融资市场获取资金。以次贷危机发生后五年的数据为依据，银行初始信贷的90%发放给了国有企业，而国有企业债券市场融资的占比更是达到了近95%①。美国等国家虽然也在经济危机时向企业大量注资，但在随后的复苏过程中都逐渐退出，既没有维持对企业的控制，更没有将企业国有化。而在中国，在大量注资原有国企的同时，各地方政府借着救市政策还新建了大量新的

① 根据最新的统计数据，2018年1月到2019年11月，民营企业债券市场净融资2 981亿元，同期国有企业净融资38 433亿元。民营企业在债券市场基本丧失了融资能力。

国有企业，以地方融资平台的形式大量举债。如此，在刺激政策推出后的短短几年内，国有企业的杠杆率快速上升，债务风险迅速积累，并引发了一系列问题，已经成为中国经济的主要风险（见图 8－1）。

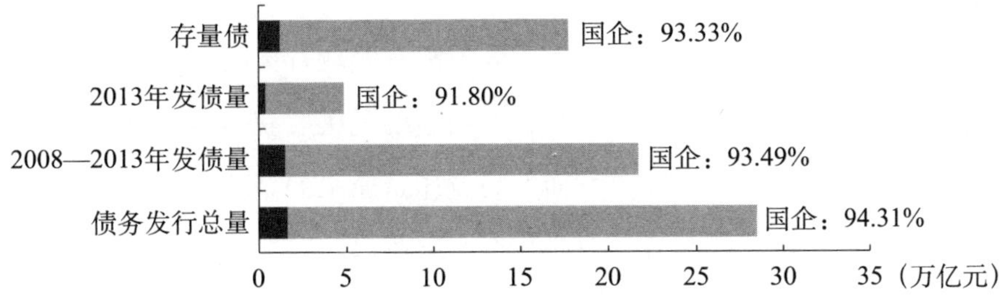

图 8－1　次贷危机后资源投放大幅向国有企业倾斜

2. 国企高杠杆引发的问题

国有企业杠杆率的快速上升给中国经济带来了一系列问题，使得资源错配、产能过剩、市场经济的运行效率大大降低，而债务的累积和信用体系的破坏更使得中国经济的风险不断加大。

（1）阻碍非公有制经济发展，加剧体制扭曲。中国经济走上“借道国企”的道路阻碍了非公有制经济的发展，使 20 世纪七八十年代“国退民进”的改革政策出现逆转，国企数量不降反增。救市资金大量流向国有企业，使得在金融危机中受到影响的民营企业不易获得资金救助，难以恢复元气。更值得注意的是，表面看只是政府和国有企业掌握的资金增加了，实际上这些资金代表着政府和企业在市场上配置资源的能力的增强。国有资本全面渗透到社会经济的各个领域，使得民营经济的发展受到挤压，加剧了经济体制的扭曲。而这种资源配置能力的巨大差别反映到一个敏感的问题上，就是大学生的就业选择。2014 年有超过 150 万人参加国考，报考者多为应届毕业生；而这一数字在 2007 年是 74 万。正是由于政府配置资源的能力空前高涨，非公部门资源有限，大学生才纷纷追求进入政府部门或者大型国有企业，寻求较高的社会地位和稳定的收入。这种就业选择的倾向从另一个方面反映出政府和国有经济对非公有制经济发展的挤压，加剧了体制的扭曲。

（2）造成严重的资源错配。资金流入国有企业，抬高企业杠杆率，还带来了严重的资源错配问题。国有企业在金融危机后获得了大量的、超过自身发展需要的信贷资金。一方面，企业还是原来的企业，收入并未明显增加但负债率大幅上升；另一方面，企业用获得的资金投资自己并不熟悉的领域或者是投机性领域，包括房地产和虚拟经济，造成资金在金融体系内部空转。而真正需要周转资金的民营企业却因为银行放贷的倾向性而得不到资金的救助，造成资源的错配和浪费。国有企业和民营企业间的资源错配还加剧了银行等金融机构资产负债期限的错配。国有企业在杠杆率高企之后必须想办法维持高杠杆运作，需要金融体系持续输血，而金融机构的借短放长也随之进一步加剧，加大了市场的金融风险。

（3）社会投资效率降低。由于国有企业本身存在经营效率较低、活力不强等问题，政府虽然放出了大量投资，但产生的实际效益却在逐渐降低。数据显示，2008年以来，投资和GDP的比值已经从55%上涨到79%，贷款和GDP的比值由101%上涨到135%。GDP增速远不及贷款和投资的增速，而获得单位GDP需要新增的投资、贷款也在不断增加。

（4）信用体系被破坏。高杠杆往往意味着较高的偿债负担，但部分国有企业偿还债务的意识淡薄，只注重借钱融资，很少考虑偿还债务。一般的民营企业在考虑借贷需求时一定要考虑自身的偿还能力，但国有企业盲目借贷导致债务规模快速扩大，而有些企业自身盈利情况不佳导致甚至连利息都不能支付，基本依赖借新还旧。不考虑偿债能力的借贷破坏了中国社会的信用体系，也让市场的信用风险快速上升。而政府对这种违约风险的兜底态度给市场留下了“刚性兑付”的错觉，更加让市场无视企业真实的信用水平。

（5）债务风险不断积累。国有企业的杠杆率高企与投资经营效率的下降（见图 8－2），最终都会导致整个社会的债务风险不断提升。政府的兜底和“刚性兑付”让企业继续扩大债务规模，其结果就像美国前总统杰斐逊所说的那样，推动了债务的旋转门，一旦有一天这扇门停止旋转，就有可能爆发深度的债务危机。1929 年以来，世界上主要的经济危机多表现为金融危机，而金融危机多表现为债务危机，债务危机多是围绕着债券及其衍生品爆发的一系列问题。面对中国经济，尤其是国有企业高企的杠杆率，稍不留神，中国的债务风险就可能引发新的危机。

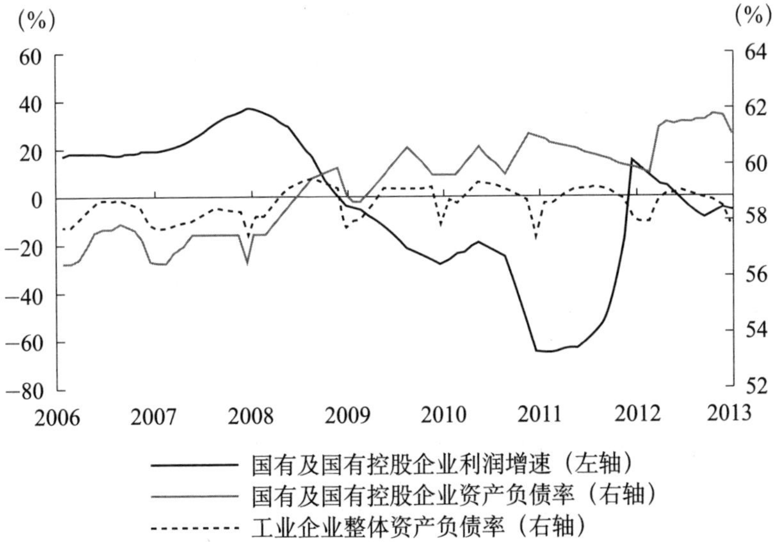

图 8－2　国有企业债务与经营情况

◎ 多重风险不断累积叠加

中国经济除面临国有企业杠杆率快速上升带来的风险，还面临着其他多重风险的累积和叠加。在经济增速放缓、政府调控边际效果下降的背景下，深层次的资源错配与体制扭曲已经使各个方面的风险累积达到一个临界点，也让这些互相叠加的风险成为宏观经济运行新的焦点。中国经济面临的标志性风险主要包括：地方政府融资平台风险、监管套利与“影子银行”风险、房地产泡沫风险、严重的产能过剩风险，以及应对危机的短期调控措施常态化风险。

1. 地方政府融资平台风险

近两年，地方政府融资平台的债务风险受到很多关注。根据多方对各种口径数据的测算，到 2013 年年底，这类债务大致在 20 万亿元以内。而在 2010 年，审计署统计的数字还只是 10.7 万亿元。可以看到这个数字在三年内将近翻了一番，增速非常快。虽然地方融资平台债务的快速增长引起了国内外的重视和担忧，但考虑到地方债务较低的基数和政府偿还债务的能力，融资平台的债务风险仍然是可控的。首先，过去地方政府的债务很少，这就给现在的政府举债留下了较大的空间。其次，政府除了财政收入还有大量的经营性国有资产，并且有上级政府的支撑，偿债能力很强，因此债务危机即使爆发也不会从这里开始。不过，尽管风险可控，地方政府寅吃卯粮的行为仍然值得重视和反思。应该通过编制地方政府资产负债表的形式，明确地方政府的偿债能力，找到合理的债务上限，控制地方债务的风险。

2. 监管套利与“影子银行”风险

银行是依靠利差赚取利润的金融机构，而中国的银行存贷利差非常高。

考虑各种费用，企业的融资成本可能要达到10%以上。但是，这一部分还只是银行表内受到监管的部分，银行表外的信贷（我们称之为“影子银行”）则有更大的获利空间。中国的“影子银行”其实是银行的影子，因为资金的来源仍然主要是银行的储蓄。这部分资金通过银行理财、信托产品等各种非标产品投放出去，获得比普通信贷更高的利息，但审批标准却与一般的银行贷款有较大差距，并且游离在监管范围之外。一旦这部分资产出现问题，无论是银行的道德风险还是信用风险都会暴露在市场面前。

3. 房地产泡沫风险

房地产泡沫风险分为两部分。一部分是房价急升，泡沫形成期的风险。在这一时期，房地产价格的升高使得企业运营成本大大提升，不仅加重了企业的经营负担，还会影响企业的利润。企业经营情况恶化就会减少雇佣，进而影响就业，造成社会风险。另一部分则是房地产价格泡沫破裂带来的风险。房地产的背后是巨额信贷，如果房价断崖式下跌，房地产公司就很可能出现资不抵债的情况，那时银行坏账就会大幅攀升，整个金融体系也可能面临巨大的危机。1997年亚洲金融危机爆发的时候，香港的房价曾经下跌到原价的40%以内，整个社会十分萧条，付出了巨大的代价。因而房价快速上升固然增加了企业的成本，但如果泡沫破裂，房价快速下跌，金融体系的资金运转就可能失灵，金融市场的风险将会大大上升。

4. 严重的产能过剩风险

中国被誉为“世界工厂”，不仅是因为中国生产的产品销往全世界，而且因为中国的产品供应量大且价格低廉。这样的供给条件使得西方的消费者长期以来形成了过度消费的习惯，反过来促使中国进一步扩大产能，以满足世界各国的需求。然而，金融危机让各国突然捂紧了钱包，产品出现供给过剩，留给中国的就是严重的产能过剩问题。这个问题在外部需求快速增长的时期并不明显，但当外部需求低迷时，这个问题就尤为突出了。其实，早在2007年，产能过剩问题就已经引起注意，但随后经济危机的出现和稳增长的需要让中国经济错过了调整结构、淘汰落后产能的时机。近两年，在工业部门绩效下滑的同时，新产能却大幅度增长，尤其是煤炭、钢铁、化纤等行业，甚至远超旧产能淘汰的速度，产能过剩矛盾激化。

5. 应对危机的短期调控措施常态化风险

这一风险其实是当前最严重的问题。为了应对金融危机，各国政府都出台了一系列救市措施。在美国，救市措施只是临时措施，在随后的时间里，政府资金已经逐渐从原来注资的企业中退了出来，让市场恢复自主运行。而在中国，强力的刺激政策却没有及时停止，反而表现出常态化的趋势。刺激政策犹如给病情并不严重的人注射强力药物，开始的作用十分明显，但随着病人逐渐对药物免疫，注射一次能发挥效用的时间越来越短，到最后必须持续注射才能维持病人的生命。在一开始，中国的刺激政策就用力过猛。事实上，在2008年中国并没有爆发危机，却被下了一剂猛药。而这一剂猛药的常态化带来了比外部经济危机影响更严重的经济和政治问题。国有企业和政府部门的高杠杆由此而来，经济的流动性泛滥由此而来。刺激政策的常态化不仅加深了经济运行对刺激的依赖，还可能导致调控失效，带来政策风险。经济风险的上升、政治风险的加深都是让短期调控政策尽快退出的信号。只有改变刺激政策常态化的现状，才能让经济恢复到更加健康的自主运行的状态。

◎ 完善宏观风险释放机制

从前面对风险累积的分析可以看出，在当前经济复苏乏力的背景下，多种宏观经济风险累积上扬，泡沫随时可能破裂。尽管风险已经积累到一定程度，但不一定只有彻底爆发这一种选择。如果能够及时建立合理的风险释放机制，就有可能避免局部风险爆发引发系统性风险，从而防止中国经济陷入新的危机。

1. 历史上对风险的处理方式

从历史经验来看，对风险的处理方式主要有以下三种：一是通过经济增长消化和吸收一部分风险。例如，早期的一部分不良资产可能随着经济的快速增长实现价值的提高，从而转化为优质资产，风险自然得以化解。但这种化解风险的方法是以经济持续增长为前提的，同时风险的存在对经济增长本身也有一定的负面影响。一旦经济增长出现问题，风险就无法得到化解。二是通过将不良资产剥离经济活动的重要部门避免引发系统性风险。例如，早期四大行将不良资产剥离出来成立四大资产管理公司，就是将风险较高的资产从银行内剥离出来，避免以银行为代表的金融体系出现问题。但是，这样做的弊端也十分明显，那就是风险并没有被化解，只是在传递。三是让风险延迟释放。经济刺激政策的常态化避免了部分企业的倒闭停产，却引发了杠杆率激增、产能过剩问题；政府的兜底行为避免了部分债务的违约，却没能解决企业偿债能力不足的问题，只是让违约风险推迟发生。由于风险的兜底和延迟行为，让市场对风险出现“刚性兑付”和政府信用延伸两个误区，扭曲了人们对风险的认识。风险延迟只是暂时避免了风险的爆发，却加剧了风险的积累，让雪球越滚越大，到最后可能演变成更加严重的雪崩。可以看出，历史上对风险的处理方式或是依赖于经济的增长，或是对风险的回避，并没有一种明确的风险释放机制，爆发系统性风险的隐患仍在。

2. 避免个案引发系统性风险

2014 年中国债券市场出现了第一例债券违约事件，引发市场关注。“11

超日债”的违约究竟是个案还是引发系统性违约的导火索，是市场最为关注的问题。事实上，分析“11 超日债”的违约背景和产生的影响，不难看出这只是一起普通的违约事件，并不会引发多米诺骨牌效应。首先，违约主体是中小板上市公司，作为中小企业，其本身就面临着一定的融资和再融资困难；其次，公司属于在过去几年有严重产能过剩问题的光伏行业，已经连续两年亏损。在这样的情况下，没有担保的债券发生违约是完全正常的结果。同时，由于违约涉及数额较小，并且不存在关联企业互保等会发生连锁反应的问题，这一事件对市场的实质影响并不大。尽管如此，由于实质的违约事件此前从未发生，因而对市场的紧张情绪不能不加以疏解和引导，让市场能够正确地看待违约事件的发生，认识到这只是风险释放的一个正常途径。同时，应该从规则和制度上明确债务风险的释放路径，避免因不确定性冲击市场信心，将个案风险扩散到整个金融市场，引起系统性风险的爆发。

3. 风险释放的理想路径

对于实体经济来说，风险释放的核心是市场化改革，而改革的切入点就是国有企业降杠杆。对于当前市场化水平较高、竞争较为充分的行业来说，通过债务违约释放风险是经济活动中的正常行为，应该正确看待违约事件的发生，将风险处置个案化。而对于大多数国有企业来说，降杠杆则是第一要务。当前，国有企业拥有低息资本优势，它们渗透的领域市场化程度低，不公平竞争严重。必须改变这一现状，限制国有企业低息获得资本的能力，把杠杆降下来，同时引入民间资本，才能化解国有企业高杠杆带来的各种问题，提高市场化水平。在此基础上，常规的风险释放机制才能有效建立。此外，对于部分有政府背书的地方平台债务，短期内如果通过违约释放风险，可能导致政府信用的崩溃，引发系统性风险，因而暂时还要维持“刚性兑付”。但长期来看，必须通过地方债务透明化、编制地方资产负债表等方式结束地方债务的盲目增长，控制地方债务风险。

对于金融体系来说，要考虑风险释放，首先要加强对风险的监控。在当前则是要解决供需错配和期限错配的“双错配”问题。在供需上，一方面总量流动性过剩，另一方面实体经济却没有得到足够的资金，大量货币在金融体系内空转。由于部分实体经济部门从正常信贷途径得不到足够资金，“影子银行”大规模增加，表外资产迅速扩张。比如，银行为了支持三年的房地产项目，却用三个月的理财产品滚动发行支撑，又加剧了期限错配，一旦总量资金收紧，银行的流动性就会瞬间枯竭。正是这样的“双错配”导致了中国金融市场在总量十分充裕的情况下发生了“钱荒”。因而对于金融体系来说，加强对流动性的管理，加强对“影子银行”的监管，对于控制风险十分重要。除此之外，随着利率全面市场化，存款保险制度也应及时建立。这是因为，随着允许民间资本创办金融机构，金融机构的破产、兼并等一系列经营活动将被允许，存款保险制度在保护储户利益的前提下允许金融体系内累积的风险有正常的出口。

4. 建立动态风险监测机制

风险的合理释放归根结底还是要建立在对风险加强监测的基础之上。历史告诉我们，市场经济发展的过程中，风险总是存在的。中国经济的增长既是风险的积累过程，也是风险的释放过程。应该建立动态的宏观风险监测机制，对风险的积累时刻保持警惕，再配合逐渐完善的风险释放机制，如此才有可能避免危机的发生，保证中国经济社会平稳发展。

九、中国宏观债务风险的累积与缓释

2008年金融危机后，“债务—投资”驱动的经济增长模式在推动中国经济在全球率先企稳的同时，也带来了资产泡沫、资金“脱实就虚”等一系列问题，而这些问题本质上都与债务问题密切相关。“债务—投资”驱动模式导致中国宏观杠杆率[①]快速攀升，债务的结构性风险日益突出。自2016年下半年宏观调控重心转向防风险以来，宏观杠杆率增速虽有所放缓，但结构性问题突出，地方政府隐性债务规模扩张过快，企业部门国有企业债务水平高企。在此背景下，如何通过合理的政策措施稳定甚至降低宏观杠杆率，避免债务风险的爆发引发系统性危机，是现阶段需要考虑的重要问题。

◎ 金融危机后，“债务—投资”驱动经济增长模式导致债务快速扩张

1. 金融危机后中国经济面临巨大的“稳增长”压力

在全球金融危机的冲击下，从2008年下半年开始，中国经济形势急转直下，步入深度下滑的下行区间：GDP增速逐季下跌，2008年第一季度到第四季度分别为10.6%、10.1%、9%和6.8%；对外贸易增速下滑，净出

---

① 作为金融危机后被引入宏观分析的指标，“杠杆率”（债务/GDP）已经逐渐成为衡量债务风险的重要宏观指标。考虑到在债务余额的计算上，不同的机构有不同的口径，不同的债务余额计算口径会导致各个机构所计算的杠杆率有所差异，在本书中，为了便于国际国内的比较，我们统一采用了国际清算银行（BIS）公布的杠杆率进行分析。

口对经济增长的贡献率大幅下降。在外部环境恶化、国内结构性政策调整以及经济内在周期的三重压力下，中国“出口—投资导向型增长模式”的内在矛盾全面激化，总供给与总需求关系出现逆转。

2. “债务—投资”驱动模式成为中国稳定经济增长的主要路径

2008 年金融危机后，全球经济持续低迷，外需下滑，而国民消费需求则取决于居民收入、消费习惯等因素，短期内难以改变。在此背景下，投资尤其是基建投资和房地产投资成为稳定中国经济增长的主要动力。2009 年，中国出台了包括“四万亿”投资、十大产业振兴计划、结构性减税等在内的一揽子刺激性政策，由此进入了以高负债为主的加杠杆周期，“债务—投资”驱动成为稳定经济增长的主要路径。2009 年二季度末，资本形成总额对 GDP 增长的贡献率攀升至 94.9%，此后虽然有所回落，但仍在较长时期内保持较高水平（见图 9－1）。

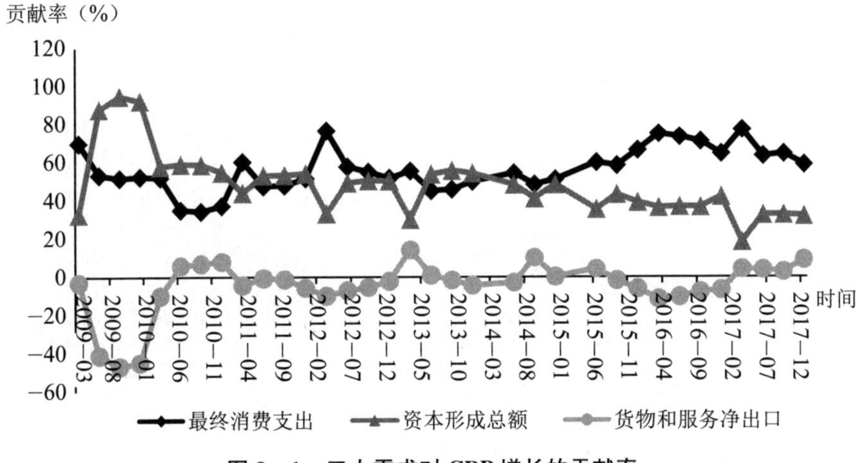

图 9－1　三大需求对 GDP 增长的贡献率

资料来源：国家统计局。

3. 巨量的货币被以债务形式投放给实体经济部门，宏观杠杆率迅速攀升

为保障投资快速增长所需要的资金来源，中国持续多年实施积极的财政政策和实际上宽松的货币政策，导致大量货币以债务形式投向实体部门。根据中国人民银行的数据，中国 M2 投放量在 1997 年年末时为 9.10 万亿元；而到 2017 年底，M2 投放量已经达到 167.68 万亿元，是 1997 年末的 18.4 倍。其中，在经济下行压力突出的 2009 年，M2 同比增速高达 28.5%，通过宽松的货币政策稳定经济增长的特征十分明显。国际清算银行的统计数据显示，1997—2008 年，中国实体经济债务规模走势基本平稳，但从 2009 年开始，中国实体经济债务规模和宏观杠杆率快速攀升。截至 2017 年 6 月末，中国非金融部门总债务规模高达 200.67 万亿元，是 2008 年底的 4.45 倍，宏观杠杆率达到 255.9%，较 2008 年底攀升 114.6 个百分点（见图 9－2）。

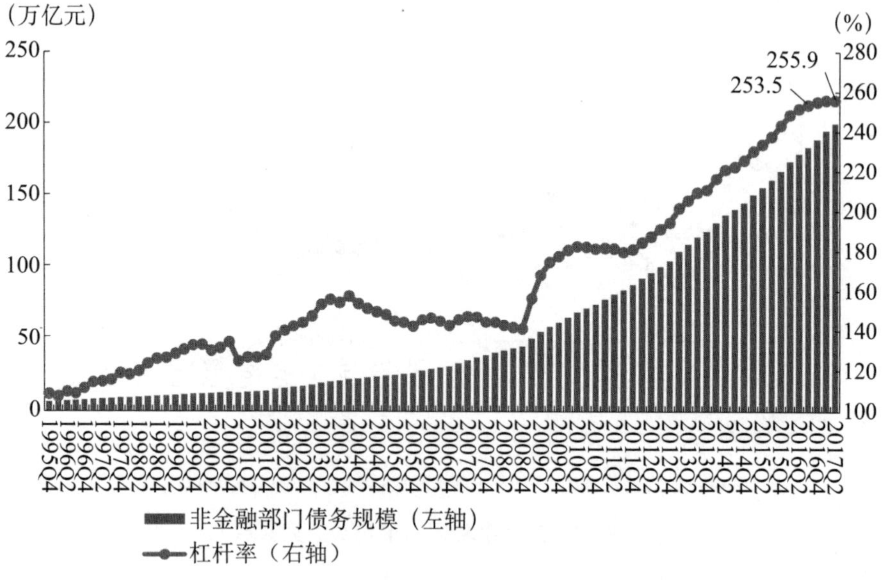

图 9－2　中国非金融部门债务规模及宏观杠杆率

资料来源：国际清算银行，国家统计局。

◎ 债务风险边际改善，但结构性风险突出

1. 宏观杠杆率边际改善，但在全球依然处于较高水平

面对宏观经济运行中包括债务风险在内的多重风险不断累积的情况，2016 年下半年以来，宏观调控重心逐渐转向防风险，高层会议不断强调防风险和去杠杆。2017 年 12 月初，中央政治局工作会议提出“防范化解重大风险，要使宏观杠杆率得到有效控制”。2018 年 4 月，中央财经委员会会议提出“结构性去杠杆”，防控金融风险的有关政策措施持续出台。在此背景下，2016 年下半年以来，中国宏观杠杆率出现边际改善态势。2016 年二季度至 2017 年二季度一年间，宏观杠杆率从 253.5%上升至 255.9%，仅攀升了 2.4 个百分点；而 2015 年二季度至 2016 年一季度，宏观杠杆率攀升了 15.8 个百分点。但是，从全球主要经济体的比较来看，当前我国宏观杠杆率仍处于偏高水平。截至 2017 年 6 月末，我国宏观杠杆率（255.9%）虽然低于日本、法国、新加坡、加拿大、英国等发达经济体，但已经超过美国、澳大利亚、韩国、德国，并远高于巴西、印度、俄罗斯等新兴经济体（见图 9－3）。

2. 非金融企业尤其是国有企业债务风险突出

从债务结构来看，中国的债务风险明显集中于非金融企业，政府部门和居民部门的杠杆率水平相对较低（见图 9－4）。非金融企业杠杆率从 2008 年 12 月末的 96.3%上升到 2017 年 6 月末的 163.4%，上升了 67.1 个百分点，成为政府、居民、企业三大部门中增长最快的部门。如果将非金融企业部门的债务进一步细化，可以发现非金融企业部门内部的债务分配明显向国有企业倾斜，债务风险高度集中。根据财政部网站公布的数据，截至 2017 年 6 月末，全国国有及国有控股企业负债总规模为 94.13 万亿元，若暂不考虑不同统计口径之间的差异，国有企业负债规模约占国际清算银行

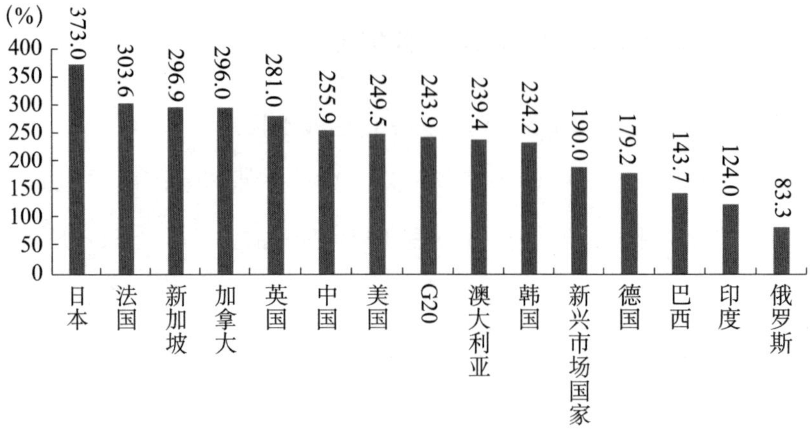

图 9-3　世界主要经济体杠杆率水平（2017 年第二季度）

资料来源：国际清算银行。

口径非金融企业部门债务规模的 73.5%，由此可估算出民营企业债务占比为 26.5%。国有企业债务率远高于民营企业，非金融企业部门债务问题的核心即在于国有企业债务。

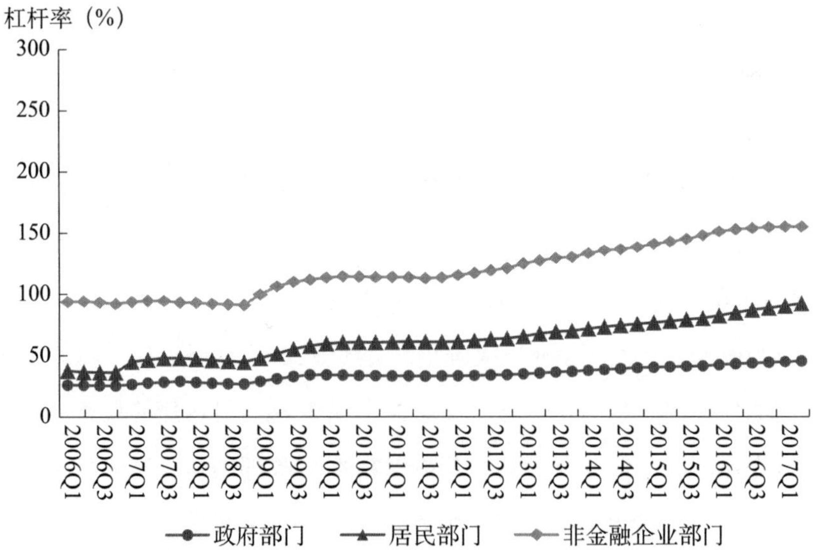

图 9-4　中国政府部门、居民部门、非金融企业部门杠杆率

资料来源：国际清算银行。

3. 广义政府类债务水平偏高

虽然根据国际清算银行的数据，截至 2017 年上半年，中国政府部门杠杆率为 45.7%，低于欧盟 60%的警戒线，但是，中国地方政府与融资平台有着不可分割的关系，不少地方政府通过融资平台隐性举债，形成了大量的或有债务，加大了地方政府债务风险。

考虑了政府部分隐性担保责任的广义政府债务水平高达 165.7%[①]，远高于市场预期。鉴于中国地方政府和国有企业、城投企业之间不可分割的关系，我们将融资平台类的城投企业的债务纳入政府债务的计算中，将此作为广义政府债务。根据中诚信国际信用评级有限责任公司的测算，平台企业债务规模约为 44.26 万亿元，约占国企债务规模的 47.02%。将这部分债务计算进来以后，中国广义政府债务占 GDP 的比重将从 45.7%上升到 102.1%。同时，考虑到平台企业债务的利率高于地方政府债务，政府实际承担的利息也更高。

市场普遍认为，当国有企业出现偿付危机时，政府为维护国有企业的声誉及战略地位仍会选择性地承担最后救助人的角色。若将政府可能承担偿还责任的这部分债务全部计算在内，政府实际承担的债务占 GDP 的比重将会高达 165.7%。可以看出，两种宽口径下计算的广义政府部门债务占 GDP 的比重不但远高于欧盟 60%的警戒线，也远高于国际通行的 100%的警戒线。

◎ 当前中国债务风险已达临界点，“防风险”应成为重中之重

20 世纪以来全球发生的经济危机，其本质大都是债务和债务衍生工具

---

① 毛振华，刘元春，袁海霞，等．稳增长和防风险双底线下的宏观经济．经济理论与经济管理，2017，36 (01)：5－25.

引起的金融危机。为应对次贷危机可能的冲击，中国选择了“债务—投资”驱动模式作为稳增长的主要措施，货币以银行信贷为主的债务形式投放给中央和地方的国有企业，以此开展由政府主导的大量基础设施建设、房地产投资项目，拉动经济增长的同时也带来了资产泡沫、企业债务高企和债务率攀升等问题。债务工具的使用在经济发展中具有重要作用，适度的债务率不仅能够提高资金的配置效率，而且能够促进经济增长；但如果负债过高或者配置结构不合理（期限结构、主体结构等），则会造成信用违约频发、金融机构不良贷款陡升、资产价格崩溃，最终导致金融危机的全面爆发。从目前的情况来看，中国的债务规模高企、国有企业高杠杆引发诸多问题，防范债务危机应成为“防风险”政策的重中之重。

1. 中国总体债务杠杆率已经处于经济危机“临界点”

根据国际清算银行公布的数据，从非金融部门的债务率来看，2017 年第二季度末的宏观杠杆率水平（255.9%）已经远远高于墨西哥比索危机前的 77.7%和泰国在亚洲金融危机前的 188.8%，略高于美国金融危机前的 238.5%，并接近西班牙金融与经济危机前的 262.1%。

信贷产出缺口是债务率实际值与其长期趋势值之间的缺口。许多关于危机预警系统的文献采用信贷产出缺口作为金融危机的先行指标。从个别国家的情况来看，日本在 1990 年 3 月末，信贷产出缺口达到 23.7%；泰国在 1997 年 12 月末，信贷产出缺口达到 35.6%；印尼在 1998 年 6 月末，信贷产出缺口达到 57.9%；美国在 2007 年 12 月末，信贷产出缺口达到 12.5%（见图 9－5）。而中国私人非金融部门信贷产出缺口从 2008 年四季度开始迅速上升，2014 年 3 月末到 2017 年 3 月末一直在 20%以上，2016 年 3 月末达到最高值 28.8%，超过美国、日本危机前该指标的水平。

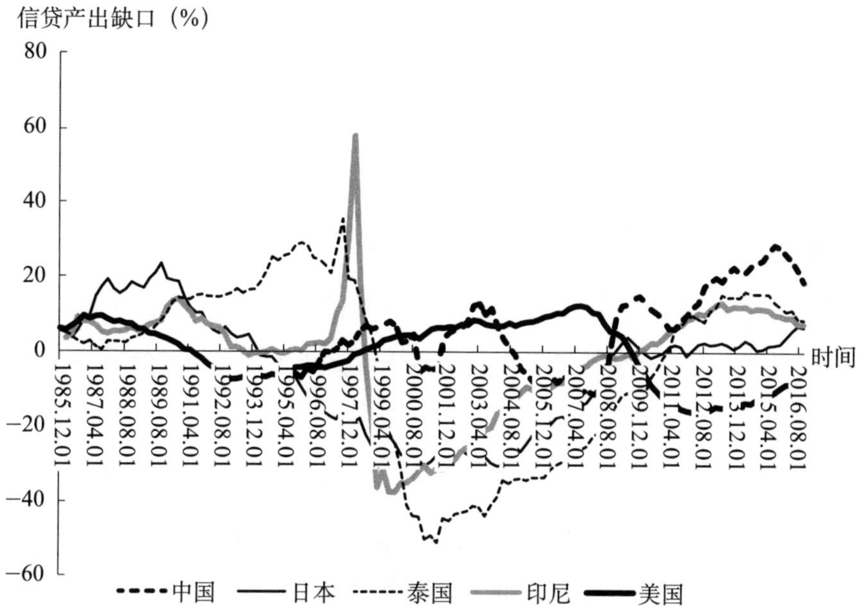

图 9-5　各国债务危机前后的信贷产出缺口

资料来源：国际清算银行。

由于各国国情不尽相同，不同国家能够承受的债务压力自然会有一定的差距；而从历史上各国的债务周期来看，信贷扩张也并不必然带来系统性的经济危机。然而高企的债务及信贷产出缺口水平确实值得警惕。特别是考虑到中国广义政府债务水平已经超过了国际警戒线，市场信心将在很大程度上影响政府信用的维持，这意味着政府在解决债务问题上必须谨慎。一旦市场对政府信用失去信心，政府信用的崩溃将导致国内发生严重的经济危机。

2. 投机性及庞氏融资占比高，宏观经济与金融体系比较脆弱

美国经济学家费雪在 1933 年发表的《大萧条的债务—通缩理论》一文中提出，在大的繁荣和萧条中，作为初始的过度负债及随后出现的通货紧缩是解释商业周期的两个最主要的变量。1929—1933 年的经济危机就是债

务—通货紧缩式萧条最严重的那一类。在费雪债务—通缩理论基础之上，“金融不稳定假说”逐步发展起来。金融不稳定理论的代表人物明斯基认为，为投资进行融资的活动是经济运行中不稳定性的主要来源，债务融资拓展了企业的生存约束，促进了经济的爆炸性扩张和繁荣，随之滋生了整个金融体系的脆弱性。明斯基区分了三种不同的融资类型：对冲性融资（债务人预期从融资所投项目中所获得的现金流能够覆盖利息和本金）、投机性融资（债务人预期从融资所投项目中所获得的现金流只够覆盖应该偿还的利息，不足以覆盖应偿还的本金）和庞氏融资（债务人预期从融资所投项目中所获得的现金流既不能覆盖本金，也不能覆盖利息，债务人只能靠出售资产或者进行新的融资来履行支付承诺）。从对冲性融资到投机性融资，再到庞氏融资，经济体中的不确定性在不断增强，当风险积累到一定程度时，明斯基时刻就到来了。

从中国的情况来看，2008 年金融危机以来，非金融部门总体杠杆率快速攀升，从 2008 年的不到 150%上升至 2017 年 6 月的 255.9%，债务规模的攀升也带来巨大的付息压力。尤其是就国际比较而言，美国、日本、德国等主要经济体债务融资成本较低，而中国的利率中枢水平较高，企业付息压力也将更大。以 10 年期国债到期收益率为例，2017 年 12 月末，中国的利率水平约为 3.88%，较英国和美国分别高约 262bp（base point，bp）和 148bp，较日本、德国、法国高 300bp 以上。相对更高的利率水平给中国带来了沉重的付息压力。

中国人民银行 2017 年年底公布的《中国货币政策执行报告》显示，2017 年 6 月份非金融企业及其他部门贷款加权平均利率为 5.67%。截至 2017 年 6 月末，利率债存量约 36 万亿元，信用债存量约 22 万亿元，利率债、信用债平均发行利率为 3.65%、5.69%。根据国际清算银行数据，截至2017年6月末，中国实体经济部门债务规模高达200.67万亿元，扣除利率债、信用债后，可以估算出截至2017年6月末金融机构贷款规模约为142万亿元。由此可估算出债务年利息规模为8.05万亿元，约占2016年GDP的11%，在整个社会融资总额中占比接近42%。由此可见，社会融资规模中有很大一部分是用来还本付息，而不是进行投资的。这可能意味着，就整体而言，中国国内融资结构中投机性融资者与庞氏融资者的比重已经远远超过了对冲性融资者。中国“债务—投资”增长模式的运行机制也因此有所改变，经济实体逐步步入“借新还旧——借新还息——资产负债表恶化”的困境中，中国国内金融体系的脆弱性正在逐步上升。

3. 国有企业高杠杆引发诸多社会问题

国有企业杠杆率的快速上升给中国经济带来了一系列问题，使得资源错配、产能过剩、市场经济的运行效率大大降低，而债务的累积和信用体系的破坏更使得中国经济的风险不断加深。

（1）阻碍了非公有经济的发展。国有企业杠杆率的快速上升阻碍了非公有经济的发展，加剧了体制扭曲。虽然近年来中国非公有制经济发展取得了重大进展，但是在预算软约束下，国有企业依托自身远强于民营企业的融资能力大肆扩张，不仅在自然垄断行业继续保持垄断地位，在某些充分市场竞争的领域，民营企业也难以与之抗衡，极大地限制了民营企业的发展空间。更值得关注的是，虽然这从现象上来看体现的是民营企业与国有企业竞争力的强弱和市场占有率的高低，但其从本质上反映的是政府和国有企业资源配置能力的增强，是有形之手对无形之手的干预加大，长此以往，将加剧体制扭曲，不利于中国市场化改革的继续推进。

（2）严重的资源错配。资金流入国有企业抬高企业杠杆率，还带来了严重的资源错配问题。从目前的情况来看，杠杆率较高的企业往往是钢铁、水泥、电解铝等产能过剩行业的国有企业，这些企业往往缺乏主动“造血”的功能，仅仅依靠银行“输血”维持。长期以来，中国企业融资渠道主要是通过银行进行间接融资，而银行为了避免出现巨额的不良贷款，在当前宏观经济下行的背景下，更倾向于对有政府信用担保的国有企业进行放贷，这也是占据资金黑洞的“僵尸企业”能够持续获得银行输血的原因。在这种模式下，信贷资源持续向过剩产能比较集中、效率比较低下的国有企业倾斜。尤其是在经济下行压力较大、不良贷款余额和不良率攀升的情况下，银行信贷加大向大中型企业尤其是国有企业的倾斜，对中小企业和新兴企业会收紧信贷，从而对其造成信贷挤出，金融资源错配的现象不断加剧。而目前中国正面临产业结构调整期，新兴行业正处于发展的初级阶段，如果给新兴行业的贷款减少，会延缓中国产业升级的顺利进行。此外，随着中国“去产能”“去库存”的逐步推进，银行业不良资产余额和不良贷款率将会进一步攀升，也会加剧银行惜贷的情况，从而形成金融资源错配的恶性循环。

(3) 社会投资效率降低。由于国有企业存在着经营效率较低、活力不强等问题，资源被配置在这些领域，实际的投资效率是不断降低的。国有企业和民营企业的资金之间就好像隔着一座三峡大坝：一边是活力不足的国有企业，资金汹涌澎湃却没有得到有效利用；另一边是急需资金且具有活力的民营企业，却没有足够的资金，近乎干涸。社会资源配置如此循环，投资效率持续下降是必然的结果。

(4) 扭曲了资金的定价体系，不利于信用体系建设。企业融资的过程本质上是一种信用的融通，高信用的企业以较低的价格获取资金，资质较差的企业则必须以较高的价格融资甚至难以获得资金。但是，在中国现行的体制之下，市场普遍对国有企业债务存在“刚性兑付”预期，导致即便是资质差的国有企业乃至国有“僵尸企业”都有可能比资质良好的民营企业以更优惠的价格和条件获得资金。这种信用资质与价格水平的扭曲，实际上透支的是支持国有企业的政府的信用，并不完全是市场化因素作用的结果。这种状况如果长期延续，将导致中国难以真正建立市场化的信用体系。

◎ 多措并举缓释债务风险

虽然从各国的债务周期看，并非所有的信用扩张都会触发债务—通缩周期连锁反应，但是由于当前国内金融体系的脆弱性及敏感性日益抬升，非预期的外部事件冲击将可能引发债务危机乃至经济危机。2016 年，中央把“防风险”列为宏观调控的重要政策目标。此后，中央明显加大了防风险的政策力度，2017 年中央经济工作会议、党的十九大报告都把“防范化解重大风险”列为三大攻坚战之首。风险积累到一定程度就需要释放，而如何避免爆发式的风险释放，继而引发系统性危机，则是现阶段需要思考的关键问题。就中国的情形而言，信贷扩张主要集中在国有经济部门中，只要政府信用不崩溃，债务市场就能维持，防范债务危机仍有一定的政策空间。需要指出的是，风险控制并不是简单地去杠杆，而是在稳定杠杆增速的情况下调整债务结构。政策层面要在“稳增长、守底线”的目标下稳步化解债务风险，持续推进债务分类甄别工作，完善国家及各级主体的资产负债表；通过大腾挪实现债务转移，中央政府适度加杠杆；根据市场化、法制化原则，适时运用债转股工具，缓释短期债务风险；此外，持续推进金融改革，尤其是针对中国宏观“去杠杆”的资本市场改革等组合性质的措施应当快速推进。

1. 通过经济持续稳定增长逐步缓释风险

现阶段中国经济的风险累积到了相当高的程度，需要释放。市场对这一问题已经达成了共识。风险释放的核心是要避免系统性风险的爆发，这就要求延长风险释放的时间窗口。具体来说，就是在控制债务增长速度的同时稳定经济增长，通过经济增长消化和吸收一部分风险，这是在风险释放过程中应该树立的一个最基本的观点。一方面，保持经济增长能够带来资产价值上升，企业的负债结构在一定程度上能够改善；另一方面，经济增长能够化解就业压力，带动居民收入增长、消费增加，促进企业产品需求，增加企业收入，提高偿债能力。

2. 明确债务边界，分类处理政府债务和非金融企业债务

防范化解重大风险，防控债务风险是关键，是保证中国不发生经济危机的底线。一是明确界定政府直接配置资源的权力边界和国有企业运营边界，正确处理好政府和市场的关系，让市场在资源配置中起决定性作用，让国有企业从营利性行业中逐渐撤出，加快这些行业中国有资产的处置，大力发展非公经济。二是严格执行相关法律法规，规范新增债务的融资路径。未来必须实现地方政府增量债务的市场化发行，编制地方政府资产负债表，将地方政府的偿债能力与发债规模挂钩，从而实现地方债务的阳光化管理，合理地控制地方债务规模。三是加快清理和甄别地方政府融资平台、城投类及国有企业债务，确定债务归属，理清责任，划分边界，明确最终债务人究竟是企业还是地方政府亦或是中央政府。四是分类处理地方性政府债务，短期缓释风险。对于地方性政府债券、公益性的融资平台类债券及国有企业债券，建议通过政府信用背书，持续采用债务置换等方式来处理；对于经营性的融资平台公司，建议实施兼并重组，优质资产兼并劣质资产，提高企业整体的资信水平；对于充分竞争类别的国有企业，鼓励采用市场化方式解决其债务问题，允许这些企业的债务违约，让局部风险释放出来，同时将这类风险的处置个案化，防止风险的传导；对于产能

过剩的国有企业的处置，建议最好与发展混合所有制经济更有机地结合；对于自然垄断性质的国有企业，建议不断放开其竞争性业务，促进公司资源配置市场化。

3. 通过大腾挪实现债务转移，中央政府适度加杠杆

风险控制不是简单去杠杆，而是在稳定杠杆增速的情况下调整债务结构。要加强对宏观经济结构的调整，减少经济增长对投资尤其是对政府投资的依赖程度，转而通过拉动居民的消费需求来带动经济增长。从增量债务角度考虑，注意新增债务结构，政府和居民部门适当加杠杆，避免债务收缩对经济产生的负面影响，为企业部门平稳降杠杆提供相对稳定的宏观大背景；从存量债务角度考虑，在地方政府救助能力有限的情况下，应考虑由中央财政发挥更大作用，通过发行国债注资企业部门，让企业部门杠杆转移到政府部门，尤其是中央政府。当然，政府对企业的救助只是在特殊时期避免风险爆发的短期政策，后续政府资金要适时退出。

4. 通过债务置换降低债务利息支出

如前所述，利息支出占 GDP 的比重高达 11%。高昂的债务成本影响了中国经济增长的环境。在中国，地方政府是中央政府权力和信用的延伸。若将主权信用保证体系延伸到地方政府，就可以把地方政府债务、地方平台公司债务转变成国债。这样做一是可以规范地方政府债务管理，促进政府债务依法全部纳入预算管理；二是可以极大地节约利息成本。据财政部网站披露，2015 年底至 2016 年 9 月底，全国发行地方政府债券置换存量政府债务中非政府债券形式的债务达 7.2 万亿元，初步匡算 2015—2016 年累计为地方节约利息支出 6 000 亿元；三是可以减轻地方政府到期债务集中偿还压力，部分解决期限错配问题；四是维护地方政府信用和市场上投资者的信心，化解因举债不规范形成的矛盾。

5. 健全多层次资本市场，多途径扩大股权融资

优化企业融资结构，大力发展股权融资，提高直接融资比重，降低企业对借贷杠杆的依赖性。打开企业的股权融资渠道不仅是解决企业债务问题的有效办法，也是鼓励创新、推动经济发展的有力措施。要积极发展股权市场融资，完善主板、中小板、创业板、新三板等多层次股权融资市场的建设，推动主板注册制改革，支持符合条件的企业在证券交易市场发行股票进行股权融资。切实加强市场监管，依法保护投资者权益，创新和丰富股权融资工具。大力发展私募股权投资基金，促进创业投资。

6. 适时运用债转股工具，缓释短期债务风险

2016 年 9 月，《国务院关于积极稳妥降低企业杠杆率的意见》及附件《关于市场化银行债权转股权的指导意见》发布，拉开了有序开展市场化银行债权转股权的序幕。后续国家发改委发文，提出充分发挥政府出资产业投资基金在市场化银行债权转股权中的积极作用，加大对市场化债转股工作的支持力度；2018 年 1 月 19 日，七部委印发《关于市场化银行债权转股权实施中有关具体政策问题的通知》，切实解决市场化银行债权转股权工作中遇到的具体问题和困难。采取市场化债转股是稳增长、促改革、调结构、防风险的重要结合点。对于债务人而言，债转股可以有效降低企业杠杆率，释放出更多资金支持生产经营，有利于企业扭亏为盈，增强企业资本实力，防范企业债务风险；对于债权人而言，待企业经营改善后可以通过股票分红或股票增值转让的方式收回资金，减少债务违约造成的本金损失。

7. 加强金融监管，推进金融改革

除了应对实体经济的债务风险，控制金融风险、推进金融改革也是重中之重。一是进一步完善金融监管，随着金融稳定委员会的成立和金融监管机构的调整，监管协调有所加强，但在新的监管框架下，加强监管之间

的协调和信息共享依然是重要课题。二是要防止监管踩踏，增强监管协调性，更好地防范系统性金融风险。2017 年在去杠杆和防风险的背景下，各监管部门纷纷出台严监管措施，监管竞争、监管踩踏一度引发金融市场波动，同时导致了实体经济再融资成本显著抬升。监管政策出台要与经济增长、金融风险变化相适应，避免操作过快或过度加大市场波动和金融风险发生的概率。三是加强流动性管理，实时监控流动性风险。一方面减少期限错配和供需错配的问题，加强对同业业务的治理，避免个别金融机构突发的流动性紧张传导到整个金融体系；另一方面严格限制场外配资、债券回购市场风险，实时监控流动性风险，避免因为个别突发事件引发大规模的资产抛售或产品赎回引发资产价格下跌，资金竞相出逃，引发“流动性踩踏”。四是改革债券市场从业人员激励机制，从业人员的激励机制不仅与债券产品的发行挂钩，还要与偿债挂钩，甚至建立债券从业人员的终身追责制度。

十、企业去杠杆是大改革、大转型的切入点

从宏观上看，杠杆率高会导致违约率升高；从微观上看，杠杆率高了，企业的负担就很重，企业扩大再生产的能力会受到制约。企业的扩张之路如果简单是债务增加之路，那一定是死亡之路。一定要调结构，要化解企业的债务风险危机。

◎ 企业部门去杠杆尤其紧迫

为什么说企业部门去杠杆是大改革、大转型的切入点？要回答这个问题，首先要弄清楚目前中国经济的运行存在什么问题及这些问题的成因。对此，本书前面的章节已经做了比较详细的说明，这里只做一个简单的回顾与小结。

1. 中国经济迈入“次高速增长时期”

改革开放以来，中国经济维持了高速增长的势头。为应对金融危机的冲击，2008 年开始，政府出台包括“四万亿”在内的一揽子刺激政策，经济呈现强劲的 V 型反弹，2010 年一季度增长率重新提高到 12.1%。但是，此后宏观经济增速连续经历了 11 个季度的下滑，一度下跌至 7.6%。在经济学上，这可以确定为一次小的衰退或者一次很重要的调整。一直到 2012 年的中期，政府又采取一些刺激政策，之后经济在接近 8%的水平上有所企稳，但自 2014 年开始再次快速下行，自 2015 年起的较长时间里增速不足 7%，到 2019 年年末“保 6”引发关注和讨论，这就是所谓的经济迈入“次

高速增长时期”。

2.“宽货币、扩信贷、扩投资”增长驱动因素效用递减

2008年经济危机以来的实践经验表明，经济刺激政策可以在短期内防止经济大幅下滑，但并不能真正推动经济走向复苏。真实的经济复苏需要能给经济带来内生增长动力的制度层面改革及改革红利的释放。而实际上中国经济继续沿用了2008年以来最基本的经济政策，应对经济危机之策常态化，更具体地说就是长期依靠“宽货币、扩信贷、扩投资”的增长模式。目前，经济复苏乏力，多种宏观经济风险上扬，彻底宣告政府主导、投资驱动的经济增长模式的不可持续，“宽货币、扩信贷、扩投资”增长驱动因素边际效用在递减。

3. 中国特色的“双失灵”盘旋交织，使结构调整的困境增加了新的中国因素

2008年世界经济危机之后，中国的“出口—投资驱动模式”走到了尽头，宏观经济没有按照预期走向“消费—内需驱动模式”，反而在政府宏观政策定位短期刺激的作用下，转向了“信贷—投资驱动模式”。这种模式不断延续，使中国经济面临着深层次的“产能过剩”，标志着中国“看得见的手”在干预“看不见的手”之时出现了偏误，“政府失灵”在某种程度上掩盖了“市场失灵”，出现了“双失灵”盘旋交织的局面，使经济结构调整的困境增加了新的因素，而且证明了中国宏观经济无法单纯依靠政策宽松与刺激来重返经济持续复苏的轨道。

4. 全社会杠杆率高企，大中型国有企业最为突出

如图10－1所示，2008年以来，全社会的资产负债率在不断上升，尤其是地方政府、企业以及居民消费的杠杆率在上升。社会杠杆率的高企是重大的变数。由于执行“宽货币、扩信贷，扩投资”的方案，企业提高了负债水

平，企业债务率非常高。图 10－1 反映了不同部门杠杆率的变化趋势，其中大中型企业的债务率更高，超过了百分之百。从偿债能力来看，得益于中国债务主要是国内债务，外部债务比例较低，以及较高的储蓄率和居民部门较强的债务偿还能力，中国债务风险总体仍处于可控区间，系统性风险发生概率较小。但是，债务结构性问题突出，非金融企业部门债务水平较高。“去杠杆”政策推出前的 2015 年，在我国总债务中占比七成以上的非金融企业债务规模达到 106.6 万亿元，债务率达到了 157.5%。这一水平远远高于 90%的国际警戒线，也高于大部分国家，如美国非金融企业部门的债务率为 67%，英国非金融企业部门的债务率为 74%。

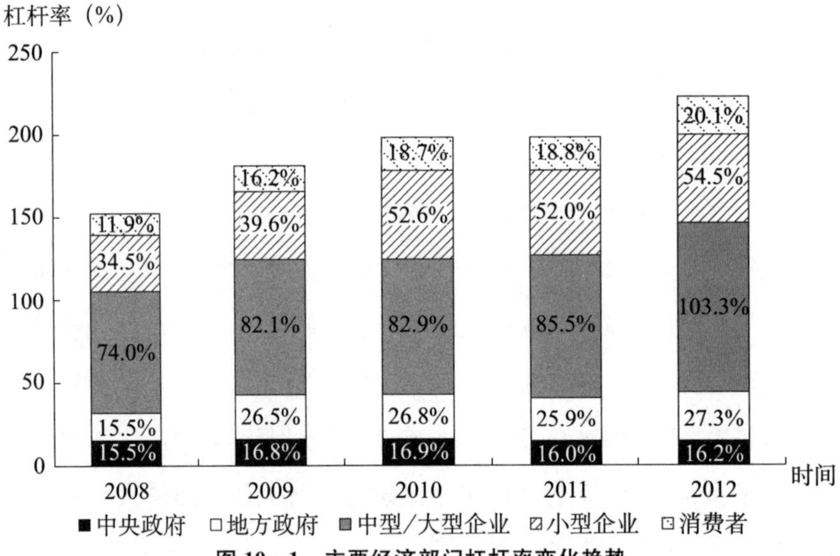

图 10－1　主要经济部门杠杆率变化趋势

5. 风险不断累积——流动性泛滥、债务增长过快、房地产泡沫、产能过剩

在中国宏观经济持续放缓回落的背景下，多种风险由于“水落石出”而集中上扬和显化，并成为当前市场关注的热点。总的来看，当前宏观经

济风险主要体现在实体经济、金融系统和政府部门三个主体之间存在结构与错配、传导与渗透、叠加与上移的风险，潜在风险交织捆绑在一起，再加上房地产泡沫风险加大、产业去产能，成为当前宏观经济的主要风险来源。从某种意义上说，这些也是当前中国经济复苏乏力的根源所在。

因此，无论从校正体制扭曲、优化资源配置的角度，还是从防范宏观经济风险的角度，去杠杆特别是企业部门去杠杆都更加紧迫，是当前大改革、大转型的切入点和聚焦点。

◎ 企业部门去杠杆是防范系统性金融风险的重要抓手

杠杆在经济社会中的运用非常广泛，微观上到一个企业的权益资产比率，中观上到一个行业、一个市场的杠杆倍数，宏观上到整个国家的债务率，杠杆都扮演着重要的角色。在经济上行周期中，适度的杠杆可以加速经济的增长；但在经济下行期，过高的杠杆会放大下行压力。

近年来，随着中国经济增速逐步下台阶，各种过去隐藏在经济高速增长背后的风险随之显现，其中最为严重的就是在刺激政策引导下积累起来的企业债务风险。截至 2018 年年底，包含信贷、债券、非标产品在内的企业债务总规模已经达到 155.32 万亿元，即便保守按照平均利率 5%计算，仅偿还这些债务的利息每年也需要 7.5 万亿元。相比之下 2018 年规模以上工业企业主营业务收入为 10 万亿元，粗略估算要用超过 3/4 的收入来偿还债务利息。而 2018 年企业在债券市场上新发的债券中超过 60%用于借新还旧。在低迷的市场环境和沉重的债务压力下，2018 年全年亏损的工业企业数同比增速超过 6.9%，亏损额同比增速超过 8.5%。继续发展下去，企业经营难以持续，经济增长也会停滞。事实上，伴随着企业的经营困难和亏损，企业债务的违约风险已经陆续暴露。公募债券市场 2014 年打破刚性兑付；2018 年有 150 多家主体发生信用事件，涉及的违约金额超过1 100 亿元。与此同时，银行贷款整体不良率从不足 1%上升到 2018 年的 1.83%，个别银行的贷款不良率上扬幅度远超行业平均水平。无论是债券市场的违约增加还是银行不良率的上升，都反映出个别企业的信用链条已经断裂，这种断裂一旦蔓延开来，很可能成为经济下行的加速器。企业部门债务的债权人大部分是以银行为代表的金融机构，违约的大量出现将对市场信心造成沉重打击，进而提高市场对风险的厌恶程度，导致资本市场的流动性恶化、资金成本提升，不仅金融系统会出现流动性危机，还会使得更大范围的企业面临现金流收缩、融资成本上升、再融资困难等问题，亏损、倒闭的企业数量会进一步增加，失业问题会逐渐暴露出来，经济衰退的风险也将大大上升。

企业部门的债务风险问题关联着金融市场、实体经济、居民就业等经济社会的方方面面，是影响当前宏观经济风险的关键问题。放眼全球，20 世纪 70 年代以来世界上爆发过的经济危机、金融危机的起因，大都是债务危机，因而对于当前我国企业部门积聚的债务风险必须高度重视，并采取有效的措施降低企业部门杠杆，化解债务风险，从而避免企业部门陷入经济衰退。

◎ 企业部门去杠杆的路径选择

1. 通过“大腾挪”实现杠杆转移

将企业部门债务向政府部门转移，是当前降低企业部门杠杆率的重要办法。想要依靠企业自身缩减债务规模，在当前的经济环境下存在两难。一方面，企业债务扩张之后就对这部分资金的滚动产生依赖，要强行减少债务就意味着需要用足够的利润或资本来偿还；另一方面，大多数债务负担较重的企业已经捉襟见肘，亏损压力较大，很难用可能的利润填补债务，同时，在当前的金融环境下补充资本的渠道也十分有限。通过具体研究高杠杆的企业，可以看出地方大型国有企业和承担大量基础设施建设的地方融资平台占了这些企业中的大多数，它们在获得资金进行债务扩张的同时，在财政资金难以覆盖的方面给予了支持，承担了相当一部分政策性的任务。在当前的情况下，掐断资金链、强行去杠杆会让这些企业面临停产、倒闭的境遇，由此造成的失业是一个更大的难题。而在企业部门债务率世界领先的同时，中国政府部门债务率[①]在40%左右，仍然较低，尚有增长的空间。因而在企业不堪债务重负的时候，需要政府出面接手企业的债务，从而让杠杆从企业身上转移到政府身上，给企业以喘息的机会。2015年开始的地方政府性债务置换正是把这部分杠杆从企业转移到政府部门的过程，从而帮助实现企业部门债务规模的逐步下降。未来可以通过政府部门进一步加杠杆，将财政赤字率提高到3%以上，避免企业部门债务收缩对经济产生严重负面影响，帮助企业部门平稳去杠杆。

2. 多措并举鼓励企业扩大股本融资

如果换一个角度考虑做大分母，降低企业部门杠杆的另一个有效办法就是扩充企业资本金。股权融资相比债务融资对企业的短期资金压力更小；同时，随着企业资本金的增加，企业的负债也自然相对减少，企业的偿债压力也会有所缓解。然而，在中国的资本市场环境下，企业补充资本金的渠道十分有限。

首先，作为企业股权融资的最直接来源，中国的股票市场一直没有实

① 政府部门债务率有中央和地方政府债务率、显性和隐性债务率等不同的统计口径。本书交叉使用这些概念。整体来说，中央政府债务率较低，地方政府债务率较高；地方政府显性债务率较低，隐性债务率较高。读者可以根据上下文自行判断和把握。

现对信息披露的强有力监管，也没有建立起完善的退出机制。这些缺陷反过来导致企业进入市场的门槛水涨船高，大量需要进行股权融资的企业被挡在门外，转而从成本更高的私募股权市场融资；同时限制了投资者培养风险辨别能力，无从进行风险收益匹配，让中国的股票市场离价值投资的场所始终有相当大的距离。向更多的企业开放公募股权融资市场是降低企业债务压力的有效措施，更是经济社会走向成熟的高效发展路径。要建成更开放的股票市场，固然对市场规则的制定者和监管机构提出了更高的监管要求，但中国证券市场成立至今已近30年，完善市场的基本规则、强化监管能力、提高市场运行效率势在必行。

其次，全面采取鼓励企业扩张股本的政策。我们可以看到，美国的企业，特别是好企业，负债率很低。只有这样的企业才能更好地生存发展，才能应对危机。在经济紧缩下行的时候，这一点尤其重要。部分受发展历史较短影响，中国企业内部融资比例很低，更加倚重外部融资，特别是外部债务融资。另外一个现实的情况是，很多企业不愿意稀释自己的股权。为此，我们可以相应做一些政策调整。例如，西方公司金融理论认为，企业通过债务融资可以实现“税盾效应”，这是企业提高杠杆的重要动力之一。反过来，如果企业用增加股本来代替债务融资，则利息支出下降，息后利润增加，从而企业需要缴纳的所得税增加。由此增加的税收收入不妨返还给企业，以弥补杠杆下降给企业带来的税盾效应下降，从而鼓励企业扩大股本。同样的道理，对于股权投资基金也可以给予一些鼓励性的政策，为希望扩张股本的企业提供更多资金。

总而言之，仅靠扩大债务来实现企业的扩张是非常危险的。企业的扩张之路如果简单是债务之路，那一定是死亡之路。一定要调结构，多措并举化解企业的债务风险危机。

3. 以减税降费增强企业财务稳健性

减税降费，为企业营造良好的经营环境，是改善企业盈利状况、降低企业偿债压力的又一有力保障。减税降费相对于补贴而言，能够减少寻租行为，是激励企业创新更有效的办法。在企业减税方面，不仅要对创新型企业、中小企业和创业者减税，还应对企业的资本扩充行为减税。减税政策可以减轻企业的经营压力，改善企业的盈利情况，提高企业偿债能力，从一定程度上培养起市场对经济复苏的信心。在降费方面，企业缴纳的教育附加费以及员工的养老、失业等社保费用让企业承担了相当高的运营成本，尤其是在人力成本不断上涨的大趋势下，降低企业缴纳的各项费用将有助于缓解企业的经营压力。

◎ 注重宏观降杠杆过程中的局部风险防范

推动企业部门降杠杆是为了化解宏观经济风险，避免发生金融市场失灵、实体经济崩溃的大震荡。因而在此过程中，不能简单粗暴地为了去杠杆而去杠杆，任由局部风险扩大化，更不能因为采用不恰当的方法制造出更多的风险隐患。

要实现平稳地去杠杆，就要保持相对宽松的货币环境和适当相对较低的价格，避免资金链的大面积断裂引发流动性风险。这是因为，无论是实施积极的财政政策推动政府性债务置换，还是企业存量债务展期争取时间窗口，都需要资金的支持。但在这个过程中，如何提高货币投放的有效性是有必要给予关注的。对于不适应市场需求、必然要淘汰的落后产能，就不适合再给予资金支持，而应由政府出资落实失业职工的安置问题；而对于只是受到经济下行的周期性影响、自身经营和创新能力较高的企业，则应适当予以支持，帮助企业渡过难关。监管机构在制定银行信贷政策时，应以资金的使用效率为关注点，而不应简单以是否为国有企业或者就业人数为依据。无论是进行政策性贷款的延期，还是政府性债务置换，或者是近来备受关注的“债转股”等方案，都应避免资金继续流向低效运行的企业。让市场的归市场，让政府的归政府，提高资金的使用效率才能避免重蹈覆辙。

在关注宏观部门降杠杆的同时，对于微观金融产品的杠杆上升也应有所警惕，避免因企业的杠杆转移引发金融市场的风险。宏观降杠杆需要健康的股票市场作为有力支撑，但是2015年的股票市场由快速加杠杆制造的虚假繁荣的脆弱性显而易见。更加危险的是，这种加杠杆的行为又在2016—2017年的房地产市场重演，给金融市场带来的风险不容忽视。除此以外，P2P市场大量的无抵押配资在资金端涉及风险承受和辨识能力较低的普通公众，更应及时清理。

中国经济面临的企业部门的高杠杆问题是危机时期刺激政策的后遗症，高企的债务是长期积累的结果，要解决这一问题不能寄希望于休克疗法一般的暴力去杠杆，因为那势必会引发大的经济震荡，不利于社会的稳定运行。因此，去杠杆的过程要与稳定经济发展相结合，为中国经济走出下行周期争取时间窗口。一刀切只会引发恐慌式的紧张局面，更加有悖于降杠杆的初衷。渐进地实施政府加杠杆、企业扩充股本、减税降费等推动企业部门降杠杆的政策，同时让财政和货币政策相配合为政策实施创造良好的宏观环境，才有助于化解经济风险。

十一、加强债务管理应成上市公司治理的重要内容

2008 年金融危机以来，在“债务—投资”驱动的经济增长模式下，中国总体债务率快速攀升，不少上市公司债务水平不断提高。虽然举债经营对于公司战略扩张、扩大资产规模具有积极作用，但债务负担过重不仅会加大公司经营压力，而且可能由于担保链条的断裂引发系统性金融风险；同时，债务融资为主的特点也容易造成金融资源错配，延缓经济转型升级。在“防风险”背景下，将加强债务管理作为上市公司治理的重要内容，不仅是防范化解金融风险的必然要求，也是促进经济稳健发展的题中之义。

◎ 上市公司债务快速增长，房地产等行业债务风险突出

中国总体债务规模快速攀升，包括大部分上市公司在内的非金融企业部门债务突出。2008 年金融危机后，在保增长目标下，中国快速出台了大规模的经济刺激计划，“中央财政资金先期进入，地方财政资金立即配套，商业银行贷款大幅跟进”的资金配置模式推动了总体债务规模尤其是非金融企业部门债务规模的扩张。截至 2016 年年末，中国总体杠杆率（债务/GDP）高达 267%，比 2008 年的 147%攀升了 120 个百分点。其中，非金融企业部门杠杆率（债务/GDP）高达 167.4%，显著高于居民部门杠杆率（50.4%）和政府部门杠杆率（49.4%），也远高于世界清算银行公布的世界平均水平（92.8%）。虽然 2016 年下半年以来，在“去杠杆”政策推动下，规模以上工业企业和制造业企业的资产负债率边际改

善，但是债务规模的刚性压力及偿付压力加大使得整体债务风险并没有放缓。

1. 上市公司债务[①]持续快速增长

截至 2016 年年底，沪深两市 A 股总债务为 33.53 万亿元，同比增长 11.28%，总体资产负债率为 84.58%，较上年末回落 0.19 个百分点；剔除银行系上市公司之后，A 股上市公司总债务 2013—2016 年均保持 10%以上的增速，2016 年合计 16.81 万亿元，同比增长 13.03%，资产负债率为 66.53%，较上年末回落 0.36 个百分点。虽然在“去杠杆”背景下包含银行业在内和不包含银行业在内的 A 股上市公司资产负债率均小幅回落，但回落幅度有限，总体依然处于较高水平。若考虑统计口径更为广泛的负债情况，2013—2016 年 A 股上市公司负债同比增速持续加快。2016 年 A 股 3 328 家上市公司负债共 171.39 万亿元，同比增长 13.91%。其中，15 家公司负债出现 10 倍增长，3 150 家公司（占上市公司总数的 94.7%）负债超亿元，477 家公司（占上市公司总数的 14.3%）负债超百亿元。

2. 上市公司短期偿债能力有所改善，但长期债务的保障能力比较弱

从短期偿债能力来看，2016 年 A 股上市公司流动比率、速动比率及货币资金/短期债务比值总体保持上升态势，企业资产的变现能力不断增强，短期偿债能力有所改善。但就长期偿债能力而言，上市企业资本结构、盈

① 这里所论述的“债务”是指债权人向债务人提供资金，以获得利息及债务人承诺在未来某一约定日期偿还这些资金和利息，包含了长、短期债务。总债务＝长期债务＋短期债务；长期债务＝长期借款＋应付债券；短期债务＝短期借款＋交易性金融负债＋应付票据＋一年内到期的非流动负债；净债务＝总债务－货币资金。本文论述的“负债”是指企业过去的交易或事项形成的、预期会导致经济利益流出企业的现时义务。负债＝短期借款＋质押借款＋应付短期融资款＋拆入资金＋以公允价值计量且其变动计入当期损益的金融负债＋衍生金融负债＋卖出回购金融资产款＋代理买卖证券款＋代理承销证券款＋应付职工薪酬＋应交税费＋应付款项＋应付利息＋代理业务负债＋长期借款＋应付债券＋递延所得税负债＋预计负债＋其他负债。

利能力对长期债务的保障程度均较低。从资本结构来看，2016 年长期债务与营运资金比率较上年小幅上升，上市企业营运资本对未来偿还长期债务的保障程度较低。从盈利能力来看，全部债务与息税折旧前利润（EBIT-DA）的比值上升，表明企业综合偿债能力在减弱，对总债务的保障能力较弱。

3. 房地产等行业债务水平较高，未来面临集中偿债压力

2016 年，房地产、工业、电信服务、公用事业等行业资产负债率超过 60%；房地产（76.44%）、工业（67.41%）、电信服务（62.52%）、消费（49.2%）、信息技术（46.68%）等行业资产负债率较 2015 年有不同程度攀升，债务压力有所加大。其中，上市房企近几年总债务出现明显上涨。尤为值得一提的是，以三年为主的房地产开发贷款中的大量贷款于 2018—2019 年到期；同时，上市房企约 77.2%的新发债券到期时间集中在 2018—2022 年区间，约 75%的存续债券将在 2019—2021 年到期，未来 2～5 年上市房企将面临较为集中的债务偿还压力。

◎ 多重因素共同作用，推动上市公司债务水平持续攀升

1. “债务—投资”驱动模式是上市公司债务快速增长的根本原因

2008 年以来，在“债务—投资”模式驱动下，虽然中国经济率先在全球企稳，但也带来了包括绝大部分上市公司在内的非金融企业部门杠杆率的快速提升，总体杠杆率不断攀升。后危机时期，内外有效需求仍显相对不足，产能过剩与供给不足的结构性矛盾凸显，经济下行压力不断加大，宏观调控转向定向调控和“微刺激”，“债务—投资”的驱动模式并没有改变，“微刺激”释放的货币通过贷款等方式转化为债务，不少上市公司债务水平仍然持续攀升。

2. 传统的经济增长方式和粗放式的企业管理加快了上市公司债务上升速度

近年来，中国步入经济中低速增长的新常态，传统的经济增长红利和动能逐渐消退，新的经济增长动能尚未形成能拉动经济增长的主要动力，往往通过原有投资主体继续举债加大投资实现经济相对稳定增长，保障企业的生存和发展，从而导致企业债务持续攀升，上市公司也不例外。尤为突出的是，部分上市公司激进扩张、频繁转型、内部管理存在较大问题。资金使用效率偏低，导致这部分公司债务水平更快攀升，从而推高了上市公司整体的负债水平。

3. 上市公司债务水平较高是中国特殊金融中介结构的必然产物

2008年以来，主要包括理财产品、信托贷款、融资性担保公司等业务或机构的“影子银行”快速发展。由于“影子银行”体系的信息不对称特点和监管政策不完善，一些上市公司往往绕开监管，通过各种不同渠道大肆举债，债务水平过快攀升。在上市公司中，一些有各级政府背书的国有企业、地方融资平台债务水平尤为突出，这与市场普遍对此类公司存在“刚性兑付”幻觉有密切关系。但是，近两年，“超日债”违约打破了刚兑，原被认为安全的央企和地方国企不断曝出信用风险和违约事件，同时，财政收入放缓和经济下滑使地方政府兜底的意愿不断降低，这部分企业的债务风险正不断凸显。

◎ 上市公司债务过高将加剧金融体系风险，妨碍经济发展与转型

1. 加大公司经营压力，特定情况下有可能引发股价崩盘

对于上市公司而言，债务负担过重会加重公司的财务负担。在宏观经济环境没有明显改善的情况下，上市公司偿债成本不断增加，致使利润不

断缩减，导致企业经营压力巨大。在企业经营状况恶化，面临巨大的“借新还旧”压力的情况下，一些上市公司管理层有动机通过报表粉饰、盈余管理等手段隐瞒公司经营过程中产生的负面信息，以争取更好的财务状况和流动性。但是，此类被隐瞒的负面信息一旦因为无法继续隐瞒而被释放，将会对股价造成巨大冲击，导致股价剧烈下跌，严重影响股东利益，也不利于资本市场的稳定和健康发展。

2. 企业连环互保的担保链条破裂引致上市公司股价异动

2017 年上半年，山东齐星集团债务危机暴露，导致与其存在担保关系的西王集团旗下上市板块受到波及，企业连环互保导致的信用风险问题引发市场关注。在近年来经济下行背景下，不少企业尤其是民营企业持续通过银行信贷加高杠杆，同地域、同行业的民营企业之间往往以互保措施作为增信手段，企业之间债务链条盘根错节，背后的债务巨大。当担保链上的某一环节出现问题时，整个担保链上的企业风险均会上升，对于上市公司而言更有可能引发公司股价的异常波动，加大上市公司市值管理的难度和风险。更有甚者，通过二级市场的推波助澜，风险进一步加剧，严重时甚至波及整个区域或行业，并向银行转移，银行风险敞口将显著扩大。由于银行系统会直接或间接参与非银行金融机构的融资过程，风险将会由表外向表内不断扩大。同时，随着风险积聚，银行资产质量恶化，会提升全球投资者对中国经济下行的预期，从而导致金融市场的大幅波动，存款刚性支付缺口问题凸显，进而有可能引发银行等金融机构的支付风险向金融风险转变。

3. 上市公司企业债务风险的集中爆发或将拖累经济增长

由于上市公司多是各个行业中排名靠前或者发展状况较好的企业，如果过多的上市公司为了偿还债务出售资产，这种集中抛售有可能引发整个行业甚至宏观经济层面的动荡，导致资产价格大幅下降，由此引发市场担心的“债务—通缩”现象，造成整个实体经济贷款需求下降，进而影响上市公司甚至整个实体经济的投资能力。与此同时，上市公司由于信息相对公开，其经营状况也在一定程度上具有经济“晴雨表”的作用。上市公司经营状况恶化，银行一般会认为经济面临下行压力，进而惜贷，减少家庭和企业贷款，导致消费需求和投资需求下降，从而降低总需求水平，拖累中国经济增长步伐。

4. 债务融资为主的特点造成金融资源错配，延缓经济转型升级

长期以来，中国企业主要是通过银行进行间接融资，而在当前宏观经济下行的背景下，相比一些处于初创期的创新型企业，银行为了避免出现巨额的不良贷款，更倾向于对财务报表数据公开、资产体量更大的上市公司，尤其是有政府信用担保的国有上市公司进行放贷。但事实上，上市公司经营状况参差不齐，一些上市公司尤其是国有上市公司依靠负债经营“大而不倒”，中小企业和新兴企业“融资难”问题持续无解，金融资源错配的现象不断加重。而目前我国正面临产业结构调整期，新兴行业正处于发展的初级阶段，如果对新兴行业的贷款减少，则会延缓中国产业升级的顺利进行。

◎ 将加强债务管理作为公司治理[①]的重要内容

2016 年下半年以来，随着资产泡沫、金融风险和债务压力等问题不断凸显，宏观调控的重心从稳增长向防风险转变。2017 年，防风险尤其是防

---

① 此处所论述的“公司治理”是广义层面的公司治理，即包括一整套正式的或非正式的内部外部制度或机制来协调公司与所有利益相关者之间的利益关系，从而最终维护公司各方面的利益，治理的目标不仅仅是股东利益的最大化。

范金融风险被置于更加重要的位置，3月政府工作报告提出要“守住金融安全的底线”；在7月金融工作会议上，习近平主席讲话再次强调“要把主动防范化解系统性金融风险放在更加重要的位置”。在此背景下，应该高度重视上市公司债务风险，将加强债务管理作为公司治理的重要内容，多举措化解防范其债务风险。

1. 维护“去杠杆”的政策环境，合理控制企业负债规模

自2016年尤其是2017年以来，在防风险基调下，一系列去杠杆政策持续出台：持续收紧房地产企业融资，财政部出台文件厘清地方政府和地方融资平台公司债务的关系，推动市场化“债转股”落地，推进国有企业杠杆的去化，等等。从当前情况来看，降杠杆取得了一定的成效，但当前包括上市公司在内的企业部门债务风险依然存在，仍须进一步持续推进杠杆的去化，通过推进“债转股”、强化国有企业预算硬约束等方式，对企业举债规模进行合理的引导和控制。

2. 提高股权融资比例，加大权益融资力度

相比债权融资，权益性资产无还本付息压力；同时，权益性资产比重提高，对于降低上市公司债务风险具有积极作用。上市公司可以通过以下几种方式增加权益融资：第一，以增资扩股的方式增加权益性资产。这种方式下，企业有两种选择。一种是公开增发，但公开增发条件较为严格。另一种是定向增发，相比公开增发，定向增发条件较为宽松。在公司获得投资者认可的条件下，定向增发不失为上市公司股权融资的重要选择。第二，通过混合型债券改善企业偿债能力，如发行可转债。可转债成本一般低于公司债，且在一定条件下可以转化为股票，降低公司偿债压力。第三，已有债券发行且负债水平较高的企业，可以通过债券转股权的方式优化企业资本结构。

3. 优化公司负债结构，合理安排长短期债务

公司负债结构是否合理，对上市公司的债务风险、市值影响都很大。公司能否具有足够的偿债能力，既依赖于稳定的现金流入，还需要对债务结构尤其是债务期限结构进行合理安排。虽然相对于长期负债，短期负债的获取较为容易，融资成本也较低，但短期负债的偿还压力较大，一旦出现违约，容易导致公司股价波动，甚至对后续融资行为产生负面影响。同时，短期负债必须不断更新债务，对一些暂时陷入经营困境的企业来说，一旦资金链条断裂，就有可能危及企业生存。因此，上市公司应根据自身的实际情况尤其是资产结构合理确定长短期负债的比例，长期资产占比较大的企业尤其需要避免短期债务占比过高。

4. 进一步完善和细化上市公司信息披露制度

当前中国上市公司治理取得了一定成效，但依然不够完善，独立董事、独立监事在公司内部对管理层的制约作用不足甚至形同虚设，信息披露管理不够严格和完善等问题依然存在，导致一些上市公司举债缺乏审慎论证，过度举债、资金使用缺乏效率甚至被公司实际控制人挪作他用等情况依然时有出现。要防范上市公司违规举债行为，要进一步完善和细化上市公司信息披露制度，通过增加企业的透明度来加大利益相关者对企业举债行为的监督，降低企业与债权人之间的信息不对称程度。

十二、房地产行业要做好政策再调整下的风险防范

房地产行业在政策调整下的行业演变和风险防范是一个大问题。以下主要从政策调整与房地产发展环境、房地产行业风险与企业分化，以及对当前房地产企业发展的建议等方面进行阐述。

◎ 宏观政策动态调整，房地产调控既要抑制泡沫又要防止过快下跌

首先，我们看宏观经济政策的调整与房地产行业发展的外部环境。我们将 2008 年以来的中国经济政策称为“后危机政策”，宏观调控的总体思路可以概括为“双底线思维”，即稳增长与防风险。2008—2016 年，宏观调控以稳增长作为防风险的基础。到 2016 年，稳增长措施边际效益递减，投资回报率逐步下降，风险逐渐累积；与此同时，世界经济形势好转、欧洲经济企稳，中国经济得以与欧美经济错峰发展，并有机会在宏观政策方面做出必要调整，将防风险作为稳增长的前提。

2018 年以来，中国经济面临外部大国博弈与内部控风险的双重挑战，经济运行稳中有变，宏观调控政策做出了再调整。2016 年以来，出于防风险需要，中国采取了去杠杆和强监管的措施，给经济增长带来一定的下行压力，并导致长期积累的风险有所暴露，部分企业经营困难加大，特别是一些民营企业融资困难加大。中国宏观调控的重心从稳增长转变为防风险后，部分企业经营困难加剧，这是意料之中的事情，但中美贸易摩擦的升

级加剧了这一困难。

在内外环境复杂性上升的背景下，中国宏观政策边际调整。2018年，中国经济下行压力加大，前三季度GDP增长6.7%，比上年回落0.1个百分点，比上年同期回落0.2个百分点；三季度单季GDP同比增长6.5%，为2009年二季度以来的最低值。当年年底的中共中央政治局会议提出，当前中国经济运行稳中有变，并提出要稳就业、稳金融、稳外贸、稳外资、稳投资、稳预期，在求稳的过程中防风险、降杠杆的步伐有所放缓。中美贸易摩擦迫使中国做出了政策再调整，这一调整对中国房地产行业的影响值得我们认真思考。

其次，我们分析一下新形势下房地产行业的变化。房地产是中国的支柱产业之一，对中国经济增长做出了巨大贡献。统计显示，2003—2015年，房地产投资对中国经济增长贡献率为12.35%，拉动经济增长1.18个百分点；考虑相关产业链后，房地产对经济增长的总贡献率达到30.07%，平均拉动经济增长2.83个百分点。在中国外贸增速放缓的情况下，房地产行业的发展对经济增长形成了重要支撑。

再看房地产行业对税收的贡献，房地产行业直接征收的房产税[①]、城镇土地使用税、土地增值税和契税等由1999年的不足200亿元增加至2017年的1.6万亿元，增幅近80倍。2010—2016年，房地产行业贡献税收收入占总税收的比重从9.36%提升到14.31%。土地出让收入占地方财政收入的比重一度达到72.39%，此后虽然有所下滑，但2017年仍维持在42.96%的高位。可以说，土地出让的收入对地方政府财政的运行发挥了重要作用。从财税贡献的角度看，房地产对中国经济的贡献也是很大的，说它是支柱产

① 指商业地产房产税。

业毫不为过。此外，房产升值还增加了居民的财富和获得感。现在房产在城镇居民家庭财产中占比达到了80%左右，这是一个极高的比例。

中国房地产市场经历了20年的高速发展，目前市场规模是美国的近7倍。这其中存不存在房地产泡沫的问题？结构性泡沫是有的，这与中国货币创造[①]水平有关，我国的货币创造对房地产价格形成了一定的支撑。在当前宏观政策调整下，房地产市场会发生什么变化？房地产政策会出现拐点吗？现在房地产调控面临双向控制的难题，也就是说，既要抑制泡沫又要防止过快下跌。防止房价上涨不容易，但如果房价下降过快，同样会引起严重的问题。这是因为，我们一直认为，房地产是优质的资产，中产阶级基本上把富余的钱和未来的钱都投资在房地产上了，房价下跌不仅会给中国家庭也会给金融市场带来不小的压力。

◎ 房地产结构性泡沫仍存，房企融资难度加大，信用风险暴露

房地产行业与金融行业一样，永远在看风险，永远是市场风险的关注点。金融的本质是做金融风险控制，房地产开发正是一项准金融活动。怎么看待当前中国房地产行业的风险？随着中国人口老龄化和城镇化水平的提高，房地产市场逐步由增量市场转向存量市场，由高速增长转向深度调整。政策调控下，中国房地产整体泡沫有所收敛，但结构性泡沫依然存在。50个大中城市和一线城市居民的房价收入比仍然居高不下，结构性问题还非常严重。与世界主要城市居民的房价收入比相比较，中国是偏高的。即

---

① 中国人民银行向社会投放基础货币，其中部分资金以存款形式进入商业银行，商业银行向人民银行缴纳一定存款准备金后可将剩余资金以贷款形式发放给企业，企业将其中一部分存入这家或其他商业银行，商业银行继续将部分存款贷放出去，如此循环往复，社会中形成的流动性或购买力是基础货币的若干倍。这个过程叫货币创造。

便考虑到中国居民的消费和财富观偏好，但相比之下中国的房价收入比也还是太高了。

房地产开发离不开融资。出于调控房价的需要，国家总体上收紧了房地产企业的融资渠道。房地产企业发行债券、获取信贷和非标融资都受到了政策限制。中国房地产行业面临很严峻的形势，企业的融资难度加大、资金面比较紧张。我们发现一个有意思的现象：尽管房地产行业面临较大风险，社会公众和资金方还是认为房地产是比较优质的资产。

当前房地产企业融资难度加大，房地产行业风险有所暴露，房地产企业在债券市场违约的情形已经发生，而信贷市场上早有违约先例。在信贷市场债务人无力偿还时，还可以跟银行协商；但债务人在公开发行的债券市场是不敢轻易违约的，因为违约信息一旦被披露，再融资难度极大，甚至会面临破产风险，所以说在债券市场违约的企业基本上已无退路。

在行业调整期和债务风险爆发高峰期，房地产企业的内部治理风险开始加速暴露，一些股权较为集中的民营企业问题更为突出。根据我们对国内某地产公司的跟踪分析，该公司 20 多年来一直在布局重资产，这期间国内资产大概升值十几倍，而这家公司最近做了一次清盘，负债数千亿元，清盘之后接近资不抵债的水平，那升值的十几倍去哪里了呢？可能是大股东、高管和员工们拿走了相当大的一部分。房地产企业的采购环节很多，内部控制不完善就容易出现风险。

在行业调整期，房地产行业内不同企业呈现分化的态势。房地产行业市场集中度持续提升，实力较强的大型房企通过并购、战略合作等方式做大资产规模、增强自身竞争力，小型房企则发展受限。中小房企与低信用等级的房地产公司，现在增速下降、融资困难，遭遇了财务危机，甚至可能被挤出市场。如果不对中小房企和民营房企面临的困难采取相应的措施，它们可能会遭受重创。

◎ 房企要控制负债水平、加快资金周转、提高股本融资率

我想对房地产企业发展提几点建议：

第一，把企业负债控制在合理水平，优化债务结构。我在《企业扩张与融资》中提出的一个重要观点是，企业成长的规模、速度与它的负债紧密相关，同时几乎所有的企业（大概 95%）都死在负债之路上，过度负债扩张是企业死亡最主要的原因。一个企业不借债，是不是就不死呢？企业发展得很慢，没有规模经济优势，可能会死得慢一点，但过度负债可以让企业瞬间死亡。现有很多房地产企业的负债率已超过 80%甚至 90%，这是非常令人担忧的。因此，房地产企业要适当缩减举债规模，避免过度举债；同时，要优化债务结构，避免债务到期过于集中和债务短期化。企业要保存必要的现金，这是很有价值的。

第二，房地产企业要加快去库存和提高财务管理水平，提高资金周转率。企业可以通过去库存、工作前置加快资金的周转，同时加强成本管理、降低开发成本，还可以通过资产证券化来盘活存量资产。总之，要通过多种手段加快资金周转、防范流动性风险。

第三，发展直接融资，提高股本融资比例。自 2008 年国际金融危机之后，我一直呼吁：从宏观政策上，中国要将提高企业股本率作为中国经济的重要政策；从微观上看，每个企业都要尽可能提高股本融资比重。房地产作为高资产负债率的行业，尤其要通过提高股本融资比例来降低杠杆水平。如果一个项目找不到别的投资者、股本卖不出去，只靠借钱生存，那这个项目的死亡率是很高的。所以说，提高股本率是企业的生存之本。正因为如此，大家希望证监会稍微放宽对上市公司融资的管制。如果没有上

市再融资功能，股票市场就只能做存量投资。现在监管部门总希望资金流向发行的股份，而不是去做再融资。我认为，监管部门应该把企业再融资的决策权真正下放给企业和市场，直到上市公司配股配不出去，这才是合理的边界，股票市场才达到了均衡。如果每个企业配股都被抢，那就证明配股没有放到位。

第四，要完善内部治理结构，避免公司治理问题导致再融资风险。近两年，债券市场不乏因为公司治理结构不完善、大股东和企业管理层被爆出负面信息而导致企业违约的案例。对房地产企业而言，完善内部治理结构非常重要，企业要强化内部监督机制、完善激励及约束机制、防范实际控制人风险、优化内部权利配置。

当前是一个特殊时期，宏观政策出现再调整，房地产市场面临的外部环境并不宽松。我们既要抑制房地产泡沫，也要防止房价快速下跌，也就是要防止房价暴涨暴跌。当前房地产企业还是要有应对行业拐点的准备。在“房住不炒”的总基调下，房价继续大幅上涨的可能不大。目前，中国经济增长处于探底阶段，房地产价格经过一段时间的高位横盘后，已经展露出下行的趋势，这是需要关注和正视的问题。在当前宏观政策环境下，房地产企业要通过合理控制负债水平、扩大股本融资、加快资金周转等举措，提高自身防风险的能力，保持良好的信用记录，争取在下一步发展中获得有利的地位。

十三、地方政府债务风险与融资平台转型分析

◎ 地方政府债务形成与演化进程

地方政府债务发端于20世纪70年代末，部分省及地级市开始尝试通过举债弥补资金缺口以更好地履行政府职能，但受限于地方政府自主权，该阶段地方政府债务规模整体较小。此后，伴随中国财税体制变化、地方投融资模式变迁，地方政府债务在不同经济发展时期呈现不同特点。

1. 阶段一：*融资平台成为地方政府财政收支矛盾下的融资代理人*

1994年，《中华人民共和国预算法》审议通过，明确要求地方政府不列赤字，除法律和国务院另有规定外，地方政府不得发行地方政府债券。在地方政府无法独立举债的情况下，同年分税制改革进一步加剧了地方财政收支矛盾（见图13-1）。地方政府在财权、事权不匹配的情况下，有财政收入约束，通过财政部代发代还债券获取的资金也较为有限，无法筹得地方发展所需资金，于是尝试成立各类城市投资公司作为融资平台，以独立企业法人形式代替政府进行直接或间接融资，从而弥补政府投资项目的资金不足。同时，以GDP为主导的政绩考核机制与政府竞争模式，促使地方政府往往重投资规模、轻投资质量，粗放型的财政支出行为也在一定程度上加速了融资平台这个地方政府融资“创新”渠道的快速发展。

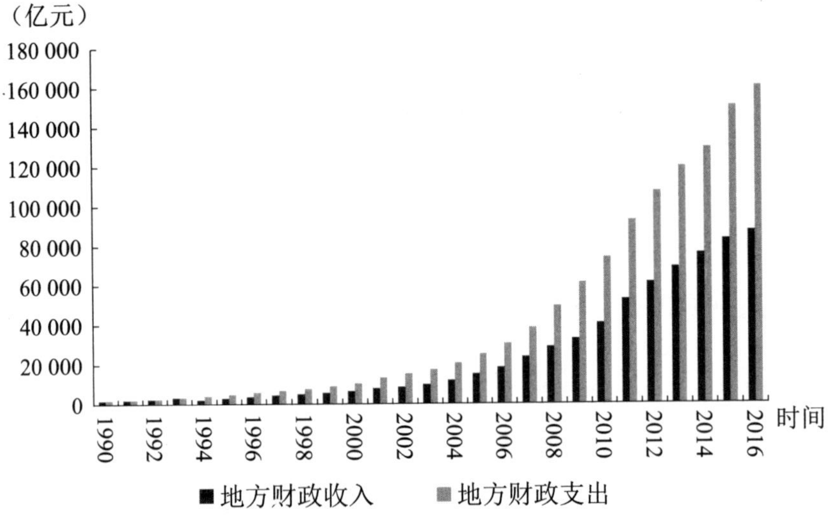

图 13-1 我国地方财政收支矛盾逐年扩大

资料来源：choice，中诚信国际区域风险数据库。

2. 阶段二："四万亿"政策推动融资平台第一轮债务扩张

为应对2008年全球金融危机的负面影响，国家出台"四万亿"刺激政策，其中地方政府配套资金2.82万亿元。2009年3月，中国人民银行与银监会共同出台《关于进一步加强信贷结构调整促进国民经济平稳较快发展的指导意见》，提出"支持有条件的地方政府组建投融资平台，发行企业债、中期票据等融资工具，拓宽中央政府投资项目的配套资金融资渠道"。在"四万亿"配套资金需求、国家政策支持、地方政府资金缺口等多个因素推动下，地方融资平台呈现爆发式增长。2008年上半年，全国融资平台约有3 000家，贷款余额约为1.7万亿元。截至2010年年末，融资平台数量已升至6 576家，审计署统计结果显示，融资平台债务中仅政府负有偿还责任的债务已达到4.08万亿元。地方融资平台数量与债务规模均呈现翻倍式增长。

3. 阶段三：依托“影子银行”，融资平台进行第二轮债务扩张

伴随前期“四万亿”政策的负面影响显现，经济下行压力增大，地方融资平台信贷风险引发关注，国家出台一系列政策对地方融资平台银行信贷融资进行规范。同阶段，国内利率市场化持续推进，存款脱媒促使大量资金流向“影子银行”，如信托机构、基金子公司、P2P 平台等，“影子银行”成为地方融资平台继银行信贷之后的重要融资来源。与此同时，商业银行为规避监管，将表内业务转移出表，通过表外理财、银信合作等形式为地方融资平台提供资金支持。借助“影子银行”的“逆周期”扩张，融资平台呈现新一轮债务扩张。根据国家审计署统计，截至 2013 年 6 月底，全国融资平台债务余额达到 6.97 万亿元，较 2010 年年底增长 40.22%。同期，伴随直接融资渠道快速发展，融资平台公开市场债券融资规模快速攀升，2012 至 2016 年城投债净融资额年均达到 1.18 万亿元。

4. 阶段四：地方债务隐性化

融资平台依托政府信用迅速扩张债务的同时，地方政府债务风险隐患持续积聚，地方政府“债务—投资”的驱动模式难以为继。以 2014 年新《预算法》与 43 号文出台为标志，地方债务进入规范发展期。一方面“开前门”，赋予地方政府举债权，并纳入全口径预算管理，实行规模控制，并以 2013 年政府性债务审计结果为基础，对于企事业单位举借的政府负有偿还责任的债务，通过发行地方政府债券进行置换；另一方面“堵后门”，明确政府与企业的责任边界，政府债务不得通过企业举借，企业债务不得推给政府偿还。2017 年 50 号文、87 号文及 2018 年 194 号文、23 号文等系列文件（见表 13-1），对于各类违法违规举债行为进一步细化明晰，各类试图仍以政府隐性信用背书的融资行为得到有效遏制。

表 13-1　　2016 年以来防范地方政府隐性债务风险相关政策文件

时间	政策名称	内容要点
2018/3/28	《关于规范金融企业对地方政府和国有企业投融资行为有关问题的通知》（财金〔2018〕23 号）	从资本金审查、还款能力评估、投资基金、资产管理业务、政策性开发性金融、金融中介业务、融资担保等 15 个方面，进一步规范金融企业对地方政府和国有企业投融资行为，督促金融企业加强风险管控和财务管理
2018/2/8	《关于进一步增强企业债券服务实体经济能力严格防范地方债务风险的通知》（发改办财金〔2018〕194 号）	再次强调坚决遏制地方政府隐性债务增量，并重点就企业债券的具体事项进行规范，包括严禁党政机关公务人员未经批准在企业兼职（任职），严禁将公益性资产及储备土地使用权计入申报企业资产，纯公益性项目不得作为募投项目申报企业债券等
2018/1/18	《关于加强保险资金运用管理支持防范化解地方政府债务风险的指导意见》（保监发〔2018〕6 号）	支持保险机构更加安全高效地服务实体经济，防范化解地方债务风险。提出妥善处理对地方政府的存量投资业务、规范投资融资平台公司行为、不得通过股权投资计划等创新方式违规形成地方债务、加强地方债务风险监测等
2017/12/23	《财政部关于坚决制止地方政府违法违规举债遏制隐性债务增量情况的报告》	坚决遏制隐性债务增量，进一步完善地方建设项目和资金管理，管控好新增项目融资的金融"闸门"，强化中央企业的债务融资管控；积极稳妥化解存量隐性债务，坚持中央不救助原则，坚决打消政府兜底的"幻觉"
2017/11/10	《关于规范政府和社会资本合作（PPP）综合信息平台项目库管理的通知》（财办金〔2017〕92 号）	进一步规范政府和社会资本合作（PPP）项目运作，防止 PPP 异化为新的融资平台。具体要求包括：审慎开展政府付费类项目，通过政府付费或可行性缺口补助方式获得回报，但未建立与项目产出绩效相挂钩的付费机制的不得入库等
2017/5/28	《关于坚决制止地方以政府购买服务名义违法违规融资的通知》（财预〔2017〕87 号）	严格规范政府购买服务预算管理，严禁利用或虚构政府购买服务合同违法违规融资。严禁将铁路、公路等领域的基础设施建设，储备土地前期开发，农田水利等建设工程作为政府购买服务项目；严禁将建设工程与服务打包作为政府购买服务项目等

续前表

时间	政策名称	内容要点
2017/4/26	《进一步规范地方政府举债融资行为的通知》（财预〔2017〕50号）	切实加强融资平台公司融资管理，明确要求地方政府不得将公益性资产、储备土地注入融资平台公司，不得承诺将储备土地预期出让收入作为融资平台公司偿债资金来源，不得以担保函、承诺函、安慰函等任何形式为地方融资平台提供担保
2016/10/27	《国务院办公厅关于印发地方政府性债务风险应急处置预案的通知》（国办函〔2016〕88号）	建立健全地方政府性债务风险应急处置工作机制，坚持快速响应、分类施策、各司其职、协同联动、稳妥处置，牢牢守住不发生区域性、系统性风险的底线，并加强对违法违规举债行为的责任追究

资料来源：中诚信国际整理。

在疏堵结合的政策导向下，地方政府债务进入规范化管理轨道，总体风险可控，但未纳入地方债务审计范围的存量隐性债务风险仍未消除且不容忽视。一方面，地方政府存量债务中非政府债券形式债务均以2013年政府性债务审计结果为基础，但该次审计工作各省份融资平台及国有企业债务纳入政府负有偿还、担保及救助责任三类的统计口径并不一致，或导致部分地方债务未显性化且被低估；另一方面，地方政府在财权、事权不匹配且债务限额约束下，发行省级地方政府债券的“开前门”举措难以真正满足各层级地方政府的实际资金需求，融资平台及部分国企所承担的地方公益类项目融资职能难以真正剥离，中央关于划清地方政府与企业界线的政策要求在财政压力较大的地方较难落地。由此致使2015年至2017年，地方政府仍有依托融资平台及国有企业，通过注入公益性资产、出具承诺函等形式或利用政府引导基金、PPP等渠道扩张债务并为该类债务提供隐性背书的情况，呈现为此阶段部分地方债务的“隐性化”特点。

◎ 当前中国地方政府隐性债务现状及区域风险估算

基于中国地方政府“隐性化”债务现状，本书从不同角度对地方政府隐性债务规模及区域风险进行了估算。从估算结果看，当前地方政府隐性债务呈现快速增长态势，且规模接近显性债务的两倍，同时部分地区负债水平过高，要重点关注隐性债务及区域性债务风险。

1. 地方政府债务分类：显性债务与隐性债务

关于政府债务，亚洲金融危机后，世界银行提出了著名的“财政风险矩阵”（fiscal risk matrix）。依据债务发生的可能性，政府债务分为直接债务和或有债务；依据法律的强制性，政府债务分为显性债务和隐性债务。显性债务是特定的法律或者合同所带来的负债，隐性债务则是基于市场预期、政治压力的政府责任。将两种划分依据交叉，可得到四种债务类型：直接显性债务、直接隐性债务、或有显性债务和或有隐性债务。从现实的角度来看，地方政府隐性债务也是地方政府可能承担偿还、救助、担保责任但并未纳入其债务管理和统计的债务，而一旦发生危机尤其是存在系统性风险爆发的可能性时，地方政府则不得不加以干预、承担责任。

财政部刘尚希、赵全厚等人（2012）[①] 指出，隐性债务主要包含社会保证资金缺口、农村社会保证缺口、公共投资项目未来的资本性和经常性支出等直接隐性债务，以及对金融机构支付危机的救助、国有企业未弥补的亏损、拖欠企业在职职工和农民工的工资等或有隐性债务。而根据审计署的分类，政府性债务包括地方政府负有偿还责任、担保责任和可能救助责任的三类债务。政府可能承担一定救助责任的债务主要是地方政府通过融资平台、其他国有独资或控股企业、自收自支事业单位等主体为公益性项目举借，由非财政资金偿还的债务。根据审计署和财政部的相关文件（88号文等），举借主体主要包括五类：融资平台公司、政府部门和机构、经费

---

① 刘尚希，赵全厚，孟艳，等．十二五时期我国地方政府性债务压力测试研究．经济研究参考，2012（8）：3-11.

补助事业单位、国有独资或控股企业（简称地方国有企业）以及自收自支的事业单位。其中融资平台公司和地方国有企业是地方或有政府债务，同时也是隐性债务的主要举借主体；另外三类是政府负有偿还责任债务（也就是显性债务）的主要举借主体。

基于数据的可获得性以及计算的可实现性，本书将地方政府直接债务作为显性债务，将负有一定救助责任的债务以及其他可能承担责任的或有债务作为隐性债务进行估算。显然这一口径要比刘尚希、赵全厚等人的口径小。新《预算法》实施以后，地方政府发债主体地位被明确，但是新发债的额度非常有限，地方政府此前通过其他主体进行融资的渠道仍发挥作用。因此，实际上地方政府隐性债务也主要以融资平台作为主要载体[①]。根据 88 号文，或有债务中的担保债务，地方政府及其部门仅依法承担适当民事赔偿责任，但不应超过债务人不能清偿部分的 1/2，担保额小于债务人不能清偿部分 1/2 的，以担保额为限；或有债务中的存量救助债务，地方政府可以根据具体情况实施救助，但保留对债务人的追偿权。实际情况中，这两类债务的认定相对复杂，目前尚未有明确的标准，因而这部分债务的规模存在较大的不确定性，不同机构的测算也不一致。从防范系统性风险的角度出发，地方国企或者融资平台出现违约时，政府可能会出于维护区域融资稳定等很多考虑去救助，只要有救助可能，均纳入隐性债务考量。

从隐性债务的形式来看，贷款和信托贷款可能是其主要存在形式。从 2013 年的审计结果来看，融资平台 9.7 万亿元的贷款，仅 36％纳入了负有偿还责任的债务中，而 64％未纳入政府性债务。如果存在违规融资和担保，

① 根据 2013 年的审计结果，尽管各个省份之间存在差异，但整体地方融资平台的债务纳入地方性债务的比例并不高，融资平台中债券纳入地方性政府债务的比重在 30％左右，贷款中的占比大约为 36％。

则大概率形成政府性隐性债务。与此同时，2014 年以来，随着“开前门”“堵后门”系列政策的实施，地方政府债务管理和发行相对规范；但存在部分地方政府通过融资平台以 PPP、政府投资基金、政府购买服务、资管计划、明股实债等方式违法违规或变相举债，以贷款、信托等融资形式举债，尤其是在 2015 年之后融资平台新增债务均不作为政府债务统计的背景下，这些均加大了隐性债务形成的概率。

从测算的角度来看，由于隐性债务属于预计负债范畴且存在结构分散、隐蔽性强、透明度差等特点，获取这类数据十分困难。各家机构测算结果也不一致。本书在计算时，从防范危机的角度考虑，将融资平台作为隐性债务的测算内容之一。考虑到 PPP 项目中政府付费和可行性缺口补助涉及财政资金参与，87 号文下发后，通过政府购买服务的融资渠道受限，政府付费型 PPP 将成为地方公益性项目的重要融资方式，该类 PPP 项目中的财政支出也应纳入政府隐性债务。与此同时，政府投资基金中，实际操作不规范，为吸引社会资本，一部分采用财政资金劣后或通过隐性回购方式变相进行保本和固定收益的保障，使基金变成政府的隐性债务。

2. 地方政府显性债务和隐性债务的估算

(1) 地方政府显性债务相对平稳。根据前文分析，地方政府显性债务是建立在某一法律或者合同基础之上的政府负债，以政府直接债务为主，包括各级地方政府债务（一般债务和专项债务）、外债等。地方政府显性债务具体包括财政部代发债券、地方财政部门发行的债券、政府统借统还资金以及《预算法》规定的支出（如签发行政事业单位人员工资及养老金形成的债务）。本书以财政部公布的政府显性债务数据为准（见图 13－2）。

从数据来看，随着多方面规范地方政府发债行为、防范风险的举措落地，地方政府发债方式和管理逐步规范与市场化，以政府直接债务为主的

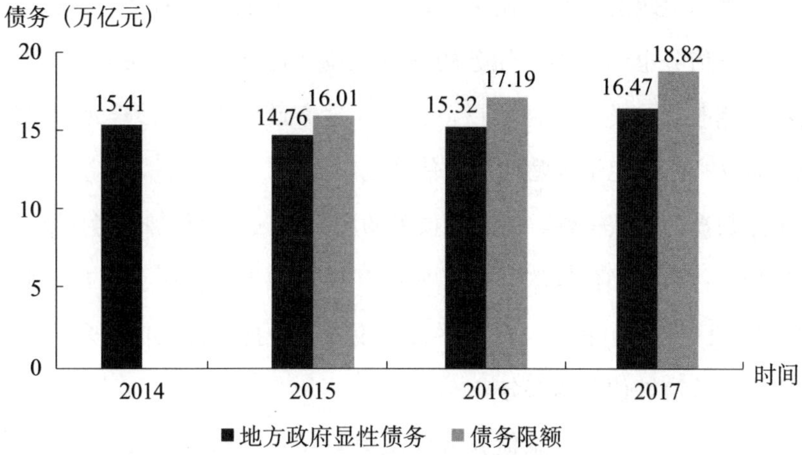

图 13－2　我国地方政府显性债务

资料来源：财政部，中诚信国际区域风险数据库。

显性债务余额总体平稳增长。2014—2017 年，地方政府显性债务余额分别为 15.41 万亿元、14.76 万亿元、15.32 万亿元、16.47 万亿元；2015 年、2016 年地方政府显性债务余额较 2014 年有所降低，2017 年增长略有加快。对照全国人大批准的地方政府限额规模来看，2015 至 2017 年地方政府债务限额分别为 16.01 万亿元、17.19 万亿元和 18.82 万亿元，这三年地方政府直接债务余额均在限额内，且各年显性债务余额均较债务限额有一定剩余。

（2）地方政府隐性债务超显性债务。地方政府隐性债务 2016 年规模在 21 万亿～30.5 万亿元，是显性债务的 1.4～2.0 倍；2017 年在 34.5 万亿元左右。

根据前文所述，本书所指地方政府隐性债务主要包括融资平台、地方国企的债务以及 PPP 项目中政府付费项目、政府投资基金等。虽然政府产业基金的规模不断扩大，其募集规模从 2014 年的 3 031.35 亿元上升至 36 961 亿元，但由于无法确定地方政府可承担部分，本书暂时不将其纳入测算范围。与此同时，从融资平台的资产负债表来看，其他应收款一般是当地政府或者财政部门借用了融资平台的资金，这部分资金并不一定需要付息，但因当地政府负有偿债义务，很可能成为地方政府债务。因此，本书将这部分债务也纳入隐性债务的估算范围。此外，考虑到抵押补充贷款主要针对棚改这一类公益性项目，或加大地方政府隐性压力，因此将抵押补充贷款这一指标也纳入隐性债务估算范围。

根据数据的可获得性，将隐性债务的测算从三个口径加以考虑。

口径一：融资平台贷款＋融资平台存量债券＋融资平台非标＋政府付费型 PPP 投资落地（假设与融资平台不重合）＋抵押补充贷款余额（PSL）－纳入直接政府性债务的部分

口径二：融资平台有息债务（仅发债口径）＋PPP 相关（假设与融资平台不重合）＋抵押补充贷款余额（PSL）－纳入直接政府性债务的部分

口径三：纯平台[①]有息债务（仅发债口径）＋准平台其他应收款（仅发债口径）＋政府付费型 PPP 投资落地额[②]＋抵押补充贷款余额（PSL）－纳入直接政府性债务的部分

按照上述三种方法测算，2016 年我国地方政府隐性债务规模分别为 27.1 万亿元、30.5 万亿元、21.01 万亿元，其中，口径一、口径二下测算地方政府隐性债务规模分别较上一年增长了 27%、38%，均保持了较快增长（见图 13－3）。从内部构成来讲，口径一中，融资平台贷款和融资平台非标（包括信托、资管等形式）占比最高，分别占 48%和 24%；口径二中，融资平台有息债务规模、抵押补充贷款余额（PSL）和政府付费型 PPP 分

---

① 在本书中，将只承担融资功能而没有投资和经营功能的融资平台称为纯平台；将既承担一定的政府融资功能，又具备通过部分经营性资产获取经营收益，具备一定造血功能的平台称为准平台。在实际操作中，将公用事业类、交通运输类（如港口、机场、航空、公交等）、省级收费公路投资、投控类平台纳入准平台进行数据估算，其余融资平台纳入纯平台进行数据估算。

② 所有省（自治区、直辖市）隐性债务的总和，其中，各省（自治区、直辖市）隐性债务＝该省（自治区、直辖市）纯平台企业（仅发债口径）所有有息债务＋该省（自治区、直辖市）平台企业的其他应收款＋该省（自治区、直辖市）政府付费型 PPP 投资落地额－纳入直接政府性债务的部分。

别占比 91%、7%和 2%；从口径三来看，纯平台有息债务、准平台其他应收款、抵押补充贷款余额（PSL）和政府付费型 PPP 产生的债务分别占隐性债务的 79%、10%、8%和 3%。

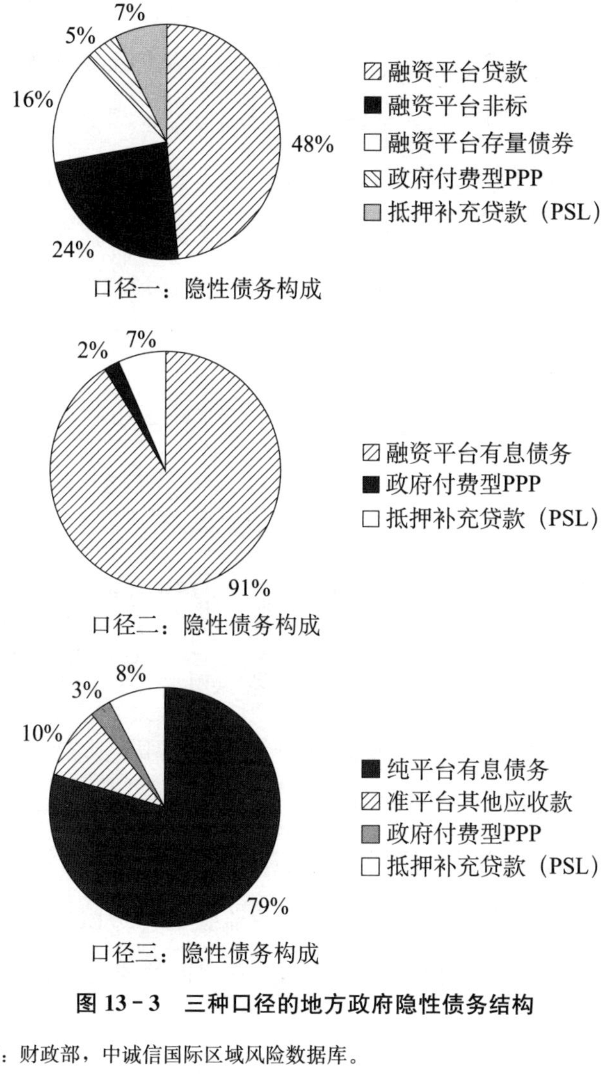

图 13-3　三种口径的地方政府隐性债务结构

资料来源：财政部，中诚信国际区域风险数据库。

3. 显性债务风险总体可控，但要重点关注隐性债务

中国地方政府显性债务风险总体可控。从偿债水平来看，显性债务衡量的债务率和负债率均低于国际通行水平，政府债务风险总体可控（见图 13－4)。2016 年，以显性债务衡量的地方政府总体债务率（债务规模/财政实力）为 80.5%，低于国际通行警戒标准①。如果加上纳入预算管理的中央政府债务余额 12.01 万亿元，全国政府债务余额 27.33 万亿元，政府债务的负债率（债务与 GDP 的比值）是 36.7%，低于欧盟 60%的警戒线。对比主要国家的负债率水平，可以看出以显性债务衡量的负债率低于主要市场经济国家和发展中国家水平，显性债务口径下地方政府风险水平较低②。

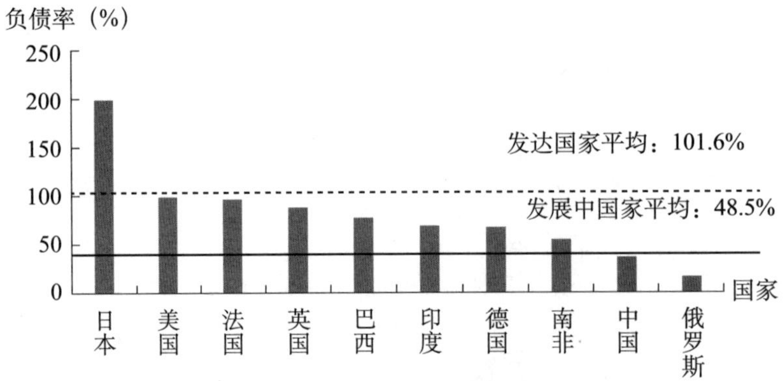

图 13－4　显性债务口径下负债率水平国际比较

资料来源：中诚信国际区域风险数据库。

当前中国地方政府显性债务风险总体可控，但隐性债务风险较为突出，主要表现在隐性债务增速过快，且为避免监管而导致债务形成更为复杂和不透明。我国地方政府隐性债务与显性债务规模的比值接近 2∶1。若测算

① 国际货币基金组织确定的债务率控制标准参考值为 90%～150%。

② 袁海霞．多举并进防范和化解地方债务风险．金融世界，2018 (6).

口径考虑地方政府的隐性债务规模，2016 年中国地方政府总体的负债率与债务率均有较大攀升。以口径一测算的 2015—2017 年中国地方政府隐性债务规模分别约为 19.7 万亿元、27.1 万亿元、34.5 万亿元，年均增长 27%（见图 13-5）。考虑隐性债务的政府负债率直接上升至 65%～78%，大幅高于发展中国家平均水平。隐性债务快速增长的背后是地方政府的不规范融资行为。过去几年，针对地方政府出现的各类违法违规举债行为，中央出台了一系列政策进行治理，但有些地方在财政收入放缓的背景下，政府违规融资的行为较多，亟待规范。相比显性债务，隐性债务快速增长，同时偿还更具有不确定性，正逐渐成为中国地方政府面临的中长期风险。

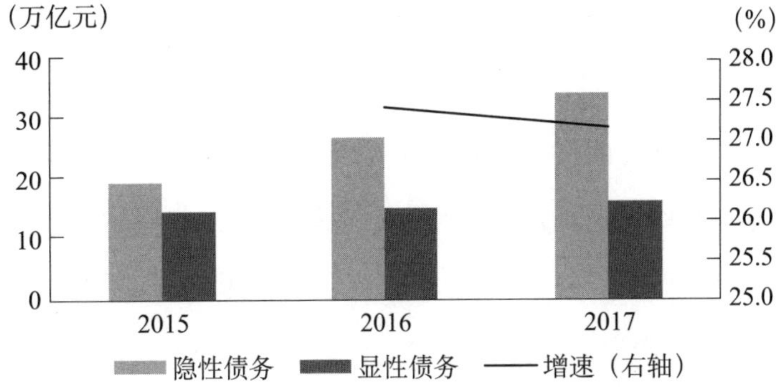

图 13-5　口径一下地方政府隐性债务与显性债务比较

资料来源：中诚信国际区域风险数据库。

4. 部分地区负债水平过高，需要关注区域性债务风险

从显性债务规模来看，截至 2016 年年底，江苏省政府显性债务余额高达 10 915 亿元，连续位居榜首；山东省、贵州省、广东省、辽宁省、浙江省 5 个省份的显性债务余额超过 8 000 亿元；江西省、重庆市等地显性债务余额处于 4 000 亿元以下。从隐性债务规模来看，江苏省、北京市隐性债务余额超过 3 万亿元，江苏省政府隐性债务规模仍为最高，接近 4 万亿元；天

津市、四川省、浙江省等地隐性债务超过 1 万亿元；辽宁省、内蒙古自治区、吉林省等隐性债务余额处于 4 000 亿元以下（见图 13－6）。

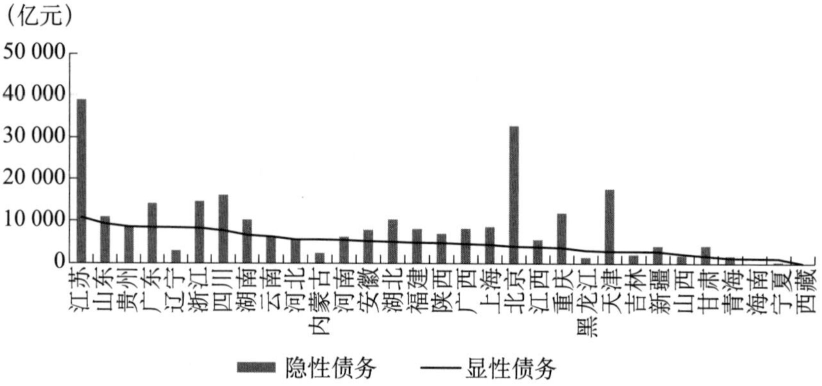

图 13－6　地方政府隐性债务与显性债务（2016 年）

资料来源：中诚信国际区域风险数据库。

从衡量偿债能力的负债率和债务率来看，区域性债务风险不容小觑。根据中诚信国际的计算，若以显性债务为衡量标准，2016 年全国除港澳台外的 31 个省级行政区负债率（债务/GDP）超过欧盟 60％警戒线的是贵州省（74.0％），其次为青海省（52％）、云南省（43％）；其余省份负债水平均处于 40％以下（见图 13－7）。从综合财力考量的债务率（债务/财政实力）来看，截至 2016 年年底，宁夏（226％）、贵州（179％）、辽宁（169％）等 7 个省份债务率已经超过 100％的警戒线（见图 13－8）。

若考虑加上隐性债务后的负债率及债务率，2016 年负债率超过欧盟 60％警戒线的省（自治区、直辖市）有 12 个，较显性债务口径下的省（自治区、直辖市）数量增加了 11 个，贵州省（149％）仍高居首位，其次为北京市（144％）、青海省（122％）、天津市（116％）等；负债水平位于 40％～60％区间的有 10 个省份，如安徽省（54.6％）、湖南省（54.4％）、

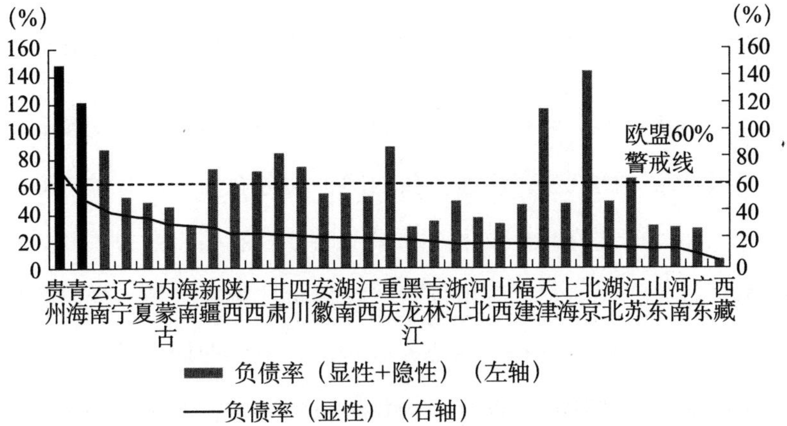

图 13－7　各省份负债率（2016 年）

资料来源：中诚信国际区域风险数据库。

江西省（52%）等；其余省份负债水平均处于 40%以下（见图 13－7）。而从债务率计算结果看，除了海南省（75%）、西藏自治区（4%）处于警戒线下外，29 个省（自治区、直辖市）债务率均超过 100%警戒线（见图 13－8），与显性债务口径下的省份数量相比大幅增加 22 个，其中，天津市（542%）、北京市（452%）、贵州省（359%）、江苏省（353%）位居前列。

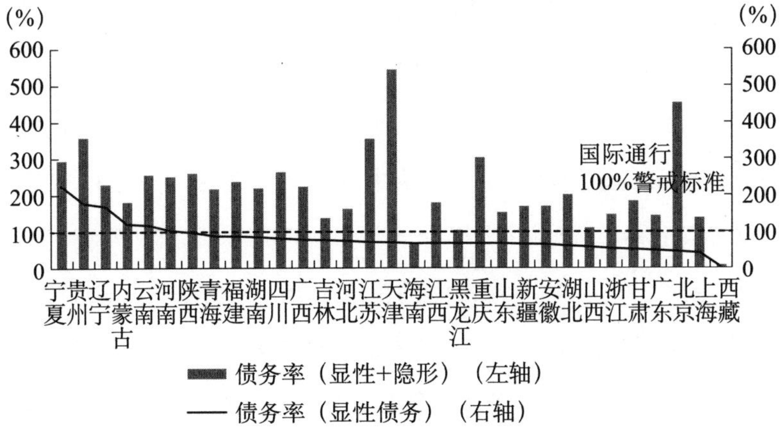

图 13－8　各省份债务率（2016 年）

资料来源：中诚信国际区域风险数据库。

◎ 地方政府隐性债务重要载体——融资平台面临较大转型压力与挑战

地方政府依托融资平台所形成的地方政府隐性债务是中国特有财税体制及经济发展模式的产物，快速扩张的隐性债务背后其实是地方政府“债务—投资”驱动模式的不断强化，既源于地方政府超出财力搞建设，亦有金融机构以政府兜底幻觉代替市场化风控要求的推波助澜。现阶段推进融资平台转型与防范地方政府隐性债务风险已是一体两面，只有切实剥离平台企业的政府融资职能、推进其市场化规范化转型，方能从源头处防范融资平台成为地方政府债务隐性化载体，并有效防范存量隐性债务风险的深化与蔓延。在现阶段宏观经济下行压力增大、强监管持续加码的严峻背景下，融资平台转型之切、转型之难进一步凸显。

1. 发展环境变革下，融资平台面临迫切的转型压力

融资平台在前期债务快速扩张的同时并未培育与其负债水平相适应的资产经营能力与盈利能力，使其对外部融资极为依赖且敏感。伴随中国经济发展进入新常态，经济运行的深刻变化使得地方融资平台的发展环境面临深刻变革，前期债务扩张模式已难以维持，“成也融资，败也融资”的发展困境迫使现阶段的平台企业谋求转型。

（1）货币收紧，利率中枢上移，融资平台再融资承压。伴随美国与欧洲启动加息和缩表进程，中国稳健偏中性的货币政策呈现边际收紧态势，利率中枢持续上移。截至 2017 年 11 月，10 年期国债收益率突破 4%，为三年来新高（见图 13 - 9）。资金成本的持续上升，一方面直接拉高融资平台“借新还旧”的成本，另一方面使其财务状况恶化、信用水平下降，加大平台企业在资本市场再融资难度（见图 13 - 10）。尤其是财政实力较弱、债务率整体偏高的省份，地方政府对于融资平台的补贴资源有限，平台企业对于外部融资成本变化更为敏感。

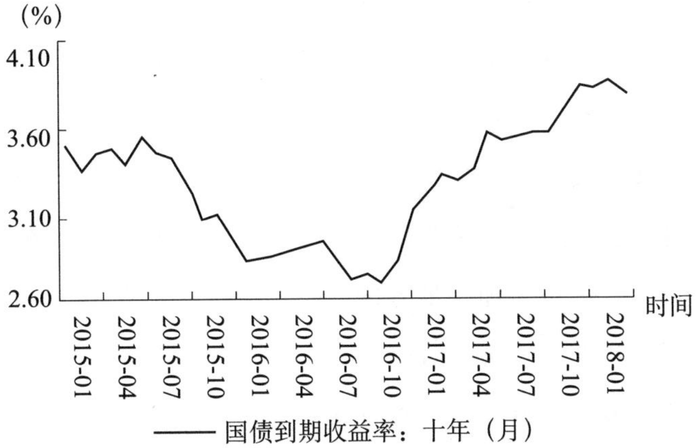

图 13－9　十年期国债到期收益率

资料来源：中诚信国际区域风险数据库。

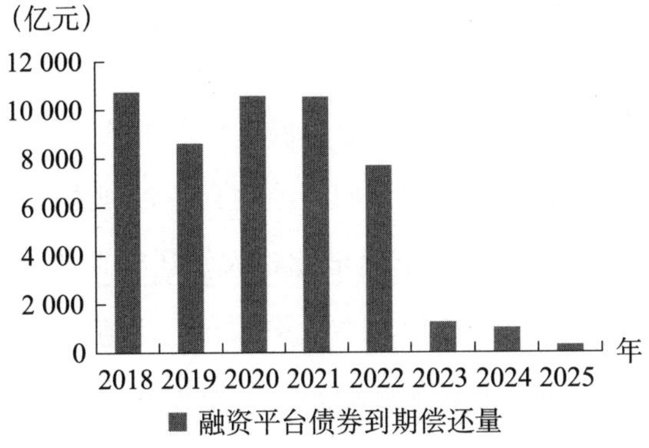

图 13－10　融资平台债券未来到期偿还量

资料来源：中诚信国际区域风险数据库。

(2) 金融整顿持续深入，融资平台融资暗道受阻。2017 年，央行对于商业银行的宏观审慎监管（MPA）加强，将表外理财和同业存单相继纳入 MPA 考核，一方面影响平台企业的可贷资金，另一方面有效控制了“影子银行”的资金来源。同时，央行出台《关于规范金融机构资产管理业务的指导意见（征求意见稿）》，对各类资管机构在打破刚性兑付、规范资金池、消除多层嵌套和通道、精致化管理方面进行明确规范。伴随金融整顿和金融改革的持续深入，地方融资平台此前借助“影子银行”规避监管的融资暗道已难以为继。

（3）监管多方面约束，加快融资平台与政府信用剥离。伴随国家宏观调控重心由稳增长向防风险转变，2017 年关于规范地方政府融资机制的监管政策密集出台，进一步加快地方融资平台与政府剥离。一方面，加快剥离地方融资平台与地方政府的信用、债务，通过 50 号文、87 号文、194 号文等进一步明晰地方融资平台与地方政府的界线；另一方面，剥离平台企业的政府“债务—投资”代理人角色，由政府主导向市场主导转变。2014 年以来，在防范地方债务风险的同时，国家调控政策更加强调优化政府投融资机制，调动社会资本参与力度，通过引入市场化力量，倒逼地方融资平台职能转变。

（4）土地出让收入下滑，融资平台偿债来源削弱。地方融资平台的典型融资模式即政府赋予平台土地使用权，融资平台利用土地使用证融资以进行基础设施建设，此后通过土地出让收入偿还前期借款。在此模式中，土地收益是外部融资的重要担保与还款来源。但伴随经济进入新常态，土地供给逐步减少，房地产市场深度调整，土地收益作为偿债来源已难以持续。2015 年中国土地出让收入为 3.37 万亿元，同比增速由 2010 年的 106.25%下降至－21.62%，呈现显著下滑态势（见图 13－11）。2016 年“营改增”后，地方税收收入进一步下降，财政收支矛盾加大，地方财政对于融资平台的偿债支持逐步削弱。

2. 融资平台市场化转型所面临的挑战

（1）地方政府融资渠道受限，对融资平台的依赖与干预仍较高。如前

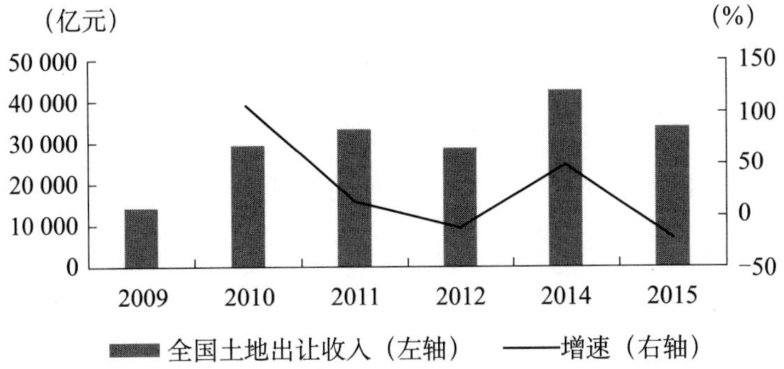

图 13－11　全国土地出让收入增长放缓

资料来源：中诚信国际区域风险数据库。

所述，2014 年新《预算法》与 43 号文出台后，地方政府尽管获得独立举债权，但在发债限额约束与地方财权、事权不匹配的背景下，一般债券与专项债券资金仍难以弥补地方较大的融资缺口。例如，2017 年地方政府债券发行上限为 1.63 万亿元，该金额与地方融资平台年均负债规模难以匹配。同时，地方政府债券仅由省级政府发行，而融资需求更高的地市级政府仅能通过省级政府实现债券融资，融资效率及灵活性均较低。在地方各级政府财权事权不匹配、融资渠道未真正打开的背景下，平台企业的政府融资职能难以真正剥离，政府与平台之间的双向依赖仍在持续深化，给融资平台向独立市场化主体转型带来更大阻力。

（2）平台企业投资结构单一，造血功能较差。融资平台承担的项目主要集中于资金投入多、投资收益少、回收期长的基础设施项目，投资结构十分单一，缺少足以支撑公益性项目的经营性项目收益来源，依靠融资平台自身经营难以实现盈利和现金流的平衡，需要通过政府补助等方式实现盈亏平衡。在当前强监管压力下，融资平台面临严峻的融资环境和业务转型压力，融资平台的经营性活动尚不稳定，利润增长依然较弱，在累积效应作用下，盈亏平衡的缺口成倍增大，资金需求结构严重失衡；很多融资平台的资金需求中，用于资金周转的额度已远高于用于新建项目的额度。

（3）平台企业市场化意识弱，运作效率较低。从外部看，融资平台承担的公益性项目往往不存在市场竞争问题，相对于纯粹的市场竞争主体，缺少来自外部的竞争压力，不利于运作效率的提升；从内部看，融资平台的运作机制相对于完全市场化的企业还不够完善，内部提质增效的动力不强，由此造成融资平台的运作效率总体上较低。总体上讲，投融资平台由于其政府属性，在经营管理、项目运作过程中首先关注的是满足政府要求，而不是满足市场需要，从而导致经营运行效率较低。

◎ 新常态与多重政策约束下融资平台的转型路径及关注点分析

随着监管趋严，融资平台逐步剥离政府融资功能，传统的土地整理和基础设施建设业务模式已经难以满足新的监管形势下融资平台发展的需要，一些实力较强的融资平台已经开始探索多元化产业发展路径并取得了一定成效，为后续融资平台转型提供了借鉴。在未来进一步推进融资平台转型的过程中，应根据融资平台资产的不同性质实施分类转型，按照市场化原则处理好政府与企业的关系，同时应坚持循序渐进，避免“一刀切”引致新的风险。

1. 当前融资平台典型业务及转型经验：从单一到多元

目前地方融资平台的核心业务依然是土地整理和基础设施建设，部分公司开始突破上述传统的业务模式，如从传统业务转向城市公用事业业务，从传统业务转向多元化业务以及从传统业务转向投资控股平台。但需要注意的是，公用事业业务盈利性较弱，而多元化业务中的实业部分和房地产部分受政府宏观调控的影响较大，均具有一定的不确定性。

（1）当前融资平台以土地整理和基础设施建设为主要业务模式。以土地整理或基础设施建设为主的单一业务模式是众多融资平台发展的源头，也是当前中西部许多融资平台的主要业务模式。在土地整理业务方面，由于2016年财政部发布了《关于规范土地储备和资金管理等相关问题的通知》，融资平台的土地整理业务得以进一步规范，普遍模式为平台受地方土地储备中心（或相应政府机构）委托进行土地一级开发，平台通过与政府机构签订合约获得土地开发成本的返还以及一定的利润。在基础设施建设业务方面，平台与政府针对不同项目单独签订合同或者签订打包合同，按照约定的收益承担基础设施建设任务。基础设施的融资方式有如下类别：政府拨款、银行贷款、发行债券、抵（质）押借款，或者金融机构将平台的应收账款做成非标产品进行融资。

（2）基于传统业务模式，融资平台在逐步探索多元化的业务方向。第一，由单一业务向城市公用事业或其他国有资产的管理与运营拓展。城市公用事业前期投入和维护的成本较高，但未来可以带来较为稳定的收入。第二，由单一业务向房地产开发以及物业管理拓展。房地产开发不仅包括安置房建设，也涵盖普通房地产以及商业房地产的开发。但房地产开发业务前期投入较大，而且较易受到政策的影响，不同区域房地产的收入情况有明显差异，这类模式适用于经济和财力较好、人口聚集性较强的区域。第三，由单一业务向多元化的运营或投资控股类公司拓展。一般而言，承担多元化业务的平台资质较好，主体评级以“AA＋”或“AAA”为多。融资平台在多元业务拓展的同时，也多由其核心业务支撑。

2. 经济新常态与政策约束下，未来融资平台转型路径及关注点

在考虑融资平台转型时，要对地方融资平台转型与化解地方债务风险、政府职能转变、国有企业改革等方面统筹考虑，避免“就转型而谈转型”。

同时，地方融资平台的成功转型有赖于地方政府从政策设计、资源统筹、人员安排等多方面予以配合支持，为平台企业存量债务风险有序缓释、在建项目平稳过渡创造良好的外部环境。具体转型路径可借鉴以下方面。

（1）结合国有企业改革分类转型。融资平台依据公益性强弱，盈利能力有所不同。明确平台企业及资产定位，是推进平台转型、实现资产有效整合重组的重要基础。借鉴《关于深化国有企业改革的指导意见》对国有企业的分类思路，融资平台资产可根据业务内涵分为三类：第一，公益类，即主要承担纯公益型政府投资项目，如路桥、扶贫等；第二，运营类，即业务有一定收入但尚无法覆盖成本，或涉及民生的重要领域，如水务、学校等；第三，商业类，即处于充分市场竞争领域且能自负盈亏的项目，如房地产、旅游等。针对上述三类，可分类进行考核与转型。

第一，业务重合平台推进资产整合重组。对于辖区内有多家平台、平台定位相似且平台业务有重叠的区域，可以通过股权划拨的方式，将业务相似或者互补性较强的板块重组整合，成立新平台。由此发挥规模效应，减少外部融资成本与无效竞争，增强管理的有效性及针对性，优化区域资源布局结构。

第二，商业类平台提升市场化竞争力。市场化转型过程中，融资平台还应根据既有资源禀赋，拓展多元化业务，提升市场化经营水平，并可适度推进股权多元，引入先进的人才与技术，建立现代化的公司治理体系，提升企业综合竞争力。

第三，“空壳类”平台坚决退出。“空壳类”城投，指主要负责资金筹集，然后拆借给辖区内其他公益性项目用款主体，还款来源主要依靠地方政府。由于不从事具体业务，只是地方财政举债融资的通道，该类平台并无存续必要，可通过撤销退出历史舞台。

近年来，重庆市的融资平台转型过程和规划较为明显地体现了分类转型的特点：如将重庆地产集团和重庆渝富集团组建成投控集团；将建投集团与煤炭燃气集团整合，更名为能源集团，转型为能源产业类集团，不再承担基础设施建设营运的职责，而转型为专注煤炭、电力、燃气等领域的工商企业，完全进行市场化发展；而重庆交旅（原重庆市高等级公路建设投资有限公司）在费改税高速公路收费取消后，便不再从事高等级公路建设工作，而是划拨入重庆旅游投资集团，在某种意义上退出了现有平台。

（2）转型中妥善处理融资平台与政府之间的关系。在融资平台转型过程中，需要妥善处理政府与融资平台之间的关系。由于地方政府既是融资平台的股东，又是融资平台转型后承担公益性项目的核心客户，融资平台既要重点理顺与政府的管理和业务关系，还要获得政府对企业转型的有力支持。在理顺与政府的管理和业务关系上，重在落实政企分开，建立政府对融资平台的有效考核机制，从而促进地方政府从“管理职能”向“监督职能”的转变，利用市场手段而非行政手段引导融资平台发展。融资平台长期从事基础设施建设和公用事业服务，在转型过程中仍离不开地方政府的有效支持。地方政府应在推进优质国资整合、妥善处理存量债务、支持推进资本运作、授予特许经营权、推动混合所有制改革等方面给予融资平台更多转型支持。

（3）循序渐进推进平台转型，避免一刀切激化与衍生风险。地方融资平台转型实则是地方政府投融资机制的变革，“如何转”“转向哪”“转多久”均与当地基础设施发展阶段、投融资结构等密切相关，不能一概而论，应因地制宜。地方基础设施发展水平较高，基建类项目大多进入运营盈利阶段，且社会资本较为活跃、政府财政实力较强的区域，地方融资平台转型的外部条件较好，转型路径较为多元。地方基础设施欠账较多，民间投资等社会资本发展不足，地方政府财政水平也较差的区域，地方融资平台转型的阻力较大。盲目的一刀切式转型不仅无助于缓释风险，反而易激化乃至衍生更多风险。在推动地方融资平台转型的过程中，应结合所在区域的整体情况采取差别化转型路径，循序渐进，妥善推进。

◎ 防范地方政府债务风险与促进投融资平台转型的建议

2014 年以来，在持续的监管趋严下，地方政府显性债务风险总体可控，但是，在地方政府财权与事权不匹配的问题并未得到根本解决的大背景下，地方政府隐性债务快速增长，蕴藏了巨大的风险。未来，仍须进一步加强顶层制度设计，健全财权与事权合理匹配的财税体制，完善并贯彻落实各项监管制度，从多个角度防范地方政府债务风险。同时，考虑到城投平台是地方政府隐性债务的主要载体，防范地方政府债务风险必须与城投平台转型有机结合，同步推进。此外，还应进一步规范 PPP、产业投资基金等新兴地方政府融资方式，避免地方政府违规使用这些融资方式，增大隐性债务。

1. 多方举措防范地方政府债务风险

(1) 财权与事权合理匹配的财税体制是地方债务风险管理的基础。1994 年实行的“分税制”改革，彻底扭转了中央和地方的收入格局，解决了当年中央财政紧缺的问题，但是中央与地方财政事权和支出责任划分不尽合理，地方政府财政收入占全国财政收入的比重约为 50%，其支出占全国财政支出的比例却超过 80%。因此，要真正消除地方政府债务风险，必须真正建立财权与事权合理匹配的财税体制。2018 年 2 月份，国务院印发《基本公共服务领域中央与地方共同财政事权和支出责任划分改革方案》(以下简称《方案》)，新时期财政事权与支出责任划分改革取得突破，后续仍须进一步出台其他细分领域的中央与地方财政事权和支出责任划分方案，形成全方位、权责明确的中央、地方财政事权和责任划分体系。与此同时，税收体系仍须进一步完善，形成“以共享税为主、专享税为辅”的中央和地方收入划分体系，适当提高地方的共享税分享比例，增加地方主体税收来源。值得一提的是，中央与地方对共享税的分享比例一旦确定，应在较长时期内保持稳定，以保证体制激励效果。

（2）加快推进地方政府债务信息公开，提高债务管理的透明度。2017年以来，在加快地方政府债务信息公开方面取得了重要进展：2017年6月，《全国和地方资产负债表编制工作方案》经中央全面深化改革领导小组审议通过；2018年3月，财政部发布《政府综合财务报告编制操作指南（试行）》；从2017年年末开始，财政部逐月公布地方政府债券发行和债务余额情况。但从当前来看，我国地方政府债务信息公开仍有诸多不完善之处。一方面，财政部公布的地方政府债券发行和债务余额情况，仅是地方政府直接债务，而实际上地方政府债务结构复杂，相当一部分债务以城投平台债务、国有企业债务、PPP等隐性债务形式存在，信息高度不透明，隐藏着巨大的风险。另一方面，当前我国地方政府债务口径不统一问题依然存在。从横向上来看，财政部、发改委、审计署以及各地地方政府的统计口径并不完全统一；从纵向上来看，地方政府不同时期披露债务数据具有较多随意性，没有统一方式。在制度不完善的情况下，我国地方政府债务的信息涵盖与披露方式需要做出特别的设计，应根据我国地方政府债务的实际情况，对隐性债务予以充分考虑，以更为准确地评估地方政府的实际债务水平。与此同时，债务信息的公开应形成完整的制度，有关部门及地方政府应按一定的时间频次、可比的统计口径持续进行债务信息公开，以合理引导和稳定各方预期。

（3）完善债务风险预警机制，加大对高风险地区的约束和惩罚力度。国务院办公厅于2016年10月印发的《地方政府性债务风险应急处置预案》对地方政府债务信息报送及债务风险事件处置进行了详细规定，明确“市县政府年度一般债务付息支出超过当年一般公共预算支出10%的，或者专项债务付息支出超过当年政府性基金预算支出10%的，债务管理领导小组或债务应急领导小组必须启动财政重整计划”，明确财政重整计划包括但不限于暂停除法律、行政法规和国务院规定的财税优惠政策之外的其他财税优惠政策，压缩基本建设、政府公用经费等各项支出，控制人员福利等多项内容，并提出依法追究有关人员责任等。2018年3月，财政部发布《关于做好2018年地方政府债务管理工作的通知》，再次强调加大对高风险地区债务风险的防范力度，首次提出研究制定对高风险地区政府投融资行为的约束性措施。值得一提的是，当前我国地方政府显性债务风险总体可控，而隐性债务风险较大，且由于信息不透明，可控性依然不足，它的爆发同样可能对地方政府信用和经济发展产生极为负面的影响。因此，在债务风险预警和防控体系中，尤其需要关注隐性债务风险，做好隐性债务摸底是进一步防控地方政府债务风险的前提。同时，对隐性债务风险较大地区相关人员的追责也应进一步加强。

（4）切实贯彻落实已出台的系列政策，妥善解决存量债务风险，规范新增债务管理。43号文发布以来，围绕“开前门、堵后门、修明渠、堵暗道”的规范，地方政府债务管理以及投融资平台举债等方面的政策不断出台。2017年以来，在“防风险”背景下，中央针对政府通过城投平台违规举债、明股实债、PPP不规范等行为，相继出台了《关于进一步规范地方政府举债融资行为的通知》（50号文）、《关于坚决制止地方以政府购买服务名义违法违规融资的通知》（87号文）、《关于进一步增强企业债券服务实体

经济能力 严格防范地方债务风险的通知》(194 号文)、《关于做好 2018 年地方政府债务管理工作的通知》等文件。这一系列政策如果能切实贯彻执行，实际上是可以妥善应对地方政府债务风险、规范投融资平台举债的。但在实际操作中，在中央和地方财税关系没有根本改变的前提下，融资平台依然履行着重要的基础设施建设职能，导致违规举债行为难以杜绝。同时，在隐性债务摸底尚未完成的情况下，存量债务风险处置难以有的放矢。此外，市场依然存在一定的“兜底”幻觉。因此，要保证已出台的系列政策贯彻落实，一方面要持续推进央地财税体制改革，另一方面地方政府债务统计与信息披露工作仍要加大力度，同时加大督查问责力度以确保新增债务严格遵守现有政策规范。此外，在当前地方财权与事权合理匹配问题并未得到根本解决的情况下，地方政府也要充分发挥主观能动性规范税源监控，加强税源管理，多方面拓展税源，提升自身财税实力，减少对举债发展的依赖。

(5) 提高地方政府发行债券及其二级市场交易市场化水平，有效发挥其融资功能。自 2014 年新《预算法》规定地方政府可以直接发债以来，近年来，为提高地方政府发债及其债权交易的市场化水平，中央政府在政策方面做了不少努力。如财政部于 2017 年 2 月 20 日发布的《关于做好 2017 年地方政府债券发行工作的通知》就特别强调“提高地方债发行市场化水平”，积极探索建立续发行机制，进一步促进投资主体多元化，改善二级市场流动性，等等。但是，在当前我国地方政府缺乏完备清晰的资产负债表和财政收入支出表、债务信息并不完全透明的情况下，地方政府信用评级差异并不显著，地方政府债券发行市场化定价依然缺乏足够的基础。要提高地方政府债券发行市场化水平，仍须做好顶层制度设计。加强政府财务信息公开是实现地方政府发债市场化的重要前置条件。与此同时，建议统一地方政府发债主体与资金使用主体，允许具备条件的地市或县作为发债主体直接发债。此外，提高地方债二级市场流动性，完善做市商制度，打通银行间和交易所市场，鼓励更多投资者进行二级市场交易。

2. 化解存量债务风险，促进投融资平台转型

(1) 妥善处置融资平台存量债务。当前，融资平台部分债务存在一定的偿还风险。对该类存量债务的妥善处置，是妥善化解地方政府隐性债务风险与推进融资平台顺利实现转型的关键。对存量债务的妥善处理，需要厘清负债来源的项目性质：经营性项目所负债务，应主要依靠经营性收入保障偿还；公益性项目所负债务，可在政府的统筹协调支持下妥善处理。处置方式包括：第一，资产盘活，通过出售、转让、拍卖、租赁、资产证券化等方式将存量资产盘活，提升流动性，减轻债务负担，提高公司运营效率；第二，政府协调辖区内资源，将能够产生现金流的优质资产、特许经营权等注入平台，增强融资平台实力，推进融资平台重组整合为国有资本运营公司，用市场化收入补贴其实施的公益性、准公益项目，逐步化解政府债务和风险；第三，引入社会资本进行债务重组，通过债权投资或债转股等形式为困难企业债务风险缓释赢得更多时间，并帮助融资平台利用债务压力缓解的喘息机会进行体制增项，加快转型。

(2) 完善公司治理，提升市场化竞争能力。一方面，优化企业资本结构。适度调整融资平台的国有股权比例并推进债转股，允许部分国有资本转化为优先股，推进股权结构多元化。同时，伴随平台企业转型发展，根据企业所处阶段对其负债资本与权益资本比例进行动态调整，通过优化资本结构降低融资成本，激发企业经营活力，实现可持续发展。另一方面，实施融资平台政企分开，推动平台企业由行政管理向企业管理转变，提高其市场化经营意识，加大公司制改革力度，持续完善决策机制、用人机制、

监督机制，健全公司法人治理结构，完善现代企业制度。

(3) 运用多元化市场工具，创新投融资模式。已剥离政府信用、建立现代企业制度的平台企业，可作为社会资本方或与其他社会资本方合作，积极参与PPP项目建设运营，与地方政府形成新的良性循环合作模式。同时，进入运营期且有稳定现金流的资产，如高速公路、公交公司、污水处理设施等项目均可通过发行资产支持证券或资产支持票据的形式盘活存量，补充融资缺口，形成“资产—资金”的良性循环。同时，地方融资平台可积极探索境外债券、保险资金债权投资计划等创新工具来拓宽融资渠道。

3. 规范运用产业引导基金、PPP等融资渠道

虽然当前各方对中国地方政府存在巨量隐性债务这一点达成了共识，但隐性债务规模到底有多大、其中蕴藏多大风险则众说纷纭，有关部门统计口径也不统一。当前亟须对已经形成的隐性债务进行摸底排查，以此为基础，有的放矢地做好存量隐性债务的化解工作。与此同时，必须坚决遏制隐性债务快速增长的势头。2017年以来，有关部门持续出台文件对产业引导基金、PPP等融资方式进行规范，如果这些规范能得到贯彻落实，将对地方政府通过产业引导基金、PPP等融资渠道违法违规举债产生较好的制约作用。但是，监管部门仍要持续关注，与时俱进地改进监管方式，防范地方政府在融资压力下通过金融创新规避监管、拓展其他融资渠道，导致新增隐性债务。

十四、警惕债券集中违约触发金融市场波动

◎ 债券市场融资地位凸显，扩容背景下信用风险逐步积聚

1. 债券发行规模迅速增加，企业债券融资比重明显上升

2011 年以来，债券市场发行规模逐年扩大，2018 年全年发行总额达到 43.6 万亿元。一方面，积极的财政政策推动国债、政策性银行债的供给增加，地方政府债务置换更是推动了地方债发行量，政府类债券①的发行规模呈扩大趋势；另一方面，一系列债券发行放宽政策降低了部分企业的发债门槛，企业债券融资规模扩大，占社会融资规模的比重逐年上升。

总体上看，债券市场的扩容一方面是放宽财政政策、促进经济发展的需要，另一方面是扩展企业融资渠道、完善多层级资本市场的重要一环。目前，债券市场已成为宏观经济调控的重要平台，并大力促进金融体系中的资金进入实体经济，在资本市场中的地位明显提升。

2. 债券存量规模扩大，三类债券比重上升，加大政府风险负担

从存量情况来看，债券市场存量规模逐年扩大，截至 2019 年年底，存量债券规模达 97.14 万亿元。从发行人性质来看，与政府信用相关的债券②存量规模较大，其中政府类债券所占比重最大。2019 年年底政府信用类债

---

① 政府类债券即明确由政府信用作为担保的债券，包括国债、地方债、央票、政策性银行债和政府支持机构债券。

② 与政府信用相关的债券包括政府类债券、城投公司发行的债券、国企发行的债券。

券、城投公司债券以及国企债券[①]的存量规模分别为57.41万亿元、8.78万亿元和10.86万亿元，合计占比高达79.3%。

政府类债券均由政府的信用作为支持；城投公司此前作为政府融资平台，也在一定程度上获得政府的隐性担保；国有企业由政府直接或间接投资，与政府的信用必然存在着内在的联系。随着此三类债券规模的扩大和占比的增加，中央、地方政府所负担的信用风险开始逐步累积，并且当前已有个别央企、地方国企发生信用债违约，加大了市场对发生系统性风险的担忧。

◎ 违约多点多元频发，系统性风险整体可控但须提前防范

1. 债市违约进入多发期与加速期

在经济增速持续走低的宏观背景下，债市违约风险自2012年以来开始显现。不过，最初违约的对象主要集中在中小企业集合票据和集合债发行人以及中小企业私募债上。前者在主体违约之后均由担保公司代偿，债券实质上并未出现违约；后者由于规模小且波及的投资人有限，市场影响也不大。而自2014年"11超日债"打破债券违约先河后，个券违约风险加速暴露，从私募到公募，从民营到国企，债券市场进入违约多发期与加速期，整体信用风险显著上升：一方面，尽管违约仍集中在民营企业及中小企业上，但是发生违约的国企及大型企业越来越多，特别是受到政府支持的地方国有企业也相继违约，使得市场对部分地方政府的兜底能力存疑。另一方面，违约的传染效应开始显现。传统产能过剩行业风险的逐步暴露，使得上下游相关行业的信用风险日益抬升。从券种上看，违约从中长期债务

① 国企债券特指国有企业发行的产业类债券，其中不包括平台类债券和金融债。

扩散至短期债务，反映了较多企业资金周转出现问题，由信用风险加深引发的流动性风险也在加大。与此同时，曾经渡过兑付危机的发行人在存续债再次到期时却未能避免违约，表明市场整体可获得的外部支持力量越来越薄弱，相关方兜底意愿及能力均在减弱。

整体来看，当前债券市场信用风险的陆续释放并不会引发系统性风险。首先，尽管违约事件明显增多，但与我国庞大的债券市场存量相比，违约金额及其占比依然显得微不足道。以违约金额衡量的违约率不足1%，低于西方发达市场国家；其次，无论是稳增长，还是为各类改革提供相对稳定的宏观环境，不发生系统性风险仍是政策底线，而从财政实力来看，政府抗风险能力也比较强，目前国内财政赤字率持续保持在3%以内，政府债务水平占GDP比重不到40%，这一水平与主要国家相比较低，而此前令市场担忧的地方政府债务风险也随着债务置换的推进以及限额管理等改革政策的持续推进而得到缓解。可以说，政府既有能力也有意愿防止系统性风险的发生。各项经济指标的改善也释放出经济增长的积极信号，短期内系统性风险仍可控。

2. 违约风险与资本外流风险双双抬升，警惕二者共振引发系统性风险

尽管目前国内系统性风险发生的概率不高，但违约风险的加速暴露对市场的负面影响开始显现，并有逐渐增强之势。在一级市场上，越来越多的发行人受此影响而取消或推迟发行。除了对发行量的影响外，在发行利率上，产能过剩发行人的成本明显较同等级其他类型发行人高。从级别上看，由于短期债务违约增多，出现了长短期债务成本倒挂现象，低等级短券发行利率反而高于同级别的中长期债务发行成本。在二级市场上，违约频发造成风险溢价快速上升，使得信用利差开始走阔，特别是近期信用利差扩张幅度明显加大。同时，违约对市场的冲击由高低等级评级利差拉开，

逐步变异至包括中高评级在内的所有信用品种信用利差均出现大幅扩张。由此可见，违约带来的市场冲击正呈现扩大化趋势。

在国内违约风险上升的同时，美联储加息预期、人民币汇率波动带来的资本外流风险加大，也成为威胁国内经济金融稳定的一大因素。数据显示，伴随着美联储逐步退出 QE3 并开启加息，国内外汇占款和国际资本由过去的净流入转为流出、流入并存的状态。特别是自 2015 年 8 月央行汇改以来，人民币兑美元汇率波动加大，外汇储备流失加剧。2016 年以来，在监管部门干预、美国加息预期减弱、美元走低等因素影响下，人民币兑美元汇率走势由大幅波动转为相对稳定。但随着中国资本项目的放开，跨境资本流动的阶段性特征已发生改变，由原来的净流入转变为流入、流出并存。与此同时，汇率与利率之间的联动影响也更为密切，这将加大中国金融市场的波动，增加货币政策调控的难度。

在内有违约风险上升、外有资本外流加剧风险的情况下，应当更加重视防范系统性风险。特别是，如果二者同时出现显著恶化迹象，二者之间的共振效应会增强，从而使得整体系统性风险进一步加大。一方面，违约风险集中爆发，会对市场信心造成较大冲击，导致资本外流更严重。另一方面，资本外流将制约货币政策进一步宽松，从而影响资金面。在资金收紧的情况下，更多企业可能会面临流动性风险，违约也会加速扩散。因此，尽管当前系统性风险爆发的可能性不大，但仍应居安思危，采取一定措施，防范因大面积违约带来的系统性风险上升问题。

◎ 建议对目前主要三类债务存量及时进行分类处理，进一步防范系统性风险

债券市场的风险释放公开透明，我们应对此类风险的经验和准备却

相当不足。银行信贷体系早年经历过不良资产的剥离，已经具有处理信贷风险的经验并建立了严格的监管规则与较为完备的风险管理制度。而债券市场信用风险的应对、管理和违约处置都还处在相当落后的阶段。市场应对信用风险的手段和方法单一，管理工具缺失，处置方法不明确，这都意味着：随着信用风险更多暴露，债券市场可能应对不及，发生市场震荡。不仅如此，由于规则和制度发展较为缓慢，债券市场的稳定还面临着除了信用风险之外的多种压力。首先，监管机构对债券发行和参与回购的信用等级“一刀切”的风险控制办法，不仅切断了一部分企业的债券融资通道，还容易引发中介服务机构的道德风险问题。尤其是对承销机构的风险责任约束较低，没有建立类似信贷市场的终身责任制，极易妨碍评级机构真实地揭示信用风险。其次，债券市场的分割监管导致债券市场上存在一些死角，留有风险隐患。上述风险的存在，可能引发债券市场的震荡，更可能通过货币市场和信贷市场将风险传染至整个金融市场，引发新的金融危机。因此，当前必须高度重视债券市场的风险，并采取有效措施防范风险的爆发。

1. 有必要持续推进债务分类甄别工作，完善国家及各级主体资产负债表

2014 年《预算法》修订之后，国务院、财政部等部门先后出台了《关于加强地方政府性债务管理的意见》《地方政府存量债务纳入预算管理清理甄别办法》等文件，加强依法推进债务管理，进一步规范地方政府举债行为。2015 年年初初步完成了 2014 年年末地方政府存量债务的清理甄别和核查工作，并全面实行地方债限额管理，地方债务分类纳入预算管理，建立债务风险预警机制，全面构建债务监管体系等。根据全面排查结果，考虑纳入了一部分城投融资平台类的债务之后，2014 年全

年地方政府债务为 15.4 万亿元。43 号文出台后，地方政府的融资主体已经由融资平台过渡为地方政府自身，新增债务的融资路径已得到逐步规范。但是，目前针对地方融资平台、城投类以及国企债务的清理、甄别分类工作进展缓慢，政府负有担保责任的债务和政府可能承担一定救助责任的债务规模依旧不清晰，地方融资平台、城投类企业以及国企存在一定的重合，而这几类债务在总体债务规模中的占比较大。按照经营性、公益性等原则甄别理清三类债务，对于有效控制总体债务风险尤其是政府债务风险，修复政府及各级主体的资产负债表具有重要作用，非常有必要持续推进此项工作。

2. 建议分类处理地方性政府债务等，短期缓释债务风险

在完成理清地方政府债务、地方融资平台及城投类债务、国企的债务规模基础上，建议分类处理其债务风险。对于地方性政府债券、公益类的融资平台类债券以及国企债券，建议通过政府信用背书，采用债务置换等方式来处理。但是，自 2012 年以来，受经济增长放缓、结构性减税等多种因素影响，同时考虑到后土地经济时代，土地出让收入市场的低迷使得地方政府土地财政模式难以为继，中国财政收入增长不断放缓。全国财政收入增长率已经由 2011 年的 24.8%高位回落至 2018 年的 6.2%。地方财政在偿债压力上升、收入增长减缓等各种压力下，对大规模企业债务的救助能力有限。在这方面，应考虑由中央财政发挥更大的作用，通过发行国债注资企业部门，比如对于一些盈利能力不强、财务指标差的公司，可以注入优质资产和优质项目等，在兼顾行业发展可持续性和系统重要性的前提下，让企业部门杠杆转移到政府部门，尤其是中央政府。这同时将居民和机构的储蓄转移为政府债券的投资，有助于

提高存款的使用效率。

经营性国企的债务主要采取市场化方式处置。经营性国企包括一些产业类融资平台以及充分竞争领域的国有企业[①]。一方面，鼓励融资平台公司兼并重组，优质资产兼并劣质资产，通过兼并重组，提高企业整体的资信水平；另一方面，鼓励充分竞争类别的国有企业采用市场化方式解决其债务问题。国有企业在过剩产能行业占比较大。从退出机制和国有企业改革来看，产能过剩的国有企业的处置最好与发展混合所有制经济更有机地结合起来；推进公司制股份制改革，积极引入其他资本，实现股权多元化。民营资本的进入可以提供一部分资金来源，还可以提高公司的管理水平和经营能力，对企业的长期发展具有促进作用。与此同时，自然垄断性质的国企，不断放开其竞争性业务，从而促进公共资源配置市场化。

3. 利用好“债转股”，扩充企业资本，缓释具有救助价值企业的债务风险

2016 年 3 月初，就有外媒传出消息称，中国将出台相关文件，允许商业银行不良资产处置领域实施“债转股”[②]。目前，实质性涉及的债务重组案例中，更多涉及的是“贷转股”。建议进一步扩大范围，利用市场化手段，推进有潜在价值、出现暂时困难的企业的“债转股”。对债务人

---

① 根据国资委、财政部、发改委于 2015 年 12 月出台的《关于国有企业功能界定与分类的指导意见》，将国有企业划分为商业类和公益类两大类，而商业类国企分为充分竞争、国民经济命脉和自然垄断三个子类。

② 此后高层领导密集对“债转股”政策表态：李克强总理先于“两会”期间表示，可通过市场化“债转股”的方式来逐步降低企业的杠杆率，随后在博鳌论坛上又再次发声，提到“探索用市场化的办法进行债转股”；4 月 3 日，国开行人士说明，首批“债转股”规模为 1 万亿元，将在三年或更短时间内完成；央行行长也在公开场合表示，“债转股”是一项新的计划，尚未完全披露，主要是为了降低企业杠杆，一些细节仍在讨论之中。熔盛重工（华荣能源）、中钢集团以及二重重装在债务重组计划中已经包括了“债转股”。

而言，“债转股”可以减轻债务负担，释放出更多资金支持生产经营，有利于企业扭亏为盈；对债权人而言，待企业经营改善后，债权人可通过股票分红或股票增值转让的方式收回资金。然而，“债转股”这项政策本身存在较大的道德风险，不排除部分参与“债转股”的企业故意借此赖账或更加失去改善企业经营的动力。对银行而言，一方面面临国内法律对其持有企业股票的限制；另一方面，“债转股”将使得相应资产的风险权重大幅上升，从而增加对其资本的占用，而如果企业不能改善经营或股权转让受阻，银行则还会面临更大的资产损失。同时，考虑到当前煤炭、钢铁等产能过剩行业不良贷款问题较为突出，该政策的正式出台或将有助于推动产能过剩行业重新整合，加快落后产能的退出进程，但是实施不当也有可能成为过剩产能的温床。可见，实施“债转股”将面临一定的风险，其究竟能否缓解信用风险、改善银行资产质量，关键在于实施“债转股”的企业能否走出困境，恢复盈利，银行能否顺利转让股权也是同等重要的因素。核心资产价值高、流动性压力大、本身前景良好或具备转型为前景良好产业条件的企业更适合参与“债转股”。而随着“债转股”政策的落实，后续需要进一步完善股权退出机制，为银行日后转让相关资产建立相关的制度条件。

◎“三去一降一补”背景下，多举措化解债务风险意义重大

随着供给侧结构性改革加快推进，“去产能、去库存、去杠杆、降成本、补短板”成为经济发展的重中之重。在“三去一降一补”背景下，加快债务分类处置、有效化解债务风险将对当前乃至未来产生重要积极影响。

1. 短期：稳定市场信心，降低系统性风险发生概率

在化解债务风险的多项举措中，首先，持续推进债务分类甄别工作将有效提升国家对债务总量的整体把控能力，提高风险监控防范水平，对存量债务风险做到可知可控，并为有效构建债市风险预警机制奠定基础。其次，在梳理甄别债务的基础上，针对不同债务类型，通过政府信用背书或市场化方式分类处置，将在短期内及时缓解地方政府、融资类平台及部分国有企业的偿债压力，优化其债务结构，降低融资成本，缓解破产风险，从而减轻近期违约事件集中爆发所导致的市场恐慌情绪，并防止恐慌加剧所引发的集中抛售或挤兑情况，预防信用风险向流动性风险蔓延等连锁反应。最后，妥当运用“债转股”工具，扩大“债转股”范围，可逐步帮助困难企业扩充资本，降低杠杆率，优化资产负债结构，使其走出暂时性经营困境，并运用市场化手段探索解决债务问题的长效机制。以上多层次、多维度化解债务风险的举措，将在短期内及时、有效地稳住市场预期及投资者信心，缓解债市波动带来的不利影响，保证市场流动性合理充裕，降低系统性风险发生概率，确保金融市场健康有序运行。

2. 中长期：释放企业经营活力，加快结构转型步伐

从长远看，多举措化解债务风险在去杠杆、降成本的同时，将使债券市场支持实体经济的传导机制更加畅通，提升社会资源配置效率，促进过剩产能有效化解，带动产业结构优化升级。一方面，企业偿债压力的显著下降，使企业能够将更多资金与精力运用于技术设备的更新改造，从而充分释放企业经营活力，为企业转型创造良好条件，积极推动供给侧结构的创新优化，以新的有效供给带动新需求，自下而上倒逼市场过

剩产能出清。另一方面，产业结构重塑具有系统性与长期性。在此背景下，过剩行业债务风险暴露或呈常态化趋势，寻求化解债务风险的长效机制，实现债务风险的有效防范，是守住不发生系统性及区域性金融风险底线的重要前提。与此同时，全面深化改革已进入深水期与攻坚期，经济社会的稳定运行是各领域改革纵向推进的重要保障。债券市场作为金融体系的重要一环，其风险能否有效化解往往牵一发而动全身。多举措及时应对，缓释当前系统性风险，将为经济转型期各项改革加快落地争取宝贵时间，是加快结构转型步伐、抓住改革窗口期的重要之举。

十五、防范区域性金融风险的四个方面

2008年次贷危机爆发以来，中国金融市场已经先后于2011年和2013年进行了两轮分别针对票据市场和“影子银行”的监管政策收缩行动，都在不同程度上遏制了金融机构盲目扩张和加杠杆行为，缓释了金融市场风险。随着2014年以来降息、降准等政策的实施，金融机构负债端依靠同业业务开启了新一轮加速扩张。同时，资产端的股票、债券、房地产价格在杠杆推动下轮番上涨、急速膨胀，加上近几年宏观经济下行探底期间，经济刺激政策积累下来的巨大债务逐渐难以为继、开始出现违约，外部环境方面美联储货币政策收缩让资本外流、人民币贬值的压力持续加大，中国金融风险已经从多个角度有所显现。从历史经验来看，金融危机爆发的形式大致可以总结为三种：一是债务不能延续的危机，如欧洲主权债务危机；二是金融产品在杠杆交易下价格大幅下跌的危机，如美国的次贷危机；三是资产价格泡沫破灭的危机，如日本的房地产泡沫危机。考虑中国金融市场面临的形势，股票和债券市场都已经各自经历了局部的出清，监管部门也已经及时加强对金融产品交易的杠杆限制，风险没有进一步传导到实体经济，但债务的延续压力和房地产价格泡沫的压力仍然较大。

2016年7月，中央政治局会议提出“要有效防范和化解金融风险隐患”；12月，中央经济工作会议再次明确提出“要把防控金融风险放到更加重要的位置”。2017年10月，党的十九大报告提出要守住不发生系统性金融风险的底线，可见防范金融风险的迫切性和重要性。聚焦到区域金融风险的防范，主要关注以下四方面的问题。

◎ 关注信用风险变化趋势，防范爆发区域性债务危机

次贷危机以后，中国实体经济对金融体系的依赖愈发加深，伴随企业资产负债表不断扩张的是快速积累的债务。数据显示，中国企业部门的债务与 GDP 之比在 2016 年年底高达 162.1%，在总债务中占比超过 2/3，远高于世界其他主要经济体的企业部门负债水平。但是，伴随着宏观经济增速下行，企业盈利水平逐步下降，导致偿债压力持续增加，这就使得债务的维持和滚动高度依赖在金融市场的再融资。这意味着，一旦金融市场的投融资功能出现问题，就可能造成大规模的企业资金链断裂，债务违约甚至破产倒闭有可能集中出现，由此引发的失业问题和经济停滞对经济社会稳定将带来巨大伤害。因此，稳定金融市场，保持市场活力，防范以债务风险为主的金融风险是中央力求“稳中求进”的重要基础。

从实体经济债务风险的表现来看，公开市场上违约的债券逐年增加。据统计，2018 年全年，债券市场有 123 只债券违约，违约金额将近 1 200 亿元。违约企业主要表现出四个特点：一是从企业的性质上看，虽然非国有企业比较多，但是国有企业，包括央企和地方国企，都已经有违约出现，而且违约金额往往要比非国有企业大得多。二是从行业上来看，一半以上是产能过剩行业的企业，并且 2016 年开始出现违约的行业范围明显扩大，如建筑、批发零售、食品加工等。三是从违约后的影响来看，不少企业尤其是国有企业出现多只债券的连环违约，且后续处理的进展缓慢，相比之下，非国有企业的处置速度较快。四是区域性违约风险增多。早在 2014 年中小企业开始出现违约时，区域性的中小企业互保问题就有所暴露，而后陆续出现的辽宁、山东等地区的区域风险涉及的企业各自对当地经济有一

定的影响，更可能引起市场上规避风险的连锁反应，加剧地区的投融资困难。

企业信用风险在公开的债券市场上显露，意味着在信息更为封闭的银行信贷、非标融资、民间借贷等领域可能已经出现更多违约。深圳地区企业经济金融活动的活跃度一直较高，企业信用质量整体较好，公开市场债务风险较低。但近两年宏观货币政策和金融监管政策都明显较此前收紧，这客观上减少了企业的资金来源，加大了部分企业的再融资压力，出现个别风险事件的可能性有所增加。由于市场对区域风险较为敏感，对于公开的债券市场和非公开的债务市场，包括信贷、信托产品等融资渠道，监管部门可以给予适当关注，金融机构应加强对重点客户的风险监控，对可能出现的风险点及时控制，以避免局部风险发展成区域性风险。长期来看，化解债务风险还要依靠供给侧改革的持续推进对企业、行业和整体经济环境的带动。

◎ 既要抑制资产泡沫膨胀，又要避免资产价格断崖式下跌

资产价格泡沫是债务风险的另一面。前期经济刺激政策让大规模的货币以债务的形式投放出来，在资产端则轮番吹起资产泡沫，具体表现为2015年股票市场的暴涨、2014年以来债券市场连续两年多的大牛市，以及2015—2016年一、二线城市房地产价格的爆发式上涨。在实体经济低迷的背景下，资金“脱实向虚”，金融资产和房地产价格的大幅上升对实体企业的挤出效应更加明显，也是造成制造业迟迟不能走出经济周期底部的原因之一。尤其是资金在房地产市场的聚集，不仅挤出了实体经济的投资，更让资金锁定在相对长期的固定资产投资上，降低了居民的消费能力，更加弱化消费对经济增长的支撑。可以看出，抑制资产泡沫是防范金融风险的

一项重要任务。

但是，资产价格泡沫形成后，如果泡沫破裂，对金融市场和实体经济的打击都将是更加剧烈的。房产和土地是金融市场最重要的抵押品，背后支撑着巨大的债务，如果房地产价格断崖式下跌，金融市场抵押品短期内大幅贬值，债务人追加抵押物的压力将骤然增加，金融机构不良率也将不可避免地大幅攀升。同时，在较高的存量债务压力下，资产价格大幅下跌往往还可能使经济陷入“债务—通缩”循环，即抛售资产偿还债务的压力可能进一步压低资产价格，反过来继续增大偿债压力。届时，银行各类监管指标和流动性都将面临压力，金融市场的投融资功能可能停摆，进而在更大范围内引爆企业的债务危机。

从资产价格的两种极端情况可以看出，防范金融风险应当保持资产价格的相对稳定，既不能让其不受控制地快速膨胀，也不能让其失速下跌。从中国当前面临的形势来看，房地产价格的泡沫在局部已经形成，政策制定者面临既要避免价格继续过快上涨，又不能让其断崖式下跌，尽量实现逐步释放泡沫压力的难题。值得注意的是，2016 年开启的这一轮房地产价格上涨不仅让房贷总量增加、居民部门债务/GDP 整体上升，更大的问题是“首付贷”等信用类贷款投入房地产市场，无形中提高了单户居民的杠杆。以用信用贷支付 50％首付的家庭为例，购房的杠杆倍数由原来的 2.5 倍、3 倍直接扩大至 5 倍、6 倍。这样高的杠杆比例将房价跌幅的缓冲区间由过去的 30％～40％压缩了一半，增加了房地产价格的脆弱性，也增加了政策上实现缓慢释放泡沫压力的难度。有关部门在应对控房价的政策目标时，需要将这种高杠杆的情况纳入考虑，避免在抑制价格泡沫的过程中引发受到杠杆加强的快速下跌。

◎ 加强区域金融机构风险监控，建立监管协调机制

债务的积累不仅让实体经济偿债压力上升，还让金融体系内部运行发生变化。2014 年以来，以银行为核心的一系列金融机构以同业业务为依托，开始了新一轮表内和表外资产的快速扩张，金融体系杠杆水平整体上升。事实上，无论是此前大行其道的“影子银行”，还是 2017 年 11 月央行发布《关于规范金融机构资产管理业务的指导意见》前两年快速增长的同业业务，都是金融体系自我膨胀的表现。这种自我膨胀加剧了资金在金融体系内部的循环流动，降低了资金对实体经济的支持效率。

在这样的运作模式下，企业融资的链条越来越长，融资过程中牵扯的中介机构数量不断增加。由于参与机构的增多，企业融资链条的敏感性和脆弱性也随之上升，其中有一环出现风险，就将影响整个链条的运行，风险传导的速度大大加快，影响的范围也明显加大，给监管带来相当高的难度。各类金融机构之间业务往来的程度日益加深，这决定了风险一旦出现就会很快地在机构之间传播。只有监管部门之间通力合作，才能在风险出现的第一时间及时进行有效的应对，防止风险在地区金融系统内蔓延。在这样的形势下，共同加强对区域内金融机构的风险监控，建立监管部门之间的协调合作机制，就显得尤为重要。

◎ 加强对新兴金融业态、跨境资本流动的监控

2016 年以来，以 P2P 网贷平台、第三方支付为代表的新兴金融业态在经历了前期一轮大幅增长之后，随着相关监管政策的陆续出台，增速明显放缓且陆续开始有风险暴露出来。这其中，以 P2P 网贷平台的负面影响最为严重。

在金融机构长期偏好大企业、对小企业和个体商户金融供给不足的背

景下，P2P 网贷平台的出现在供给侧填补了这一空白。但是，在融资方的风险水平和投资人的风险承受能力匹配方面，网贷平台实际上扭曲了二者的关系。小企业和个体商户的信用风险理论上高于运转成熟的大中型企业，它们的信用记录较少，难以提供有效的担保。传统的金融机构只有通过长期和深入的了解才有可能开展相关业务。针对它们的民间借贷往往是基于有限范围内的熟人社会维持运转。而网贷平台上的投资人分散在全国各地，大多是没有专业风险辨识能力的普通投资者，青睐保本投资。他们被平台上发布的高利息收益吸引，对融资方的风险水平并没有足够的了解，也没有承担这高利息背后的高信用风险的能力。这样的扭曲，一方面使得网贷平台出于扩大规模的考虑，违规操作，以各种方式为投资人的资金提供担保；另一方面，一旦网贷平台出现问题甚至涉及欺诈、非法集资，影响到的投资人范围和损失金额往往是巨大的，产生的社会影响也较为恶劣。

2015 年，人民银行等十部委联合发布《关于促进互联网金融健康发展的指导意见》，明确了银监会的行业监管地位。以此为标志，有关网贷平台定位、职能、资金管理方式、信息披露等重要问题的监管政策逐渐建立和完善起来。尽管目前部分网贷平台通过与第三方机构的合作在信用风险披露等方面有了一定的改善，但由于平台上投融资双方风险水平和承受能力之间的错配仍然存在，投资人的风险识别能力仍然不足，区域的监管部门需要继续予以足够的重视。

总体来看，防范区域性金融风险的重点一方面在于避免个别企业的违约风险向更大的范围蔓延，另一方面在于抑制地区资产泡沫的继续膨胀，同时避免泡沫破裂。此外，对新兴金融业态和跨境资本流动的监控也有助于防范本地区金融风险。监管部门之间应加强合作，建立有效的协调机制，共同完成防范金融风险的任务。

十六、来次小型金融危机又何妨

最近几年，我国经济发展碰到了一些问题和困难，引发国内外一些所谓专家学者的议论，认为中国经济已经到了危机边缘，甚至“中国经济崩溃论”等危言耸听的说法一度甚嚣尘上。一方面，我并不认可这样的观点。借用金融领域的一个词汇，我依然“看多”中国。从全球范围看，中国是一个值得投资的国家。另一方面，目前我国经济运行的实际状况又让我们不能不重视、警惕我国发生小范围经济或金融危机的可能。正视问题，确立看待危机的正确观念，以客观的态度理清当前我国经济存在的关键风险点，从“道”和“术”两个层面思考，可以防患于未然，或者有助于我们在危机真的到来时有效制定应对的措施和对策。

◎ 市场经济条件下应该确立正确的危机观

对我们来说，“危机”是一个不新鲜但是也不熟悉的事物。

危机对我们来说并不新鲜。从世界经济发展史看，从 1788 年英国棉纺织业爆发第一次过剩危机以来，周期性爆发的经济或金融危机一直是国外经济体的顽疾。从近一个世纪看，除 1929—1933 年的世界经济大萧条和 20 世纪 70 年代的“滞胀危机”外，即便是 20 世纪 80 年代世界经济进入“大缓和”的黄金时代后，世界经济依然先后遭遇了日本经济危机、拉美债务危机、亚洲金融危机、美国互联网泡沫，以及 2008 年的次贷危机和随后的欧洲主权债务危机。西方主流经济学家甚至有将经济危机“自然化”的趋势，将其看作自然规律的表现，看作人类社会不可避免的定期或不定期的遭遇。

不熟悉是因为我国没有真正爆发过经济或金融危机。改革开放以来，我国的经济发展并不是一帆风顺的，曾碰到很多难题，比如20世纪80年代末“价格闯关”失败带来的高通胀，90年代关于计划与市场的大讨论、中央财政危机、三角债问题和国有企业破产，21世纪初的互联网泡沫，以及次贷危机前几年的经济持续过热，但这些问题都被宏观和微观经济主体智慧地化解了。同时，受益于制度红利、人口红利、全球化红利等一系列有利因素，中国经济得以持续稳定快速增长，中国发展为全球第二大经济体。从世界经济发展历史看，能够保持如此长时间的经济快速增长且没有爆发危机，已经称得上一个奇迹。问题是，我们能否延续或者说一直保持这样的奇迹？

对于经济危机的成因，马克思从制度层面做了剖析，认为危机是资本主义制度的伴生物，其根本原因在于资本主义制度本身的缺陷和资本主义的基本矛盾，即生产社会化与生产资料的资本主义私人占有制之间的矛盾。虽然我国实行的是以公有制为主体的社会主义经济，但现阶段我国生产关系结构、经济制度结构、经济主体结构的多元化特点，决定了我国有爆发与资本主义国家类似的周期性生产过剩危机的可能①。西方主流经济学家的危机成因理论回避了资本主义制度存在的根本性缺陷，否认经济危机是资本主义制度的必然产物，转而从市场经济本身的缺陷甚至是非经济因素比如自然灾害、心理因素、政府干预等出发探讨危机的成因。比如，西方经

---

① 张作云．现阶段必须高度重视我国发生金融和经济危机的可能性．当代经济研究，2016(12)：27-37.

济学中的经济周期理论认为，经济危机或者说经济的周期性波动是市场经济体制下的必然产物，与经济运行机制而非特定的社会经济制度相关。只要有市场经济，就有经济周期波动，就可能有经济危机。抛开意识形态不谈，两种理论均有合理性和科学性，且从中都可以合理推出随着公有制为主体的市场经济的建立，从理论上说我国有爆发经济危机或者金融危机的可能性。因此，确立正确的危机观、对危机有客观的认识和判断显得至关重要。

树立正确的危机观关键是认识到危机的两面性，即危机有破坏性的一面，也有创造性的一面。危机的破坏性不言而喻。从生产设备闲置、企业大规模破产倒闭、失业率提高，到货币贬值、银行呆坏账堆积、金融市场动荡，虽然危机的具体表现各异，但最终都导致经济增长停滞或倒退，生产和生活遭到严重破坏。随着经济危机从产业危机转变为金融危机特别是货币危机、债务危机，不管是从广度还是深度看，危机的破坏性都变得更强了。危机也有积极的、创造性的一面。现实中一次次的经济周期已经证明，经济波动走向崩溃和危机的趋势是市场经济的常态。从失衡向均衡的恢复单靠市场自身无法实现，必须借助危机的“暴力”，通过“暴力”去除过剩产能及去杠杆，“强制”让失衡的市场供求恢复均衡①。危机是经济结构破坏性调整的契机，使得经济从失衡恢复到均衡并催生新的产业，进而带动经济继续向前发展。西方国家每隔几十年甚至是十几年就会爆发一次危机，但是危机并没有改变它们经济增长的长期趋势，也正在于危机具有积极性、创造性的一面。因此，面对危机，既不必讳莫如深，也不必谈之色变。

---

① 马克思恩格斯全集：第 26 卷（上）. 北京：人民出版社，1972：581.

◎ 金融危机在中国可能的引爆点在哪里

金融危机需要现实问题的催化和引爆。我们不妨先结合危机的历史来总结归纳金融危机的引爆路径或表现形式，再结合我国的现实情况做对比分析并找到潜在的风险点。

从经济史看，20 世纪以前，产业资本在经济中占主导地位，经济危机相应主要表现为产业危机。此后，随着金融资本取代产业资本占据主导，经济危机更多表现为金融危机。随着金融资本逐渐异化为虚拟资本，金融危机主要表现为货币危机和债务危机。1997 年的亚洲金融危机是典型的货币危机，20 世纪 90 年代初墨西哥和阿根廷的危机以及 2011 年爆发的欧洲主权危机则是债务危机的代表。此外，2008 年美国次贷危机和 20 世纪 90 年代初日本经济危机则代表了金融危机的另外两种引爆路径，即金融产品流动性丧失和资产价格泡沫破裂。当然，这四种形式往往不是彼此隔离的，而是互通的，在同一轮危机中通常会有不同程度的体现。那么，中国是否存在这样的风险引爆点？次贷危机后，虽然借助体制机制和发展型政府的力量，我们克服了很多困难，但是并没有消除危机的隐患，风险特别是债务风险仍在累积，外部环境的不确定性则增大了人民币汇率波动的风险，金融杠杆交易带来的隐患也不容忽视。

首先看债务情况。从总体债务情况看，表 16－1 和表 16－2 列出了部分国家宏观债务率（以债务/GDP 衡量）的变化情况。不难看出，整体而言，大部分样本国家次贷危机后债务水平有所提高，我国债务负担高于其他发展中国家，接近发达国家的平均水平。如果说宏观债务水平还算温和可控，中国债务水平的增速则值得担忧和关注。2008—2015 年，仅用了 7 年时间，中国债务率就提高了约 100 个百分点。相比之下，美国发生这一变化用了

30 年。债务快速增加可能引发一系列问题，特别是考虑到有利可图的项目在任何特定时间都是有限的，任何经济体都很难在短期内有效配置如此多的资本。随着投资回报率的持续下降，可能会有越来越多的信用风险暴露出来。

表 16-1　　部分发达经济体总债务/GDP 变化对比（%）

年份	发达国家※	美国	加拿大	法国	意大利	德国	英国	新加坡	韩国	日本
2004	238.9	212.0	218.5	209.9	204.3	194.1	199.2	197.8	156.0	325.8
2005	222.2	214.0	212.0	215.5	211.7	193.8	209.4	192.6	162.0	326.6
2006	234.4	219.0	215.8	214.2	215.5	189.1	215.6	180.7	176.0	320.9
2007	242.6	228.0	220.7	216.3	219.2	180.8	221.3	183.5	183.0	315.9
2008	239.7	239.0	227.4	229.3	225.5	184.4	243.3	204.9	200.0	327.5
2009	267.3	246.0	254.6	248.4	244.2	195.4	257.1	216.1	207.0	353.1
2010	269.3	247.0	253.3	252.4	244.5	198.9	262.5	216.1	205.0	351.9
2011	261.3	251.0	256.7	262.4	235.4	193.7	272.4	216.1	212.0	369.4
2012	271.7	251.0	266.0	275.8	258.0	196.2	275.6	216.1	217.0	374.1
2013	268.4	247.0	267.0	275.7	263.5	191.7	264.1	216.1	221.0	382.6
2014	257.0	249.0	272.9	289.0	275.8	188.5	267.7	216.1	228.0	392.0
2015	268.3	249.0	290	290.7	274.2	184.0	265.1	216.1	235.0	387.7

资料来源：根据国际清算银行统计数据库整理。

注：※为国际清算银行纳入统计的发达国家的平均水平。

表 16-2　　部分新兴经济体总债务/GDP 变化对比（%）

年份	新兴市场※	中国	巴西	阿根廷	墨西哥	俄罗斯	非洲	印度	马来西亚	泰国
2004	124.2	159.6	102.0	147.5	44.8	58.5	94.6	124.0	171.2	127.9
2005	115.2	151.3	102.0	92.0	44.2	52.8	98.9	126.0	162.0	121.3
2006	117.1	150.6	104.0	81.5	46.0	50.5	106.0	127.0	154.8	116.7
2007	121.3	151.3	107.0	72.5	49.4	58.4	105.0	126.0	149.4	113.6
2008	108.3	147.0	111.0	63.7	54.6	62.6	106.0	128.0	146.6	114.3
2009	141.0	181.9	115.0	64.2	58.0	69.2	106.0	130.0	172.8	122.4
2010	138.7	184.4	118.0	57.4	57.0	63.8	106.0	127.0	169.5	123.2
2011	132.1	184.3	122.0	53.4	59.9	64.6	108.0	125.0	171.9	133.6
2012	146.3	199.2	128.0	55.8	60.9	66.6	113.0	127.0	175.8	137.9

续前表

年份	新兴市场※	中国	巴西	阿根廷	墨西哥	俄罗斯	非洲	印度	马来西亚	泰国
2013	155.1	215.6	129.0	59.2	66.6	74.9	116.0	127.0	183.5	146.8
2014	160.3	229.4	135.0	58.4	70.2	87.3	119.0	126.0	185.7	150.9
2015	176.4	249.4	148.0	68.8	76.3	90.2	126.0	129.0	193.2	156.1

资料来源：根据国际清算银行统计数据库整理。

注：※为国际清算银行纳入统计的新兴市场国家的平均水平。

除了增长速度过快外，债务结构不合理，非金融企业部门债务占总债务比例畸高且以短期债务为主，是我国面临较高债务风险的部分原因。与次贷危机前美国企业债务没有增加、家庭债务增长较快不同，我国家庭部门债务虽然一直在增加，但是比例不高。2008－2018 年间，非金融企业部门新增债务占新增总债务比例高达 62%，是推动我国债务规模扩大的主要力量。截至 2018 年年底，我国非金融企业部门债务总额达到 154.9 万亿元，是 2008 年的 4.2 倍。非金融企业部门债务在总债务中的占比持续维持在 60%以上（见图 16－1），是其他国家的两三倍甚至更高（见图 16－2）。从期限看，长期债务在我国非金融企业总债务中的比例一直偏低。1998—2007 年间，我国规模以上工业企业长期债务与总债务之比不断下降，从 31.1%下降到 2007 年的最低点 22.2%；自 2007 年之后则在 22.5%到 25%的区间内波动。李扬（2013，2015）[①] 等的研究认为，我国非金融企业部门长期借款与总负债之比从 2008—2009 年的略高于 19%逐年下降，2015 年下降到 15%左右。我国非金融企业的债务水平处于极易引发危机的境地。特别是，随着经济下行压力增加，企业偿付能力下降，需要警惕企业部门信

① 李扬，等．中国国家资产负债表（2013）——理论、方法与风险评估．北京：中国社会科学出版社，2013. 李扬，等．中国国家资产负债表（2015）——理论、方法与风险评估．北京：中国社会科学出版社，2015.

用风险暴露引发系统性危机。另外，如前文所述，地方政府隐性债务问题同样可能成为引爆危机的风险点。

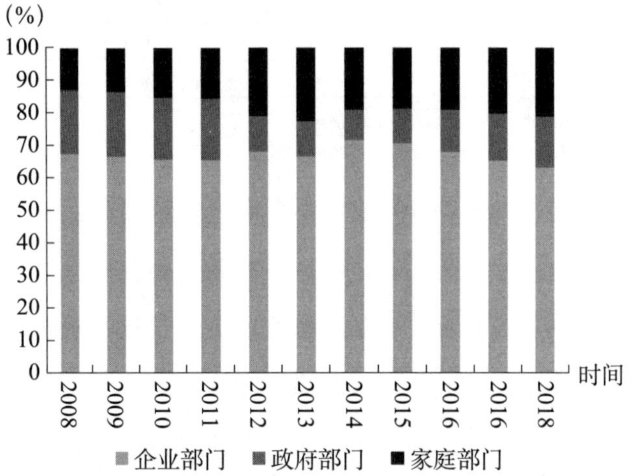

图 16-1 我国不同部门债务占比

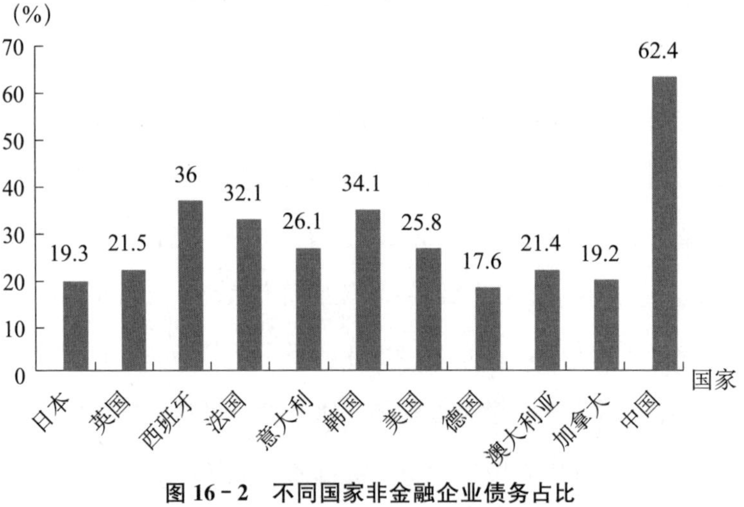

图 16-2 不同国家非金融企业债务占比

资料来源：李扬，等．中国国家资产负债表（2013）——理论、方法与风险评估．北京：中国社会科学出版社，2013：69.

其次，要警惕金融杠杆交易引爆的危机。2015 年，股票市场在加杠杆的推动下，在很短时间内就飙升到 5 000 多点，在随后相应监管措施出台、收缩杠杆的时候则迅速跌到 2 000 多点，引发市场很大的动荡和很多负面情绪。受经济复苏缓慢、量化宽松政策下利率水平较低影响，市场整体呈现出大量资金追逐少量优质资产的情况，合意投资机会比较少，能够带来所谓高回报、高收益的杠杆交易很容易成为资金追逐的对象。在这样的情况下，一旦市场上出现可以加杠杆的机会，资金往往就会蜂拥而至并带来负面的溢出效应。2007 年肇始于美国的次贷危机，直接原因是银行向大量信用等级较低的购房人发放购房贷款，随着利率上升，购房者债务负担加重，住房市场持续降温使购房者难以通过出售住房或者抵押住房再融资，结果是大批借款人不能按期偿还贷款，银行因此蒙受损失而引爆危机。但是，危机造成的负面影响之所以如此之强，从本质看源于过度杠杆化，即监管缺失下的金融创新使得交易链条不断被拉长并且环环加杠杆。杠杆放大了回报，也放大了风险。次贷危机与其说是房屋价格下跌导致的，不如说是银行家、金融资本在贪婪本性的驱使下过度杠杆化导致的。目前，我国也存在杠杆交易的问题。我们鼓励金融创新的初衷是希望更好地发挥金融为实体经济服务的功能，对金融创新中伴生的杠杆交易可能引发的风险则应该给予高度重视。

另外，人民币币值的稳定也是值得高度关注的问题。虽然有人认为人民币对外贬值有利于对内支撑资产价格，后者又有利于整个金融系统的稳定，因此人民币处于贬值通道内对于整个资产价格的预期和整个金融风险的控制有帮助，但是大规模的贬值也会引发系统性的风险。

◎ 金融危机的防范和应对措施

一个自然而然的问题是，我们应该如何做？首先，要认识到防风险的重要性，把防风险作为稳增长的前提[①]。2008 年以来，宏观调控的目标一直强调要稳增长。此前积累的经验告诉我们，稳增长才可以防风险，时间是最大的窗口，通过时间可以让风险消退。所以，我们过去一直把稳增长作为防风险的前提，并且确实取得了成功，守住了不发生系统风险的底线。但是，2008 年以来稳增长所依赖的货币政策的边际效果不断下降，1 元信贷在过去能够创造 0.8 元的 GDP，现在只有 0.33 元。在一定程度上，这意味着以时间换空间策略下，留给我们的空间不断被压缩。同时，如前所述，局部风险依然在不断累积，虽然随着去杠杆的推进我国债务率有所下降，但是经济增速换挡意味着偿还债务需要更长的时间，未来债务风险依然会是影响我国经济稳定的周期性因素中最大的不确定性因素。因此，在防风险和稳增长这两个底线之间，重心必须有所调整，由稳增长作为防风险的前提变为防风险作为稳增长的前提。这一指导思想的转换很必要，也很重要。

其次，建立能够真正有效地约束投资、债务、预算的长效机制。这一点在改革开放后确认建立社会主义市场经济体制的时候是有思考的。但是，次贷危机后，我们被迫调整了改革路线图，地方政府和国有企业可以非常容易地通过债务工具获得大量资本及其代表的资源配置能力。在没有建立起有效的投资约束、债务约束和预算约束的条件下，非市场化的配置方式会导致资源使用效率的降低和资源的极大浪费。

最后，增加可交易的资产规模对冲货币存量。我们现在面临的风险在一定程度上是过度货币化带来的。经济系统中存在大量需要寻找出口的货币。找到还没有货币化的领域，找到可以消化和吸纳这些货币的场所，而

---

① 对此，本书第三篇有更详细的论述，此处不赘述。

不是任由它们进入投机性领域，对于防范资产价格泡沫至关重要。土地制度改革和符合条件的国有企业产权入市或许是两个可以努力的方向。

总的来说，当前我国经济中已经出现可能诱发金融危机的一些潜在要素，不管它们是黑天鹅还是灰犀牛，都需要我们高度重视、小心防范，但是也没有必要谈危机而色变。从世界经济发展史尤其是主要发达国家的经验来看，危机的爆发虽然对经济有巨大的冲击，但也带来了资源错配的深刻调整机会。改革开放不仅给我们带来了经济发展，也让我们积累了一定的应对危机的经验和能力。来一次小型或局部性金融危机，不会从根本上改变中国经济的方向，也不足以对中国经济体系构成灾难性破坏。对我们来说，重要的是要有这样一个认识：不要视危机为猛虎，为了防止眼前的小危机而去积累风险，以致酿成更糟糕的结果。

第三部分>>>

稳增长与防风险：宏观调控的两条底线

2007年夏天，次贷危机在美国爆发并逐渐波及全球。2008年前三季度，受出口萎缩拖累，中国经济增速出现明显下滑。当年11月的国务院常务会议推出了旨在扩大内需、促进经济平稳较快增长的一揽子政策，即后来公众熟知的“四万亿计划”。2009年2月，国务院审议通过包括钢铁、化工、有色金属、汽车等产业在内的“十大产业振兴规划”。项目所需资金除极少部分由中央财政划拨外，大部分由地方政府负责筹措。同期，央行采取信贷与货币双宽松政策。在一系列“稳增长”措施的带动下，中国经济率先企稳。2009年，中国超过日本，成为世界第二大经济体，并于2013年超越美国成为第一大货物贸易国，常年稳居全球第二大进口国位置。这些经济成就的取得与中国在金融危机后及时采取措施稳定增长不无关系。宏观政策的调整使中国经济在金融危机后全球经济普遍低迷的情况下，赢得了难得的发展机遇。

但是，这些刺激政策也带来了诸多问题，引发多重风险。十年来，中国宏观杠杆率快速攀升，债务风险加剧。2017年以来，随着宏观去杠杆政策的推进，宏观杠杆率增长放缓，但依然处于较高水平。其中，非金融企业部门债务风险高企，国有企业部门尤为突出；地方政府显性债务风险虽然可控，但隐性债务风险不容小觑，未来三年债务偿还压力明显；房价快速上涨，加杠杆买房导致居民部门杠杆率上升的同时，削弱了居民的消费能力。2018年以来，经济下行叠加融资环境收紧，信用事件频发，债务周期转换背景下信用风险尤其是民营企业信用风险集中释放，已引发关注。与此同时，长期宽松的货币政策导致政策边际效率递减，经济过度货币化问题逐步暴露。加之危机后很长一段时间内我国的金融监管实际上有所放松，金融机构及其从业人员的贪婪导致金融过度创新，资金脱实向虚，金融风险逐渐积聚。更重要的是，非金融部门债务风险存在向金融体系传导的现实渠道，进一步加剧了金融系统的脆弱性。一个孱弱的金融体系无力为非金融部门提供必要的支持，让债务重压之下实体部门的发展以及整个经济的增长愈发举步维艰。

稳增长、防风险已成为现阶段宏观调控的两条底线。特别是，要根据宏观经济形势的变化在不同时期选择不同的“稳增长、防风险”之间的平衡点和侧重点，做好二者的平衡。2008 年金融危机以来，“稳增长”一直处于宏观调控的核心，有益于风险的缓释。但随着政策边际效率递减，整体风险已经逐渐积累到了相当高的程度，局部风险已经暴露。因而，当前防风险就是守住不发生经济危机的底线，防风险是稳增长的前提。只要不爆发系统风险，我们就可以稳增长；一旦风险爆发，我们就很难拿出更多稳增长的办法——这是我们当前所面临的现实。

十七、稳增长与防风险双底线下的宏观经济[①]

2016年经济呈现出短期底部企稳与泡沫聚集的特点，在潜在增长平台下移，周期性、结构性以及趋势性因素共同作用的背景下，经济下行压力依然巨大，2017年宏观经济仍将持续筑底。与此同时，在“债务—投资”驱动模式下，中国债务规模快速攀升，债务水平已经积累至相当高的程度。而中国经济目前存在的深层次问题本质上大多与债务风险密切相关，“债务—投资”驱动模式下投放的大量货币在股市、债市以及房地产等领域的伺机流动，催生资产泡沫，债务风险可能成为引发债务危机，甚至是中国经济危机爆发的关键点。从目前情况来看，中国具备防范危机的实力，但是对于可能引发危机的潜在因素必须重视：一方面，树立正确的危机观，不惧怕危机，建立危机应急机制；另一方面，防止债务风险演变为债务危机，防患于未然，建立风险缓释机制。

◎ 当前经济呈现出底部企稳与泡沫聚集的特征

2016年是“十三五”开局之年，也是供给侧结构性改革元年。受世界经济复苏疲弱、我国增长周期调整、产能过剩依然严重等多重因素影响，

① 本文是作者2016年年底提交中共中央办公厅的内参文章。现在读来，虽然有些表述略显陈旧，但是文中关于我国面临的国内外形势的判断、对我国地方政府债务问题的剖析依然成立，故略有删改并更新部分数据后引入本书。其他作者包括中国人民大学副校长刘元春教授，以及中诚信研究院张英杰、袁海霞。

中国经济增长仍面临下行压力。但随着我国坚持积极的财政政策，加大改革攻坚力度，经济增长呈现底部企稳迹象：前三季度 GDP 增速保持 6.7%，工业生产缓中趋稳，企业利润由负转正并持续增长，居民消费价格温和上涨，工业领域通缩进一步收窄，9 月当月 PPI 更是由负转正。

但由政府主导力量带动的经济趋稳基础并不牢固，经济运行中一些深层次的问题并没有解决，主要表现在：（1）M2 与 M1 剪刀差持续扩大，货币政策边际效果递减；（2）资产泡沫问题不断凸显，局部风险不断扩大，对宏观经济和民生影响甚重的房地产领域泡沫不断积聚；（3）民间投资增长下滑；（4）债务的结构性风险日益突出；（5）非金融企业、产能过剩与局部供给不足的结构性问题依然严峻。

基于对泡沫和风险的担忧，我国宏观调控基调在 2016 年上半年已经由稳增长向防风险转变，政治局会议明确“货币政策要抑制资产价格泡沫和防止金融风险”。而随着不断加码的房地产调控政策持续出台，由房地产市场复苏带动的实体经济的回暖面临回落的风险，第三季度土地购置、新开工面积增速有所下降。

◎ 2017 年经济下行压力持续存在，经济运行中的诸多问题本质与债务风险密切相关

2017 年是中国经济持续筑底的一年。从中长期来看，支撑中国过去 30 多年高速增长的几大动力源泉均不同程度地弱化，全球化红利耗竭，工业化红利递减，人口红利也随着人口抚养比底部到来、刘易斯拐点出现、储蓄率回落而逐渐消失。“十三五”期间，经济增长潜力有所下降，潜在经济增长率的底部有可能跌破 6.5%。

从中短期来看，国际经济形势越发复杂多变，民粹主义和去全球化的趋势明显。美国经济数据喜忧参半，增长动力依然不强，新政府上台后政策不确定性较高；欧盟除自身的结构性问题外，还将受英国脱欧的影响。国际经济环境的变化给我国经济带来的冲击和不确定性加大，外需难有明显改观，增长动力还有赖于内需。消费需求受居民收入、消费习惯等方面的因素影响，未来表现基本平稳；受行业调整周期变化的影响，房地产投资、制造业投资、基础设施投资增长提速的空间也有限，这三大固定资产投资需求需要提振；而从产业发展来看，新产业和新动力难以阻止传统行业探底带动整体经济筑底的进程。“三去一降一补”等供给侧结构性改革恢复和激发相关行业微观企业的活力还面临诸多阻力。以上诸多方面将直接影响中国经济底部的牢靠性。

2017 年，宏观经济面临诸多困境，尤其是仍处于调整周期的房地产行业面临政策调整带来的下行压力、债务的结构性风险进一步凸显，这表明中国经济深层次的问题并未解决，反而有所深化。经济面临的困境本质上是依赖“债务—投资”驱动路径所造成的，货币以银行信贷为主的债务形式主要投放给中央和地方的国有企业，信贷资源倾向以基础设施建设、房地产为主的投资项目，拉动经济增长的同时也带来了资产泡沫、企业债务高企和债务率攀升等问题。从目前的情况来看，无论是实体经济还是虚拟经济，投资收益率的下降和资金使用效率的降低都已逐渐弱化了“债务—投资”驱动模式的效用，高债务带来的高风险已成为经济稳定的巨大威胁。考虑到偿债周期，2017 年中国总体债务攀升，是需要警惕的“明斯基时刻”。

◎ 中国债务尤其是广义政府类债务高于警戒线，需要警惕由债务风险引发的危机

2008 年金融危机以来，我国总体债务规模和债务水平持续攀升，债务风险主要集中于非金融企业部门中的国有及国有控股企业。由于隐性担保，政府尤其是地方政府债务风险超过预期，包括城投企业负债在内的广义政府债务水平（债务总规模/GDP）超过 109.5%；如果考虑包括国有企业在内的更为广义的政府负债，债务水平更是高达 163.2%（见表 17－1）。从国际比较来看，我国居民部门负债率虽然低于美国和日本，却高于同等发展水平国家；此外，居民部门债务扩张速度远超其他国家，并且债务主要是以中长期的房屋贷款为主。从与美国和日本危机前的水平比较来看，我国以房贷为主要驱动的居民部门，加杠杆的空间已经不大。

表 17－1　关于广义政府债务的测算

计算口径	部门分类	债务率（%）
一般口径	国有企业	118.0
	非国有企业	51.1
	政府部门	45.2
广义口径一（城投企业债务纳入政府债务）	国有企业	53.7
	非国有企业	51.1
	政府部门	109.5
广义口径二（国企债务纳入政府债务）	国有企业	0
	非国有企业	51.1
	政府部门	163.2

资料来源：根据国际清算银行数据计算整理。

中国目前总体债务已经处于一个“临界点”。从国际比较来看，中国总债务水平（254.9%）已经远远高于墨西哥比索危机前的债务水平

(77.7%) 和泰国在亚洲金融危机前的债务水平 (188.8%)，也略高于金融危机前美国的债务水平 (238.5%)，并接近西班牙金融与经济危机前的债务水平 (262.1%)。此外，从信贷扩张和信贷缺口等反映金融危机的先行指标来看，我国的数值也均已经接近甚至超过各国危机前的数值。由于当前国内金融体系的脆弱性及敏感性日益抬升，所以要防止非预期的外部事件冲击引发债务危机乃至经济危机。

从20世纪以来全球发生的经济危机来看，危机的引发与金融体系的联系日益密切。2008年次贷危机引发的全球金融危机就是由债务和债务衍生工具引起的。改革开放以来，中国在转型过程中实现了经济稳定与快速发展，并且没有经历严重的危机冲击，实属不易，但也积累了一些深层次问题。这些问题大多与债务风险紧密相关，债务风险有可能是引发中国经济爆发危机的关键点。风险有可能通过以下三种路径相互叠加，即货币政策的非预期收紧、资产泡沫的破灭以及杠杆交易叠加违约风险集中释放。上述事件可能导致市场信心的缺失、恐慌情绪加重、流动性枯竭、资产价格崩溃、融资工具不能滚动、债务链条断裂，最终引发"明斯基时刻"，这是需要高度重视和防范的。

◎ 树立正确危机观，构建"稳增长、防风险"双底线宏观调控体系

从世界经济发展史尤其是主要发达国家的经验来看，虽然危机的爆发对经济有巨大的冲击，但也是资源错配深刻调整的机会。目前，中国具备防范危机的实力：从偿债能力来看，我国债务风险总体仍处于可控区间。一方面，我国债务主要是国内债务，外部债务比例较低，2018年我国全口径外债为19 652.1亿美元，外债占GDP的比重仅为14%，同时，外汇储备对外债的覆盖率超过150%。另一方面，我国储蓄率一直处于较高水平，再

考虑到居民部门所拥有的房产和金融资产等，居民部门的债务偿还能力处于较高水平。从企业角度来看，虽然国有企业是非金融企业的重负债主体，但是从资产规模来看，我国国有企业资产总额超过100万亿元，其中中央企业资产总额超过50万亿元，地方国有企业资产超过48万亿元，国有企业资产规模足以偿还现有的负债。与此同时，我国还拥有规模庞大的矿产资源以及丰富的海洋和森林等资源，加上行政事业单位的资产和全国的基础设施等资产，政府部门也具有较高的偿债能力。

但要警惕的是，预期和市场信心等偶发因素触发债务风险引起债务危机，进而对经济造成冲击，对于可能引发危机的潜在因素必须重视。需要树立正确的危机观，不惧怕危机，要加快建立风险缓释机制，防止债务风险演变为债务危机。

在战略思想上，要明确“稳增长、防风险”的逻辑顺序。现阶段，“防风险”是“稳增长”的前提。金融危机以来，“稳增长”一直处于宏观调控的核心，且“稳增长”也有益于风险的缓释。但随着政策边际效率递减，整体风险已经逐渐积累到了相当高的程度，局部风险已经暴露，因而当前“防风险”就是守住不发生经济危机的底线，“防风险”成为“稳增长”的前提，这其中防范债务风险最为重要。

1. 从广义口径来看，核心在于防范政府债务风险

需要分两步：第一步，甄别存量地方政府债务。对于和政府直接或间接相关的债务风险，特别是对于一些具有系统重要性的国有企业的风险暴露，政府必须有所作为，维护政府信用。具体来说，首先要进一步明确哪些是政府实际承担的债务，这需要将表面上归属于平台、产业类国有企业，但实际上有政府隐性担保或由政府偿还的债务甄别出来。这部分债务应当直接从企业债务转为政府债务。这样既明确偿债责任，稳定市场预期，又

降低融资成本，减轻总的付息压力。但对于地方政府增量债务，需要适当控制增速，落实推进债务限额制度建设。第二步，在此基础上，应适当将存量的地方政府债务直接转移至中央政府债务之中，发挥国债的更大作用。由于在分税制财政管理体制下，地方财政收入并不足以承担相应的支出责任，近两年土地出让金收入大幅下降更是弱化了地方政府偿债能力，所以在解决政府债务问题上，应该考虑由中央财政发挥更重要的作用。

2. 就解决企业债务问题而言，应将扩充企业股本上升为国策

合理的资本结构是根据经济周期、企业战略发展、经营状况的变化而进行适时调整的，没有一成不变的资本结构和融资方式。就目前而言，在企业负债率高企的情形下，偿债压力较大，负债经营的税盾效应需要让步于健康的资产负债结构。但是，通过缩减债务规模的方式来降低杠杆难度比较大，也不契合实际情况，增加股权融资比例则是改善企业债务结构的重要举措。当务之急是将扩充企业股本上升为国策，采取切实有效的措施鼓励企业扩充资本，避免企业在负债率高企的情况下继续加杠杆，从而激发企业活力，拉动实体经济的回暖。从长期来看，鼓励企业的资本扩充行为也更有利于企业的持续经营。具体来说，对于各阶段的股权融资方式，包括私募股权基金、IPO、股票增发等，应多方面给予政策支持。还可以鼓励市场化债转股，充分使用混合资本工具。此外，对于企业因减少债务而失去的税盾优势，可以予以返还，鼓励企业扩充股本。

十八、次贷危机以来中国宏观调控和经济政策的回顾和总结

改革开放以来，中国在转型过程中实现了经济稳定与快速发展，国民经济体系不断完善，初步建立了市场经济体制，综合国力大大提升，GDP总量从1978年的3 645.2亿元增加到2018年的突破90万亿元，人均GDP接近一万美元。在过去的十年里，尽管全球性金融危机引致了世界经济形势的动荡，全球经济从“大缓和”转向了“大衰退”，但中国经济仍然保持了较高的增长速度，在全球经济中所占的比重持续上升，市场化与经济开放度显著提高，人均产出和收入持续增长。

中国经济能够在全球经济衰退的大背景下继续保持高速、稳定的增长，与随着宏观经济发生阶段性变化，宏观经济政策做出了积极的、适度的调整有着密切的关系。从政策目标来看，在2008年以前，我国宏观调控的目标主要围绕防止经济增长由偏快转为过热、稳定物价和保持经济平稳发展等；2008年以后，宏观调控的目标转变为“防止经济增速过快下滑”，使用扩张性的宏观调控工具，经济下滑的趋势得以控制；在物价水平出现持续上涨的形势下，2011年，宏观调控目标转变为“稳定物价总水平”；中共十八届三中全会以来，宏观调控的目标围绕改革，转变为“稳增长、调结构、促发展”。

随着中国经济发展进入经济增长换挡期、结构调整阵痛期和前期政策消化期“三期叠加”的新常态，在潜在增长平台下移、结构性减速及周期性力量的作用下，中国经济由高速增长转为中高速增长。在这一时期，人

口红利逐渐消失，资源环境约束加强，经济发展面临的结构性问题日益突出。为了应对新的经济形势，我国的宏观调控政策也随之进行调整：从“双防”到“四万亿”强刺激，从强刺激到定向调控，从微刺激再到供给侧改革，从过度强调有效需求不足和危机管理到强调潜在供给能力下降和结构性改革。不容否认，虽然宏观经济政策的调整较为有效地应对了全球性金融危机和世界经济整体衰退给中国经济发展带来的冲击，但从目前来看，仍难以止住经济增速下行的趋势，中国经济处于一个非常关键的时期。因此，根据中国经济发展的实际状况和存在的深层次问题，认真总结过去十年中国宏观调控和经济政策所呈现出的特征，对中国经济未来的健康稳定发展具有重要的理论意义和现实意义。

◎ 配合总量政策，结构性调控力度不断加大

无论是在全球金融危机期间，还是迈入“新常态”的发展阶段，重视结构性调控都是中国政府进行宏观调控的重要特点。2008 年爆发全球性金融危机以来，西方经济体的宏观经济政策受到一定的质疑和批评，而其所依据的主流西方经济理论也遭遇危机。从经济学方法论的角度来讲，生产力发展不平衡等经济发展基本特征决定了研究我国经济发展的经济理论与美国等西方发达经济体的经济理论应该有不同的基本假设，从而也决定了运用西方经济学的总量分析方法和总量调控方法来研究中国经济问题具有一定的局限性。对于经济危机以及宏观调控的反思，更加凸显了结构性调控的重要性。比如，曾经被视为扭曲市场机制行为的产业政策回归美国①等

① 2008 年全球金融危机爆发后，美国先后通过了《综合性能源计划》《2009 年美国复兴和再投资法案》《美国清洁能源与安全法》《美国制造业促进法案》，并于 2011 年开始实施“高端制造伙伴”计划。

发达经济体，并成为其走出危机的制胜法宝。中国宏观调控的一大特色则是结构性调控政策的运用，包括产业政策、贸易政策、汇率政策等广义的结构性调控工具。

综观近年我国的宏观经济政策，结构性调控的力度在不断加大。宏观经济政策在保持“取向不变”的前提下，运用总量性政策的效果明显减弱，更加偏重于结构性和功能性政策的选择；在经济发展呈现周期性、结构性与趋势性下行的经济新常态下，结构不合理是当前我国经济发展中遇到的最为突出的问题，包括经济增长动力结构、城乡二元结构、产业结构、分配结构等；而发展转型与促进结构调整是当前阶段不可逾越的重要目标，结构性政策更能应对中国当前的经济常态，同时能更有效地促进结构调整、加快转型。事实上，任何一次经济危机和危机调整都是总量因素与结构性因素、趋势性因素和周期性因素叠加的产物。按照中国人民大学宏观经济分析与预测课题组的研究，过去几年中国经济的负向产出缺口有所扩大。这一结论可能确定了中国宏观经济的治理在用需求管理政策对冲产出缺口扩大的同时，更重要的是要采用结构性政策来缓解潜在产出水平下滑的冲击。例如，为了减轻宏观税负、激发企业活力，积极实行结构性减税政策，从扩大营改增试点改为全面实施营改增；针对中小企业经营困难问题，适时推出差别化信贷政策和税费减免政策等，多手段促进中小企业发展；严格控制对“两高一剩”行业的贷款，对整合过剩产能的企业定向提供并购贷款，促进产能过剩矛盾化解；发挥差别准备金动态调整机制逆周期调节作用，通过调低宏观热度等参数促进贷款平稳增长；不断优化信贷结构，引导金融机构继续加大对铁路等重点项目、保障性安居工程以及“三农”、小微企业等薄弱领域的信贷支持力度；等等。

◎“三位一体”调控模式更加强化，短期调控与长期改革结合，政策连续性、协调性不断增强

宏观经济政策通常被理解为更多地关注短期波动。西方发达国家以财政政策和货币政策为主的宏观经济政策，也是以“熨平短期波动”为主要任务。我国的宏观调控则是将中长期战略规划与财政政策、货币政策结合起来，实现了宏观调控的短期目标与中长期目标的衔接。这种规划、财政、货币政策构成“三位一体”的中国特色调控模式，即强调“以国家发展战略和规模为导向，以财政政策和货币政策为手段，并加强财政政策、货币政策与产业政策等协调配合，提高相机抉择水平，增强宏观调控的前瞻性、针对性、协调性”。

近十年尤其是党的十八大以后，中国的宏观经济政策将短期调控与长期改革相结合，寓改革于宏观调控之中的特点越来越明显，政策连续性不断增强。一方面，新的宏观经济政策出台，不仅注重巩固前期政策实施的效果，也紧密结合国内外经济形势的变化。比如，2008 年以来，快速增长的地方政府债务规模以及其不透明和复杂的状况是我国经济运行中的重要隐患，并成为国内外关注中国主权风险的重点之一。为了避免出现地方性债务风险，中央政府先后颁布了《2014 年地方政府债券自发自还试点办法》、《国务院关于加强地方政府性债务管理的意见》、新修订《预算法》和《地方政府一般债券发行管理暂行办法》。从“代发代还”到“自发自还”，再到地方债务置换以及限额管理，这些政策的出台不仅通过改革使得我国地方政府发债方式和债务管理逐步规范化和市场化，部分债务风险通过债务延期得以缓解，也体现了政府在债务发行和

管理规范机制方面做出的探索。另一方面，宏观政策更注重长期与短期的衔接，短期政策调控效果与长期改革推进相衔接。比如在价格领域，进行了资源性产品价格改革，成品油价格形成机制更加市场化和透明；在金融领域，继2012年调整贷款利率区间后，全面放开金融机构贷款利率上限，积极推进利率市场化；在对外开放方面，以自贸区为突破点，进一步推动金融等相关产业以及外向型经济升级；等等。

与此同时，政策实施也更加重视政策的协调性，通过财政政策、货币政策、产业政策、贸易政策等"组合拳"的方式来共同发力。例如，为了支持实体经济发展尤其是小微企业发展，通过加大结构性减税力度、出台差别化信贷政策以及扩大资产证券化试点、盘活存量等，加强了信贷政策、税收政策与产业政策的协调配合。另外，政策的连续性也通过规划文本内容体现出来，从中共十八届三中全会《中共中央关于全面深化改革若干重大问题的决定》到十八届四中全会《中共中央关于全面推进依法治国若干重大问题的决定》，再到"十三五"规划文本，都体现了全面改革推进的连续性、一致性。具体内容参见表18-1。

◎ 宏观调控理念有所创新

党的十六大以来，中央政府多次强调完善宏观调控体系，从"宏观调控主要采取经济办法……建立计划、金融、财政之间相互配合和制约的机制"，到"综合运用财政、货币政策，提高宏观调控水平""综合运用货币政策与财政政策，调节社会总需求与总供给的基本平衡，并与产业政策相配合，促进国民经济和社会的协调发展"，这些表述明确了以财政政策和货币政策作为主要宏观调控手段，并提出要实现宏观调控机制

表 18-1　“十三五”规划延续了十八大以来的重要内容

	十八届三中全会确定六大领域改革任务	“十三五”规划提出的改革任务
坚持和完善基本经济制度	1. 完善产权保护制度。 2. 积极发展混合所有制经济。 3. 推动国有企业完善现代企业制度。 4. 支持非公有制经济健康发展。 5. 建立公平公开透明的市场规则。	1. 坚持公有制为主体、多种所有制经济共同发展。 2. 深化国有企业改革，增强国有经济活力、控制力、影响力、抗风险能力。 3. 加快形成统一开放、竞争有序的市场体系，建立公平竞争保障机制，打破地域分割和行业垄断。
加快完善现代市场体系	1. 完善由市场决定价格的机制。 2. 建立城乡统一的建设用地市场。 3. 完善金融市场体系。 4. 深化科技体制改革。	1. 创新和完善宏观调控方式。 2. 减少政府对价格形成的干预，全面放开竞争性领域商品和服务价格，放开电力、石油、天然气、交通运输、电信等领域竞争性环节价格。 3. 加快金融体制改革，提高金融服务实体经济效率。 4. 深化科技体制改革，引导构建产业技术创新联盟，推动跨领域跨行业协同创新，促进科技与经济深度融合。 5. 推广新型孵化模式，鼓励发展众创、众包、众扶、众筹空间。发展天使、创业、产业投资，深化创业板、新三板改革。 6. 稳定农村土地承包关系，完善土地所有权、承包权、经营权分置办法，依法推进土地经营权有序流转，构建培育新型农业经营主体的政策体系。 7. 改革能源体制，形成有效竞争的市场机制。
加快转变政府职能	1. 健全宏观调控体系。 2. 全面正确履行政府职能。 3. 优化政府组织结构。	1. 深化行政管理体制改革，进一步转变政府职能，持续推进简政放权、放管结合、优化服务，提高政府效能，激发市场活力和社会创造力。 2. 优化企业发展环境。 3. 减少政府对价格形成的干预，全面放开竞争性领域商品和服务价格，放开电力、石油、天然气、交通运输、电信等领域竞争性环节价格。 4. 创新公共服务提供方式。能由政府购买服务提供的，政府不再直接承办；能由政府和社会资本合作提供的，广泛吸引社会资本参与。 5. 加快开放电力、电信、交通、石油、天然气、市政公用等自然垄断行业的竞争性业务。 6. 发挥财政资金撬动功能，创新融资方式，带动更多社会资本参与投资。 7. 推动政府职能从研发管理向创新服务转变。 8. 增强政府职责，提高公共服务共建能力和共享水平。

续前表

	十八届三中全会确定六大领域改革任务	“十三五”规划提出的改革任务
深化财税体制改革	1. 改进预算管理制度。 2. 完善税收制度。 3. 建立事权和支出责任相适应的制度。	1. 深化财税体制改革，建立健全有利于转变经济发展方式、形成全国统一市场、促进社会公平正义的现代财政制度，建立税种科学、结构优化、法律健全、规范公平、征管高效的税收制度。 2. 建立事权和支出责任相适应的制度，适度加强中央事权和支出责任。 3. 建立全面规范、公开透明的预算制度，完善政府预算体系，实施跨年度预算平衡机制和中期财政规划管理。 4. 建立规范的地方政府举债融资体制。健全优先使用创新产品、绿色产品的政府采购政策。
健全城乡发展一体化体制机制	1. 加快构建新型农业经营体系。 2. 赋予农民更多财产权。 3. 推进城乡要素平等交换和公共资源均衡配置。 4. 完善城镇化健康发展体制机制。	1. 坚持工业反哺农业、城市支持农村，健全城乡发展一体化体制机制，推进城乡要素平等交换、合理配置和基本公共服务均等化。 2. 发展特色县域经济，加快培育中小城市和特色小城镇，促进农产品精深加工和农村服务业发展，拓展农民增收渠道，完善农民收入增长支持政策体系，增强农村发展内生动力。 3. 推进以人为核心的新型城镇化。提高城市规划、建设、管理水平。 4. 促进城乡公共资源均衡配置，健全农村基础设施投入长效机制。
构建开放型经济新体制	1. 放开投资准入。 2. 加快自贸区建设。 3. 扩大内陆延边开放。	1. 推进双向开放，促进国内国际要素有序流动、资源高效配置、市场深度融合。 2. 完善法治化、国际化、便利化的营商环境，健全有利于合作共赢并同国际贸易投资规则相适应的体制机制。 3. 推进“一带一路”建设。 4. 深化内地和港澳、大陆和台湾地区合作发展。 5. 加强宏观经济政策国际协调，促进全球经济平衡、金融安全、经济稳定增长。积极参与网络、深海、极地、空天等新领域国际规则制定。 6. 有序扩大服务业对外开放，扩大银行、保险、证券、养老等市场准入。

化，体现了决策层宏观调控理念的创新。形成宏观调控的决策和实施的机制化，是以不变应万变。缺乏机制化，一旦经济形势发生变化，就容易出现政策频频出台、各部门同时出招等非常态化政府干预，往往会带来一些问题。目前，我国的微刺激政策存在两个明显的问题：一是碎片化，即措施应急、零碎、不系统，缺乏措施之间的衔接；二是措施对经济运行的影响效力短暂，短期化特点明显。实现宏观调控决策和实施机制化，将有助于减少政策碎片化，降低政策短期化的发生概率。

近年来，中国经济下行压力较大，微刺激政策形成了一个“经济增速下滑—微刺激—小幅反弹—再下滑”的循环圈。如此循环，宏观调控就需要守住下限。2013 年，中央创新宏观调控目标定位，提出了区间调控的新思路，确定经济运行合理区间的“上限”是通胀率目标，“下限”是增长率目标和失业率目标。只要经济运行在这一区间，就保持宏观经济政策的相对稳定，把工作重点放在调结构、促改革上；一旦滑出这一区间，则坚决进行相应的调整，防止危及改革发展稳定大局。区间调控的实施对于市场预期的平稳、对于市场主体信心的稳定都起到了极为重要的作用，因为它明确宣示政府不会容忍经济滑出合理区间。2014 年，中央在区间调控的基础上提出了定向调控的方式，即通过对不同部门、不同群体有针对性地降税、降费、降准、降息，着力化解小微企业、“三农”和新型行业的经营困难，增强它们的经营活力。从调控手段来看，与以往相比，除了运用行政性文件公告之外，宏观调控更为灵活地运用经济、法律和技术手段，创新宏观调控方式，分类指导，有保有压，有扶有控，根据实际情况灵活、差别化地制定调控政策。同时，宏观调控的市场化特征越来越明显，如在货币政策方面，除了灵活使用再贴现、再贷款、常备借贷便利、差别存款准备金率等工具稳定货币流动性外，还通过冻结续做长期票据、常备借贷便利等创新调控组合，处理好短期流动性与长期流动性的关系。

◎ 调控目标的多元化决定了调控手段的泛化，出现过多干预微观经济的现象，从而引起经济波动

从历年中央政府的工作报告和相关文件来看，我国对于宏观调控的范围并没有做出明确说明，宏观调控的目标和对象界定比较宽泛。以中共十八届三中全会《中共中央关于全面深化改革若干重大问题的决定》（以下简称《决定》）提出宏观调控的主要任务为例。《决定》指出，“宏观调控的主要任务是保持经济总量平衡，促进重大经济结构协调和生产力布局优化，减缓经济周期波动影响，防范区域性、系统性风险，稳定市场预期，实现经济持续健康发展”。从这段表述可以看到，宏观调控的目标和对象不仅包括总量平衡，而且涵盖结构优化目标。因此，多元化的目标就需要产业政策等多样化的工具（丁伯根法则），同时，政策实施主体上也必然表现为多部门参与，从而形成了宏观调控手段的泛化和多部门调控主体。宏观调控目标的泛化主要是深层改革滞后和市场体制不完善造成的结果，也是某些方面妨碍改革深化甚至客观上促进旧体制某些因素复归的现实根源。在我国，调控主体除了发改委、财政部、人民银行，还有银监会、证监会、环保部、工信部、农业部等。调控手段有几十种，既有中国特色的行政干预，比如2008年年初的价格管制等；也有比较符合市场经济要求的调控工具，如存贷款利率、法定存款准备金、公开市场操作、财政赤字规模等“总量参数型工具”，以及针对特定行业

投资管制、信贷与IPO有保有压的“产业调控型和准入型工具”（参见表18-2）。

表18-2　我国政府宏观调控工具

调控工具类型	调控内容
总量参数型工具	存贷款利率、法定存款准备金、公开市场操作、财政赤字规模、财政收入、财政支出、法定汇率调控
产业调控型和准入型工具	城市建设用地供应、特定行业投资准入限制、降低农产品流通成本、提高房贷收入比例、房贷差异化等
行政干预型工具	价格管制、暂停建设用地供给、严管炒作农产品等

从理论上讲，宏观经济波动短期变异度较高造就了宏观调控的相机抉择特点，而与结构演变相关的产业政策等取向比较稳定，调控工具的多样化总体上会导致宏观调控微观化。而多部门调控主体则容易出现政府部门较为随意地干预投资、信贷、准入等微观经济活动，或政府过多干预导致更为严重的经济波动（如信贷驱动的投资过热等）。多种工具并用，提振经济时难以辨识各自作用和累计效果，容易刺激过火；经济紧缩时，又可能因类似机制作用而使经济降速过快。例如，应对国际金融危机时，“四万亿”强刺激带领中国率先从金融危机中走出，对全球经济复苏产生一定影响，但同时，货币超发引发新一轮通胀和更严重的产能过剩等。总体上说，宏观调控目标的泛化，往往会对市场机制发挥作用本身形成制约，反过来为调控泛化制造借口：或是处于宏观调控之中，或是依赖宏观调控，寄希望于刺激政策，认为宏观调控是万能的。

宏观调控实质上是政府对市场的干预，这种干预必须建立在尊重市场规律的基础上。只有坚定不移地推进市场化改革，才能夯实宏观调控的微观基础。党的十八大报告指出，经济体制改革的核心问题是处理好政府与市场的关系，必须尊重市场规律，更好地发挥政府的作用。而推进经济体制改革，处理好政府与市场的关系，最重要的是在更大程度上、更大范围内发挥市场在资源配置方面的基础性作用。长期以来，我国粗放式的经济增长方式之所以很难转变，与生产要素（如土地、资本、重要资源品）价格受政府管制，价格水平长期偏低有关。从经济增长的驱动来看，资本因素仍是我国经济增长的最大贡献者，稳增长的关键在于资本效率的提升，而目前资本效率偏低，根源是政府主导型的经济发展方式，高效率的民间投资并未充分启动。

◎ 小结

过去十年，中国与全球其他经济体共同经历了严重的金融危机和经济衰退。虽然随着世界经济进入低速增长与深刻调整周期，中国经济增速有所放缓，但放眼全球，中国经济依然保持了较高的增长率，占世界经济比重持续攀升，市场化与开放度显著提高，人均产出和收入持续增长，社会保障制度逐步完善。从“双防”到“四万亿”强刺激，从强刺激到定向调控，从微刺激再到供给侧改革，从过度强调有效需求不足和危机管理向强调潜在供给能力下降和结构性改革，中国的宏观经济政策调整帮助我们首先从金融危机中走出，也越来越呈现出中国特色的宏观调控特点：配合总量政策，结构性调控力度不断加大；“三位一体”调控模式更加强化，短期调控与长期改革结合，政策连续性、协调性不断增强；宏观调控理念有所创新，宏观调控机制化，调控方式更加灵活。但是，我国调控目标的多元化以及多部门的调控主体决定了调控手段的泛化，从而在一定程度上导致政府过度干预微观经济，这成为宏观经济波动的根源之一。如应对国际金融危机时，“四万亿”强刺激带领中国率先从金融危机中走出，对全球经济复苏产生一定影响，但同时，货币超发也引发新一轮通胀、更严重的产能过剩等。

从目前宏观调控政策的实施效果来看，以微刺激为主的需求政策边际效应递减，前期产能过剩行业和地方政府融资平台的资金需求拉高了资金成本，使得违约风险上升；金融机构不良贷款不断攀升，又导致金融机构对外借贷趋于谨慎，致使货币市场短期利率波动不能有效传导至资本市场，货币政策效应减弱。同时，由于地方政府财政收入增长速度放缓，配套资金不足，加上产能过剩使得投资乘数减小，积极的财政政策效果也打了折扣。随着进入新常态时期，原有的制度红利和人口红利逐渐消失，劳动力成本不断攀升，资源环境发展约束不断增强，而生产领域的大面积过剩与部分领域（尤其是服务业领域）的供给长期不足等结构性矛盾进一步激化，低成本学习模仿、技术进步的后发优势随着我国要素成本提升以及金融危机后全球需求低迷而丧失。针对这一系列结构性问题，中央政府提出进行供给侧结构性改革。供给侧改革不是否定需求侧，而是要把需求和供给管理更好地结合，在适当扩大总需求、释放新需求的同时，注重创造新供给，推动供求均衡发展。从理论上讲，供给侧经济学重视发展生产，通过减税恢复企业活力；而以需求管理为主的凯恩斯学派侧重刺激需求，通过反周期调控熨平短周期经济波动。美国前总统里根和英国前首相撒切尔夫人执政时都曾以供给学派经济学为理论依据，通过减税和国企私有化等供给侧改革提升生产率。对于我国而言，供给侧结构性改革的推进，关键是要提高经济增长的质量和效益，提升中国各方面的全要素生产率。这种思路已经在推进的改革和调控中有所体现。

“十三五”期间，简政放权、放松管制、加快金融业对外开放和改革、国企改革、土地改革以及提高创新能力等改革必须不断推进，以促进资源优化配置，提升全要素生产率。与此同时，还要通过产品价格和要素价格改革，引导资本和劳动在不同部门进行优化配置，实现过剩产能的出清以及经济结构的调整。经济结构的调整体现在存量调整和增量调整两方面。存量方面，加大过剩行业的去库存和去产能；增量调整则表现为加大供给不足的部门，尤其是加大各类服务业的投资供给，加大对新兴产业的培育力度。

在“新常态”和“三期叠加”的背景下，中国经济增长处于结构调整的“关键时期”，中国经济发展面临的结构性问题依然突出。这些问题的形成有经济发展自身的问题，更多的是经济体制方面的问题。从长期来看，解决这些问题必须依靠更深层次的改革。

中共十八届三中全会以来，以改革增强市场经济活力、促进经济增长的取向十分清晰，自上而下的改革路线图应运而生，更深层次的改革不断推进。一方面，推进政府职能转变，不断简政放权，破除投资发展的体制机制障碍，推动大众创业、万众创新，提升企业和个人投资发展意愿。下放的权力，一部分下放到各级地方政府，一部分直接下放给企业和社会组织。另一方面，围绕缩小收入差距和要素价格“两大核心”改革，国有企业改革、土地制度改革、财税金融体制改革、资本市场等重点领域的改革工作在持续推进。随着改革的不断深入，宏观调控政策和调控手段也应做出相应的调整。

十九、稳经济增长与防债务风险的双底线思维

近年来，中国经济增速虽进一步放缓，但总体呈现出筑底调整迹象。考虑到就业、民生目标，宏观经济需要守住6%的增长底线。然而，金融危机以来的中国经济增长高度依赖“债务—投资”驱动。伴随着经济增长趋缓，我国债务规模快速攀升，结构上已经积累了较高的风险，一旦发生债务危机，将给经济社会带来巨大冲击。因此，当前我国的经济形势不仅要求守住经济增长的底线，而且要求守住防范系统性风险尤其是债务危机的底线。

◎ 经济筑底调整仍依靠“债务—投资”驱动，缓释风险、实现小康社会目标应守住增长底线

2008年金融危机以来，中国经济增长主要依靠“债务—投资”驱动模式，虽然宽松的货币政策带来的边际效用递减，但近年经济的企稳筑底体现了稳增长路径并未改变。目前，在潜在增长平台下移，周期性、结构性以及趋势性因素共同作用的背景下，经济下行压力依然巨大，而债务风险不断凸显。同时，综合考虑就业、民生以及实现小康社会的目标，宏观经济依然需要守住6%的增长底线。

金融危机爆发之后，中国政府推出“四万亿”刺激政策，带领中国经济率先触底反弹。2008年、2009年进出口和消费增速均大幅回落，仅

投资以超过26%的增长速度支撑着经济。与此同时，M2和非金融企业部门的债务规模均以超过19%的增速高位增长。投资、货币和债务高增长背后的逻辑是货币以银行信贷为主的债务形式主要投放给中央和地方的国有企业，以此开展由政府推出的大量以基础设施建设、房地产为主的投资项目，从而拉动经济增长。可见在刺激政策的框架下，“债务—投资”驱动模式支撑着投资乃至经济的增长。

2010年第二季度以来，尽管货币投放和债务规模仍保持较高的增速，但投资及GDP增速持续放缓。至2018年年底，投资增速已由2009年的30.5%降至8.1%，GDP增速则由危机前的高点14.2%下降至6.7%。从结构来看，占比超过六成的民间投资增长持续放缓；而作为固定资产投资资金来源，国内贷款和利用外资增长的走势也说明了市场对经济前景持续谨慎。稳增长的主力军基础设施投资的高位增长，以及政府债券和以国有企业为主的企业部门债务较高的增速表明，经济筑底调整的路径依然是“债务—投资”驱动模式。

尽管政府主导的投资仍支撑着经济增长，但投资收益率的下降和资金使用效率的降低已逐渐弱化了“债务—投资”驱动模式的效用。随着宏观形势恶化，这一模式伴生的高债务问题不断显现，且由于其连通实体经济和金融市场，高债务带来的高风险已成为经济稳定的巨大威胁。保持一定的经济增长对居民就业、社会稳定和各类宏观风险的缓释有重要的意义，更是实现GDP翻一番的硬性指标。但在当前形势下，守住经济增长底线的同时，防范债务危机同样重要。

◎ 我国总体债务规模快速扩张，结构性风险不断凸显，防范债务风险乃重中之重

2008年以来，随着“四万亿”刺激政策、十大产业振兴规划以及后

危机时期的“微刺激”等政策的出台和实施，我国债务总规模呈现快速扩张态势，债务率经历了危机前略有下降，之后快速攀升的过程。根据国际清算银行的数据，截至 2018 年，我国总债务规模达到 247 万亿元，债务率达到 274.2%。与全球其他国家相比，我国债务率虽然低于部分发达国家（日本 375.3%、希腊 294.9%），但已经超出美国（249.8%）、其他金砖国家以及其他新兴经济体，处于较高负债水平。回顾 2008 年，我国总债务率仅为 170%，总债务率短短十多年提高了约 104 个百分点，而美国债务率提升同样的幅度则足足经历了 30 年。

从结构来看，金融危机后非金融企业部门尤其是国有企业债务的快速扩张是总体债务率持续攀升的主要原因，也是债务风险的聚焦所在。在“债务—投资”增长模式下，中国的企业以特有的机制参与了由政府主导的反危机调控，债务规模快速扩张。2018 年，中国非金融企业债务规模达到 155.3 万亿元，债务率达到 173%，远远高于 90%的国际警戒线，对总体债务率增长的贡献超过六成。相比之下，美国和英国这一数据分别为 74.4%和 83.6%、日本和韩国则在 100%～110%区间。与此同时，中国非金融企业还面临更为严峻的付息压力。在目前日本、英国、欧洲央行推行负利率的背景下，中国的利率中枢水平较高。综合考虑我国目前的贷款、信托等金融产品的利率水平，以 5%的平均利率计算，非金融企业仅利息支出就在 7.5 万亿元左右，约占全国规模以上工业企业主营收入的 91.17%，约为 GDP 的 10.14%。

非金融企业债务结构中，国有及国有控股企业占比接近七成。资源高度集中于效益持续下滑的国有企业，资源配置效率下降，债务风险进一步加深。2008 年以来，国有经济虽然在国民经济中的比重有所下降，但在资源配置中的地位却是不断增强的，尤其是在房地产、煤炭、钢铁、有色金属等过剩行业领域。国有企业虽然总资产贡献率以及盈利能力明显低于私营企业，却聚集了大部分的资金。整个非金融企业债务结构中，国有及国有控股企业占比达到68%，而债券市场非国有企业债务仅占7%。2017年以来，国有及国有控股企业经济利润增速持续下滑，其利润走势相对其他所有制经济而言处于劣势。债务增长和效益下降说明整体资源配置效率在不断下滑；在当前宏观经济下行、信用风险不断酝酿的背景下，高度集中于国有经济的债务结构也加大了系统性风险的发生概率。

追本溯源，中国的债务风险是如何积累至此的呢？首先，刺激性政策带来的巨量货币投放是主要原因。金融危机时期，我国刺激性政策通过对基础设施的投资拉动经济增长，由此进入了债务率攀升的加杠杆周期；后危机时期，微刺激政策频出，推动总体债务规模迅速扩大。其次，“刚性兑付”幻觉[①]是债务雪球不断滚动变大的原因之一，尤其是由各级政府背书的国有企业、地方融资平台等主体债务规模不断膨胀。近年来，市场刚性兑付预期被打破，地方政府兜底的意愿和能力降低，债务风险由此凸显。最后，金融机构的贪婪助推了债务风险。由于激励机制不合理，部分金融机构没有自觉控制风险，反而不惜主动伪造文件，放大风险。此外，债券市场监管的“五龙治水”造成的监管套利空间也对债务风险的积累起到了

---

① 债券市场发展初期，出于培育市场、控制风险等考虑，监管机构审批的发债主体多为实力雄厚的央企和地方国企。金融危机爆发后，随着刺激政策的落地，越来越多的融资平台以企业名义为政府融资，而地方政府又经常愿意出具各种形式的“兜底函”“担保函”为债务提供隐性担保。政府和企业债务责任的边界模糊是让市场形成一切国企均有政府背书和“刚性兑付”幻觉的最主要原因。

推波助澜的作用。

◎ 稳增长与防风险双底线思维下的政策选择

在债务风险凸显、经济下行压力不减的背景下，双底线思维尤为重要，即一方面要守住经济增长的底线，另一方面要防范债务危机爆发。要实现全面建成小康社会目标，同时考虑保就业、惠民生，未来一段时间经济增长需要保持在 6%以上，这是经济底线。与此同时，缓释债务风险，也需要一定的经济增长作为依托。因为经济增长能够带来资产价值上升，企业的负债结构在一定程度上能够改善，由此债务风险能得以缓释。在当前民营经济持续乏力、经济增长内生动力不足的情况下，稳增长的最终实现需要通过积极的财政政策、稳健适度的货币政策以及长短期目标衔接的供给侧结构性改革共同推进。防范债务风险爆发是另一条底线，从 20 世纪以来全球发生的经济危机来看，其本质大都是债务和债务衍生工具引起的金融危机。而目前我国的债务规模高企，尤其是非金融企业的债务问题日益加剧，防范债务危机是当前经济发展中不应忽视的重中之重。

当前我国经济最大的风险在于经济增长的下行压力可能会引发房地产、地方政府融资平台等薄弱环节的结构性风险。要想正确处理我国债务风险问题，应该更加重视"稳增长、守底线"的策略。一方面，要优化债务结构，提高资金利用效率；另一方面，要通过经济持续稳定增长逐步化解高杠杆，即采取健康、积极、渐进的手段去杠杆。与此同时，深入推进改革，进一步焕发企业活力。具体来看，可以从以下三方面入手，积极防范债务危机爆发。

第一，通过大腾挪实现"杠杆转移"，优化债务结构，降低企业杠杆率。短期来看，降低非金融企业尤其是国有企业杠杆率是化解债务风险的主要抓手。在目前中国经济处于潜在增长平台下移，结构性、趋势性以及周期性力量共同作用的下行过程中，过快去杠杆可能会带来经济的急速下滑或者波动，而通过政府部门和居民部门适当加杠杆，保持总需求的一定扩张，有利于在宏观背景相对稳定的情况下，企业平稳地降杠杆。这种“杠杆转移”实际上是对应于供给侧改革与需求侧管理的相互结合、相互平衡。从路径来看，一方面，政府部门适当加杠杆，避免债务收缩对经济产生的负面影响。考虑由中央财政发挥更大的作用，通过发行国债注资企业部门，让企业部门杠杆转移到政府部门，尤其是中央政府。另一方面，企业部门有区别、有针对性地有序去杠杆。一是鼓励企业扩充资本改善负债结构。二是债务占比较高的国有企业部门，加快推动国有企业改革，促进僵尸企业出清。三是深化资本市场改革，完善多层次股权融资市场，提升股权融资在社会融资中的占比；同时深化利率、汇率监管等相关改革，提高金融市场配置效率。四是妥善利用债转股，以市场化、法制化的方式推进这一工具的运用。

第二，降低金融市场交易杠杆，实时监控流动性风险，改革债券市场从业人员激励机制。一方面，降低金融交易杠杆。无论从国际经验还是从2015年发生的股灾来看，金融风险乃至金融危机基本是由杠杆效应而起。目前，在债券市场，通过回购交易以及优先/劣后的结构化产品这两种方式实现加杠杆已是常态。一旦出现流动性紧张，可能会带来严重问题，必须严格控制。另一方面，实时监控流动性风险。在目前违约风险不断暴露的情况下，投资者的悲观情绪加速上升，极易因为个别突发事件引发“流动性踩踏”，造成债券市场融资功能失灵。而信用债质押再融资能力下降，加上机构被迫去杠杆，腾挪资金配置安全资产，都将使得市场资金需求显著上升。一旦金融机构融资出现困难，信用风险将从企业扩散至金融机构。

因此，要实时监控流动性风险；与此同时，加快改革金融市场从业人员激励机制，增强从业人员风险意识和责任。从业人员的激励机制不仅要与债券产品的发行挂钩，还要与偿债挂钩，建立债券从业人员的终身追责制度。

第三，长期来看，化解风险和稳增长要求供给侧结构性改革有序推进。在“新常态”和“三期叠加”的背景下，中国经济面临的债务风险和结构性问题依然突出。从长期来看，解决这些问题必须依靠更深层次的改革。推进供给侧结构性改革，关键是提高经济增长质量和效益，提升中国各方面的全要素生产率。“十三五”期间，加快金融业对外开放和改革、国企改革、土地改革以及提高创新能力等改革必须不断推进，提升全要素生产率；与此同时，通过产品价格和要素价格改革，引导资本和劳动在不同部门的优化配置，实现过剩产能的出清以及经济结构的调整。

全球经济已经在底部徘徊了十年，中国经济的筑底也不能一蹴而就。在双底线思维下，守住经济增长的底线并且坚定预防债务危机的决心，不仅是经济社会平稳运行的必要条件，也是为中国经济成功转型创造有利的氛围。

二十、构建“稳增长”与“防风险”双底线的宏观调控体系

在外部环境恶化与内部调整因素叠加、周期性力量与趋势性力量叠加的综合作用下，2018—2019 年中国宏观经济未能延续 2016 年第二季度以来的弱复苏态势，而是表现出持续回缓、下行压力加大的特征。这一重要变化使得建立在宏观经济基本企稳这一判断基础上的宏观经济政策面临严重的合成谬误，即单独来看具有一定合理性的去杠杆、强监管、稳健的货币政策、财政债务纪律整顿等政策措施叠加在一起产生的外溢效应超过了经济体系的承受能力，突出表现为：虽然守住了不爆发系统性风险的底线，但股市、债市以及其他金融市场的局部风险持续超预期释放，上市公司股权质押频繁“爆仓”，全年债券市场违约金额超过此前违约金额总和。在中长期动力源泉减弱使得经济潜在增长率下降、产业结构调整使得劳动生产率下降、外部经济政治环境短期内难有明显改观的背景下，我国经济依然面临较大的下行压力，债务周期转换过程中地方政府融资平台、非金融企业特别是民营企业存在信用风险加速释放的可能。因此，有必要继续坚持构建和完善 2016 年下半年以来以“稳增长”和“防风险”为双底线的宏观调控体系，并适时在二者间动态调整，把握好“防风险”与“稳增长”的平衡，处理好局部风险释放与系统性风险防范之间的关系，既要防止经济内生的风险，也要防止监管踩踏诱发新的风险。

◎ 未来一段时期我国宏观经济仍将继续筑底

从中长期来看，支撑中国经济改革开放后 40 多年高速增长的几大动力源泉均不同程度地减弱，全球化红利耗竭，工业化红利递减，人口红利也随着人口抚养比底部到来、刘易斯拐点出现、储蓄率的回落而发生逆转。“十三五”期间，经济增长潜力有所下降，潜在经济增长率的底部有可能跌破 6.5%。从中短期众多周期性因素来看，美国经济数据喜忧参半、增长动力依然不强，欧盟除自身的结构性问题外还将受英国脱欧的进一步冲击，外需难有明显改观。增长动力主要还是来自内需，而消费需求取决于居民收入、消费习惯等方面的因素影响，其走势相对于经济增长而言比较平稳；投资需求是需求变动以及经济变动的关键，更具体地说是取决于基建、房地产、制造业这三大固定资产投资的增长，行业调整周期的变化决定了房地产投资、制造业投资难以明显改善，基础设施投资增长提速的空间也有所缩小；而从产业发展来看，新动力难以充分替代旧动力拉动经济增长，与此同时，在向服务经济为主发展的过程中，服务业劳动生产率相对第二产业劳动生产率低将制约全社会劳动生产率的提升。这些因素共同决定了短期内中国宏观经济仍将持续筑底。

1. 从中长期来看，中国潜在经济增长率在不断下滑

改革开放头 30 多年，全球化红利、工业化红利、改革开放以来的制度红利以及人口红利带动中国经济持续保持两位数以上的增速增长。而目前支撑中国过去 40 年高增长的几大动力源泉均不同程度地减弱。首先，随着世界经济进入低速增长的新平庸时期，各种形式的贸易保护主义重新抬头，我国劳动力成本的提升带来全球化红利耗竭。其次，2011 年以来，我国适龄劳动人口规模呈现缩减趋势，人口抚养比回升，而刘易斯拐点也于 2008

年到来，人口老龄化进程加快，居民储蓄率随之下降，人口红利不复存在。再次，从数据来看，由于三次产业间劳动生产率的变化，第一产业与第二、三产业劳动生产率增速差异收窄，依靠农村剩余劳动力转移提升全要素生产力的空间区域收窄。最后，政策调整也会通过短期波动影响中长期的潜在增长速度。总体来看，全球化红利耗竭、人口红利也随着人口抚养比底部到来、刘易斯拐点出现、储蓄率回落、劳动生产率提升受到制约，所有因素共同作用，导致我国经济增长潜力有所下降。

目前，关于经济潜在增长率测算的研究众多。使用生产函数、HP滤波等方法，不同学者测算的结果有所差异，但总体趋势基本是潜在增长平台将进一步下移。以中国人民大学经济学院郭豫媚和陈彦斌（2015）的测算为例，“十三五”期间，在没有出现重大经济波动的基准情形下，潜在经济增长率将由2012—2014年的9.37%下降至6.31%（见表20-1）。

表20-1　1979—2020年中国潜在GDP增长率的估算与预测（%）

指标＼年份	1979—1989年	1990—1999年	2000—2007年	2008—2011年	2012—2014年	2015—2020年		
						基准	悲观	乐观
潜在GDP	9.67	9.74	9.87	10.82	9.37	6.31	5.47	7.87
资本	8.29	11.06	14.22	18.62	16.94	9.61	8.42	10.61
潜在劳动力	3.45	1.42	0.65	0.40	0.35	−0.08	−0.10	−0.08
人力资本	2.74	0.95	0.81	0.98	0.99	0.66	0.66	0.89
TFP	2.38	2.82	1.73	0.42	−0.13	1.01	0.79	1.93

2. 从中期来看，我国依然处于产业结构调整的重要时期

从中期看，我国产业结构依然处于向服务经济为主的格局转变的过程中，第三产业占经济总量的比重和对经济增长的贡献率均呈不断提升的态势。相对于第二产业，就业弹性更高的第三产业劳动密集型特点更为明显，劳动生产率的提升相对慢于第二产业，全社会劳动生产率的提升将会随着第三产业比重的提升而有所放缓。根据“鲍莫尔-富克斯”假说，在劳动生产率增长率

非均衡增长的经济体系中，经济总体的增长速度将渐进性地趋同于技术进步相对落后的停滞部门的劳动生产率增长率。作为以服务经济为主导经济的后工业化国家，美、日两国的发展趋势正与此理论相一致，相对于技术进步较快的工业，经济增长更趋近劳动生产率增长较低的服务业，服务业对经济增长起主导作用。与此同时，从产业结构升级理论来看，工业化初期，劳动力快速从劳动生产率较低的第一产业向效率较高的二、三产业转移，全社会劳动生产率将会随之大幅提高，这正是丹尼森效应；随着工业化进行到后期，产业结构基本稳定，劳动力转移速度将有一定放慢，由此带来的效率总配置效应也将减少，全社会劳动生产率增长也将相对稳定，这也是美国、日本等发达国家近年来劳动生产率增长放缓的原因之一（见表 20－2）。

表 20－2　　日本、美国产业劳动生产率增长

	年份（年）	GDP 增速（%）	劳动生产率增长（%）			产值份额（%）		
			农业	制造业	服务业	农业	制造业	服务业
日本	1970—1980	4.5	6.21	4.60	3.46	4.20	25.90	47.70
	1980—1990	3.9	3.57	3.60	2.63	3.00	26.90	53.00
	1990—2002	1.4	1.70	2.90	0.81	1.90	23.40	60.30
美国	1970—1980	3.3	4.52	2.50	1.71	1.00	15.40	57.39
	1980—1990	3.2	3.66	2.65	1.46	1.20	15.00	59.90
	1990—2002	3.3	2.49	3.79	2.20	1.10	14.40	63.40

资料来源：袁海霞．北京市劳动生产率与经济增长的关系（工作论文）.

从我国的情况来看，改革开放以来，随着市场化改革不断进行，要素市场的完善和健全带来的产业间劳动力、资本等资源的优化配置是全社会劳动生产率大幅提高的主要原因之一。随着产业结构的调整，就业人员快速从一产向二、三产流动，丹尼森效应发挥作用，劳动生产率随之大幅提高，经济增长也快速发展；随着我国向服务经济为主的经济结构转变，服务业占比不断提升，再加上劳动力跨行业转移的成本也在上升，劳动力转移减速，通过产业结构之间的劳动力配置提升效率的空间压缩，全社会劳动生产率的变动将出现增长放缓的态势（见表20－3），这将对未来经济增长形成一定的制约。

表20－3 我国不同阶段经济增长、劳动生产率增长以及产业结构变化

年份（年）	GDP增速（%）	劳动生产率增长（%）				产业结构占比（%）		
		全员劳动生产率	一产	二产	三产	一产	二产	三产
1979—1990	9.84	5.42	3.67	3.56	3.49	27.58	43.33	29.08
1991—2000	10.45	8.54	3.93	10.98	4.15	17.91	45.88	36.20
2001—2010	10.55	9.88	6.73	8.51	8.05	10.79	46.39	42.83
2011—2015	7.88	7.44	9.22	6.47	4.26	8.82	43.78	47.41
1979—2015	9.68	7.74	5.21	7.32	5.02	—	—	—

3. 从中周期来看，作为稳增长主力的固定资产投资处于下行阶段

从经济周期的短期波动来看，消费需求变动相对于经济增长比较稳定，需求变动的关键仍然是投资需求。基础设施投资、房地产开发投资和制造业投资占固定资产投资比重超过七成，三者的走势基本可以决定固定资产投资的发展趋势。

从占比20%～25%的基础设施投资来看，近几年来，作为我国政府促投资、稳增长的主力军，基础设施投资持续保持两位数以上的高位增长。从长远发展来看，随着城镇化的推进、区域经济带建设等，对基础设施投资的需求仍有加大的趋势，尤其是水利工程、交通设施互联互通、通信设施、农村基础设施等仍有较大投资空间。同时，由于基础设施属于社会先行资本，具有较强的正外部效应，所以在制造业投资受制于产能调整以及“930新政”影响下房地产开发投资仍将低迷的情况下，基础设施投资仍是稳增长的主力。但总体来看，尽管基础设施投资仍有投资空间，但是由于受地方政府负债和投资能力以及投资效率的制约，基础设施大规模扩张的基础比较薄弱；同时，考虑到基数效应，未来基础设施投资增速会逐步放缓。

制造业投资占总体投资的比重大约为 31%，其主要构成包括轻纺等传统消费品制造业、高耗能制造业、装备制造业和信息产业等，三者的占比大体分别为 33.5%、24.5%和 32.6%。从发展趋势来看，高耗能制造业和部分装备制造业产能严重过剩，随着去产能的推进，这一类别的投资增长很可能将持续下滑；轻纺等工业投资依赖于出口、消费影响，变化相对不大；新信息产业、高技术制造业等新兴产业的投资依赖于新动能、新产业的培育，从目前情况来看，新兴产业发展势头较好，但规模难以带动制造业投资企稳。总体来看，制造业投资疲弱态势仍将持续，高耗能制造业投资将继续下降，消费品制造业、装备制造业投资难有突出表现。

占比近 1/4 的房地产开发投资，2016 年其增长受销售持续火爆带动呈现反弹迹象。但从本质上讲，这一轮房地产销售火爆是政策放松、市场预期等多种因素带来的，受销售火爆带动投资、土地出让金等指标均有不同程度的改善。但是，出于对资产泡沫的担忧，政策风向发生变化，“930 新政”后密集出台的楼市调控政策以及中央政府提出的“房住不炒”理念直接影响了购房者的预期，房地产开发投资预计会继续处在较低水平。

从主体来看，占投资比重六成的民间投资增长依然难以摆脱低迷，特别是从新建投资增速和扩建投资增速看，民间投资意愿始终没有出现明显好转。这与实体经济回报率下行、主体信心不足以及制度性因素等有关；能否实质性改善，还取决于供给侧结构性改革，比如财税体制改革、国企改革等能否实质性推动。总体来说，“稳投资”面临不小的难度。

4. 世界经济仍处于深度调整周期之中，外需疲弱制约我国经济增长提速

2019 年，世界经济总体复苏乏力，世界经济增长率低于预期，不确定性超出预期。各国分化走势延续，部分新兴国家面临增长趋缓、货币贬值、

资本外流等多重压力。展望未来，世界经济增长动能仍旧疲弱：全球贸易持续低迷，政策空间压缩以及不确定性上升，逆全球化倾向上升，同时仍面临英国硬核脱欧、美国大选后内外政策变化、国际金融体系风险凸显和地缘政治冲突上升等不确定因素，经济增长势头可能有所减弱，国际油价也将维持区间波动。在全球经济的再平衡过程中，世界经济持续的低增长、低贸易、低通胀和低利率的“四低”特征仍旧延续；而全球资产泡沫加剧，世界经济仍面临二次探底的风险。这将对中国经济总量和结构形成一定的冲击，外需难以有明显改善。

从供给端看，当前世界经济正处于以创新为基础的长周期下降阶段，尚难以看到可以产生革命性影响的重大技术突破，新兴产业仍处于产业化的初级阶段，难以担负引领世界经济走出困境的重任。同时，全球结构性改革举步维艰，发达国家人口老龄化、收入差距加大和债务高企等痼疾尚未得到有效治疗，新兴经济体经济结构单一、金融系统脆弱、抗风险能力弱等问题长期存在。从需求端看，有效需求不足成为制约各国经济增长的首要因素，全球经济再平衡令发达国家私营部门持续去杠杆、抑制投资和消费复苏。全球化进程放缓及贸易保护主义升温又进一步抑制了外需对各国经济增长的拉动作用，而凯恩斯主义的需求管理政策难以持续有效弥补私人需求的下降，并加大了各国主权债务风险。总体来看，全球范围内的产能过剩和需求不足现象依然突出，钢铁、能源、采矿等传统产业过剩产能出清进展缓慢，供需失衡局面未出现明显改观。而新能源、生物技术、智能制造等新技术仍处在探索和试错阶段，受制于成本和技术水平限制，新供给尚未创造有效的新需求。综合来看，世界经济仍将持续疲弱。

在全球经济增速放缓的背景下，全球化进程遇阻与贸易保护主义升温，进一步抑制了全球经济增长的动力。自 2008 年以来，G20 经济体共采取了

1 583 项新的贸易限制举措，而仅仅取消了 387 项。后危机时代，全球贸易保护主义愈演愈烈。包括直接限制贸易措施、货币竞争性贬值和区域贸易集团对非成员国的隐形歧视在内的贸易保护主义措施，对全球贸易的复苏形成一定的阻碍。外需的持续疲弱，特别是中美贸易冲突短期内难以真正化解，将对我国经济增速提升形成一定制约。

◎ 债务风险依然是我国经济稳定的重要威胁

在影响经济增长的众多周期性力量中，债务周期是影响我国经济最重要的力量。事实上，我国目前总体债务处于“临界点”。从非金融企业部门的债务率看，虽然随着“去杠杆”的推进，债务率稳中有降，但总债务率接近或超过其他国家发生危机时的水平。信贷扩张和信贷缺口等反映金融危机的先行指标，也均已接近甚至超过各国危机前夕的数值。虽然目前我国无论是债券市场违约带来的冲击，还是信贷市场融资收紧产生的负面效应都是短暂的、非连续性的，但由于当前国内金融体系的脆弱性及敏感性日益抬升，非预期的外部事件冲击很可能引发债务危机乃至经济衰退。因此，我国仍需要防范债务危机可能引发的灾害性冲击。

1. 去杠杆、偿债高峰期推动企业信用风险加剧释放

去杠杆、去产能是中央重要任务中的两大任务，产能过剩和非金融企业债务率过高是目前产业发展面临的重要问题。2016 年，党中央提出用三年时间处置 345 家僵尸企业、用两年时间压缩煤炭和钢铁 10%产能等央企改革任务；国新办在债务吹风会上对未来去杠杆路径也有所明确，将采取市场化、法制化的方法解决这一问题。目前仍是去产能、调结构的重要时期，尽管这将加大制造业下行压力，但在改革转型的关键时期，去杠杆、去产能的进程一定会有序推进。随之而来的，或将是过剩产能企业信用风

险的进一步释放。从2014年债券市场首次发生公募债违约以来，从已经违约的山东山水、保定天威再度违约到亚邦、东特钢、云峰私募债违约，从民企到国企，从煤炭行业到汽车制造业，违约事件和信用风险事件爆发频率均有所上升，更加说明了随着经济筑底持续，结构调整和过剩产能出清艰巨进行，违约事件常态化几乎不可避免。

从债券市场到期规模和信托到期规模来看，近两年非金融企业所面临的债务到期压力明显增大。从债券到期情况来看，2016年以来我国债券市场已经进入偿债高峰；2019—2022年，在不考虑新发债的情况下，到期信用债总规模超过13万亿元，其中2019、2021两年到期信用债规模超过4.9万亿元。从信托到期规模来看，2018年三季度统计的未来一年信托到期只数和到期规模继续攀升，信托债务到期压力持续增大。虽然2018年以来尤其是下半年以来政策出现调整，货币政策边际宽松，尤其是针对民营企业融资难、流动性风险高发的情况出台了一系列改善民营企业融资的政策措施，但是，在非金融企业经营基本面没有明显改善，企业“造血”能力没有明显提升的情况下，仅靠金融机构的“输血”难以保障企业的长远发展；且宏观政策仍须寻求稳增长与防风险的平衡，过度的货币宽松有导致“糟糕的通胀去杠杆”的风险。综合来看，经济下行叠加债务到期高峰，未来一段时间内，信用风险尤其是民营企业的信用风险仍有很大概率保持高发势头。

为了偿还债务，企业可能会被迫出售资产，当大量企业面临此情况时会造成资产价格的大幅下降，从而加剧市场动荡，情形严重时会导致资产价格崩溃，即引发“明斯基时刻”。由于我国企业主要通过间接融资，最终资产价格下跌、担保链上的企业风险上升等传导至银行体系，银行的风险敞口将显著扩大。银行系统会直接或间接参与非银行金融机构的融资过程，因此，银行系统所面临的风险将会由表外向表内不断扩大。随着风险在银行体系中不断积聚，银行资产质量将不断恶化，会加强全球投资者对我国经济下行的预期，从而导致金融市场的大幅波动，并使存款刚性支付缺口问题凸显，进而引发银行等金融机构的支付风险向金融风险转变，加剧经济系统的脆弱性。在信用风险加快暴露的过程中，如果大范围或者某一环节出问题波及银行体系，则系统性风险的发生概率就要提升。

2. 地方政府隐性债务风险突出，融资平台信用风险有所暴露

根据全国各省财政决算报告及我们的测算，2018 年我国地方政府显性债务规模达 18.39 万亿元，地方政府负债率达 20.4%；若加上中央政府债务余额 14.96 万亿元，我国政府债务负债率达 37%，低于欧盟 60%的警戒线。在以直接债务为主的显性债务口径下，我国地方政府风险水平较低。但我国隐性债务风险较为突出。截至 2018 年我国地方政府隐性债务规模为 32 万亿～40 万亿元，为显性债务的 1.7～2.2 倍，考虑隐性债务的政府负债率直接上升至 63%～81%，大幅高于发展中国家平均水平。相比显性债务，隐性债务快速增长且偿还更具有不确定性，正逐渐成为我国地方政府面临的中长期风险。而地方融资平台作为我国特有财税体制及经济发展模式的产物，在地方经济发展过程中依托政府信用快速扩张债务，已成为当前地方政府隐性债务的最重要载体。

2018 年以来，受经济走弱影响，为了避免“一刀切”处置风险，地方政府债务监管政策出现边际微调。4 月，中央财经委会议将地方政府和国有企业列为结构性去杠杆重点，“堵后门”操作持续；7 月，国务院常务会议明确提出“保障融资平台合理融资需求”，但对地方政府隐性债务的严监管基调仍未改变。在此背景下，作为地方政府举债主体的融资平台再融资受阻，信用风险有所暴露。伴随“17 兵团六师 SCP001”的延期兑付，城投债

的刚性兑付信仰逐步瓦解，融资平台违约风险从私募向公募蔓延。2018 年全年共计 17 家融资平台涉及债务偿付危机，涉及金额共计 47.36 亿元，对市场的冲击逐渐加大。

未来几年，地方政府融资平台偿债高峰来临，虽然风险总体可控，但分化态势加剧。从整体到期情况看，2019—2021 年为城投债到期及回售高峰，其中，2021 年到期及回售压力较为突出。从信用等级看，处于到期高峰的城投债普遍资质较高，AA 级以上主体到期及回售规模合计 2.48 万亿元，规模占比接近 100%。从区域分布看，江苏省到期规模居首；债务率较高的省份如宁夏、青海、辽宁、贵州，到期及回售规模不大，偿债高峰期时的区域性信用风险整体可控。从到期及回售主体情况看，近三年内到期及回售城投债券共涉及城投企业 1 434 家，融资平台资产流动性整体较弱，部分平台对政府回款的依赖仍然较高。

3. 投机性融资与庞氏融资占比高，经济与金融体系脆弱性上升

明斯基将债务融资分为三类：第一类是对冲性融资，即债务人的现金流能覆盖利息和本金，这是最安全的融资行为。第二类是投机性融资，即债务人的现金流只能覆盖利息，这是一种利用短期资金为长期头寸进行融资的行为。第三类为庞氏融资，即债务人现金流不能覆盖利息和本金，债务人只能靠融资所形成的资产升值、变现后带来财富的增加来维持自己对资金提供方的承诺；如果资产不能升值，那么只能将债务继续维持下去，这势必呈现出很高的财务风险，一旦资金链断裂，不仅债务无法偿还，而且借款所形成的资产价格也会出现暴跌，从而引发金融动荡和危机。虽然缺乏整体的非金融企业部门融资者结构的数据，但以发债的境内非金融企业相关财务数据为样本，可以近似地考察非金融企业部门融资者结构。在发债的境内非金融企业中，2015 年至 2018 年二季度，年末现金到期债务比

小于1、现金流量利息保障倍数小于1的占发布财报的发债企业的比例均呈持续攀升态势（见图20-1）。从2018年半年报来看，虽然两类企业占发布财报的发债企业的比例较上年同期有所回落，但主要是发布半年报发债企业总量这一分母减少更多导致的，两类企业总数同比仍然呈增加态势。在当前的经济下行期，宏观经济走弱压力仍存，经济运行中不确定性因素增多。随着供给侧改革力度的边际减弱，工业企业和服务业企业营业收入和

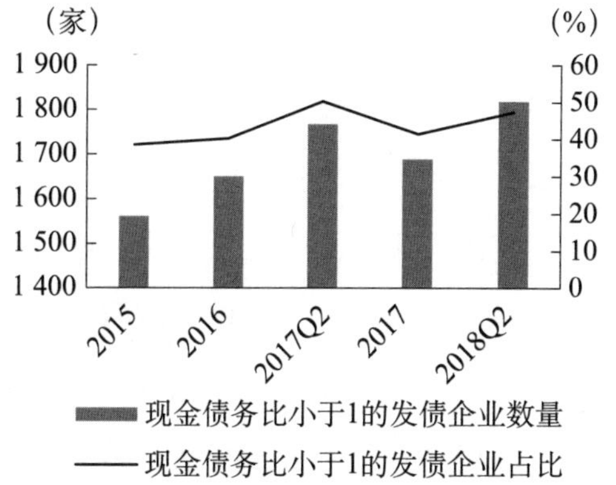

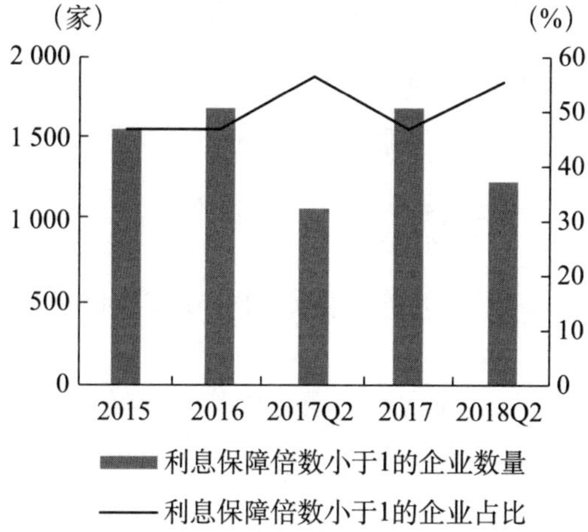

图20-1　现金到期债务比小于1和现金流量利息保障倍数小于1的企业数量和占比

资料来源：根据wind数据库计算整理。

利润增长均有放缓，且后续随着需求的走弱，企业利润增长仍存在进一步的放缓压力，经济运行的微观基础继续恶化，这有可能加大企业的内部现金流压力。尤其是在投机性投资者和庞氏融资者占比较高的情况下，企业信用风险集中爆发有可能加剧风险从非金融企业部门向金融体系的传导，甚至引发系统性金融风险。

我国的债务问题本质上是由“债务—投资”驱动的经济增长模式导致的。货币以银行信贷为主的债务形式主要投放给中央和地方的国有企业，以此开展由政府推出的大量以基础设施建设、房地产为主的投资项目，拉动经济增长的同时带来了资产泡沫、企业债务的高企和债务率的攀升等问题。债务工具的使用在经济发展中具有重要作用，适度的债务率不仅能够提高资金的配置效率，而且能够促进经济增长。但如果负债过高或者配置结构不合理，则会造成信用违约频发、金融机构不良贷款陡升、资产价格崩溃，最终导致金融危机的全面爆发。从目前的情况来看，无论是实体经济还是虚拟经济，其投资收益率的下降和资金使用效率的降低已逐渐弱化了“债务—投资”驱动模式的效用，高债务带来的高风险已成为经济稳定的巨大威胁。中短期内，债务周期是影响中国经济稳定的最重要力量，债务风险是经济运行中需要密切关注的重中之重。

◎ 构建以稳增长、防债务风险为核心的宏观调控体系

在经济仍将继续在底部徘徊、债务风险成为经济稳定重大威胁的背景下，宏观经济调控建立稳增长与防风险的双底线思维，即一方面需要宏观经济政策的支持，稳定经济增长，避免大规模违约和企业破产倒闭的出现，为从根本上解决债务问题争取时间；另一方面，必须有序推进供给侧结构性改革，逐步摆脱对“债务—投资”驱动增长模式的依赖，推动经济进入

新的增长周期。

1. 宏观调控要正确认识六大问题

（1）正确认识短期目标与中长期调整目标的关系。从宏观调控和经济发展看，经济增长的短期波动几乎都是需求侧的问题，而不是供给侧的问题，短期稳增长扩大总需求、反周期的措施仍是需要的。我国经济放缓不仅仅是周期性因素，也是结构性、趋势性力量共同作用的结果。因此，从本质上讲，必须依靠结构性改革，解决结构性矛盾。推动结构性改革时，也要对结构性改革的各种措施进行梳理，分清轻重缓急，处理好短期目标和中长期目标的关系。当前，在一定程度上，短期宏观经济调控与长期结构性调整任务有一定的混淆，强调通过调结构和去杠杆的长期政策消除经济下行压力，客观上容易造成忽略短期任务的急迫性。从长期来看，供给侧改革有利于推动我国经济发展转型，促进结构调整。结构性改革主要解决长期问题，但不能忽视短期问题。

（2）正确认识政府与市场的关系。宏观调控实质上是政府对市场的干预，这种干预必须建立在尊重市场规律的基础上，必须坚定不移地推进市场化改革，从而夯实宏观调控的微观基础。从经济增长的驱动看，资本因素仍是我国经济增长的最大贡献者，稳增长的关键在于资本效率的提升。而目前资本效率偏低，根源是政府主导型的经济发展方式，而高效率的民间投资并未充分启动，在宏观调控中滥用行政审批权力的问题始终存在。

（3）正确认识货币功能的有效性、有限性。为应对金融危机冲击以及促进经济平稳较快增长，我国以快速增加的人民币新增贷款等方式不断扩大货币投放。最近几年 M2 增速虽然不断下降，但人民币货币存量已经全球第一，M2/GDP 持续攀升。从政策效果看，我国扩大货币投放的效果递减，信贷刺激对经济增长的边际作用越来越小。大量增发的货币也带来一系列问题，对资产价格尤其是房地产价格、股市波动等的影响越来越大。因此，对于货币功能，需要正确认识滥用和慎用的界限。

（4）正确认识培养和建立产业优势的中长期性。调结构、促转型是我国相当长一段时期的主要任务和目标之一，但产业结构的调整以及产业优势的培育建立都不是一朝一夕的事情。回顾近十年的产业政策，相关政策部门试图从各个产业中挑选出要重点发展的先进技术或产品进行扶持，并淘汰落后的技术或产品。由此，中央与各省份发布的相关产业目录数量达百余部。然而，由于政府本身难以收集并处理所有的市场信息并做出动态最优化决策，依靠政府力量频繁干预经济只会扰乱市场秩序而降低市场对资源的配置效率。这就会导致经济结构反而“越调越乱”。产业发展方向不断调整、新兴产业陆续出现产能过剩问题及落后产能陷入“越淘汰越过剩”的怪圈均是突出的表现。一方面，产业落后导致的受制于人、抗风险能力差，以及政府宏观调控滞后与投机心态，导致了资本的过度集中，热钱涌入加剧了行业泡沫、通货膨胀。另一方面，资本的过度集中与产业结构失衡又加剧了其他产业的落后。如此反复、恶性循环，才导致了矛盾的爆发。因此，要正确认识培养和建立中国产业优势的中长期性。由于产业升级是个长期的过程，缩短差距也不是一朝一夕的事情，而促进技术创新与产业升级，提高自身能力，才能不再依附于人，使落后的劳动密集型产业朝技术革新方向发展，这样在国际竞争中才能有话语权。

（5）正确认识不能在风险的释放过程中积累风险。随着货币投量的快速增加以及债务规模的快速扩张，大量投机性货币在股市、债市以及房市中伺机流动，催生了股市泡沫、债市泡沫以及房市泡沫。而汇市与股市的连通，更是加大了系统性风险提升的概率。目前，我国财政政策和货币政策仍有一定的空间，财政赤字率和政府负债率与全球其他国家相比依然较低，名义利率离零利率和负利率尚有距离，可利用现有的政策空间进行结构调整和改革，通过杠杆转移缓释风险。但是，在这一过程中，应避免已有的风险进一步积累，否则系统性风险发生的概率会大大增加。

（6）正确认识当前改革的艰巨性和诸多困难。我国改革已走过30多年历程，当前已进入深水区和攻坚期。各项改革相互交织、相互掣肘，改革的综合性较强、复杂性较高，对改革方案的专业性、系统性要求更高，实施和推进改革的困难较大。全面深化改革无论是在深度上还是在广度上，都是过去任何时期、任何阶段的改革所无法相比的。现阶段的改革是全面的改革，不仅需要深化经济体制改革，还需要深化政治体制、文化体制、社会体制、生态体制、国防和军队体制改革，以及加强和改善党的领导等诸多方面，实质上是把伟大事业和伟大工程都包括在内的改革。改革的艰巨性前所未有。在多年改革发展中，收入分配、资源利用等各个领域均或多或少形成了某种既得利益群体，而且这些固化的既得利益往往与某些政府部门自身的利益相关联，渗透到经济社会生活的多个方面。

2. 重构宏观调控体系

（1）明确“稳增长、防风险、促改革”等逻辑顺序，供给侧结构性改革与需求侧管理政策协调并进。第一，稳增长是缓释风险的前提，是保就业、惠民生的底线。当前，在经济下行压力下，缓释债务风险需要一定的经济增长作为依托。与此同时，要实现全面建成小康社会目标，同时考虑保就业、惠民生，未来一段时间内经济增长仍要保持合理增速，这是经济底线，也是政治底线。第二，防控风险尤其是债务风险是关键，是保证不发生经济危机的底线。风险控制并不是简单地去杠杆，而是在稳定杠杆增速的情况下，调整债务结构。第三，在稳增长、防风险双重底线思维下，需要需求侧管理与结构性改革协调并进。目前，我国经济处于潜在增长率下移，结构性、趋势性以及周期性力量共同作用的下行过程中，过快去杠杆可能会带来经济的急速下滑或者波动；通过政府部门和居民部门适当加杠杆，保持总需求的一定扩张，有利于在宏观大背景相对稳定的情况下，企业平稳降杠杆。这种“杠杆转移”实际上是对应于供给侧改革与需求侧管理的相互结合、相互平衡。第四，扩大财政赤字和减税降费是当前避免大规模违约爆发、为企业创造有利生存条件的必要手段。与此同时，继续用政府投资稳定需求的增长，从基建、养老、医疗、教育等仍需要大量投入的产业入手，增加投资需求，给企业带来可持续性收入；继续减税降费，降低企业的经营负担。第五，货币政策需要根据新时期要求适时调整，配合供给侧结构性改革实质性推进。一方面，通过适度的流动性供给，防止杠杆的反弹和累积，稳定保证现有基建项目顺利开展、经济增长。另一方面，必须保证供给渠道的透明性，引导市场主体进行长远规划，防止人为的短期流动性供给冲击。此外，宏观审慎监管体系的全面改革必须破题，必须建立统一、无缝隙的宏观监管体系。

（2）重视“稳增长、守底线”策略，稳步化解债务风险。一是在通过经济持续、平稳增长逐步化解高杠杆的同时，控制债务规模过度上涨。二是持续推进债务分类甄别工作，完善国家及各级主体资产负债表。目前，针对地方融资平台、城投类以及国企债务的清理和甄别分类工作进展缓慢，需要进一步明确政府负有担保责任的债务和政府可能承担一定救助责任的债务规模，区分广义政府债务中中央政府和地方政府的份额。三是进一步分类处理地方性政府债务，缓释短期债务风险。地方性政府债券、公益类的融资平台类债券以及国企债券，建议通过政府信用背书，持续采用债务置换等方式来处理。四是实现债务转移，中央政府适度加杠杆。一方面，通过积极的财政政策，政府部门适当加杠杆，避免债务收缩对经济产生负面影响；另一方面，居民部门适当加杠杆，通过购买企业股权或者通过金融产品创新，购买企业部门未来可形成稳定现金流的资产执行票据、收益链接票据等。居民债务水平较低，发展消费信贷，适当提高居民部门杠杆水平，有利于刺激消费，带动经济增长。五是根据市场化、法制化原则，适时债转股，缓释短期债务风险。

（3）持续推进金融改革。一是健全多层次资本市场，多途径扩大股权融资，补充企业资本金。完善股票市场发行、交易等全方位制度设计，同时稳步推进股票市场的注册制改革。通过深化利率、汇率监管等相关改革，提高金融市场配置效率。二是加快推进国有企业改革，尤其是经营类企业改革。一方面，鼓励融资平台公司兼并重组，提高整体资信水平；另一方面，对于充分竞争类别的国有企业，鼓励采用市场化方式解决其债务问题。三是降低金融市场交易杠杆，实时监控流动性风险，改革债券市场从业人员激励机制。

（4）持续关注房地产市场态势，防范局部泡沫进一步扩大，房地产调控政策要突出结构性和差异性。一是增加一、二线城市土地供应和投资力度。二是加快三、四线城市户籍制度改革和新型城镇化配套基础设施建设。三是采取系列政策举措缩小实体经济与房地产投资收益的缺口。四是落实《法治政府建设实施纲要（2015—2020年）》有关房地产调控的主要任务和具体措施。根据房地产市场分化的实际，坚持分类调控、因城施策，建立全国房地产库存和交易监测平台，形成常态化房地产市场监测机制。

（5）有序推进供给侧结构性改革。一是明确供给侧结构性改革推进的难点。当前供给侧改革的难点主要是：存量调整的阻力，特别是僵尸企业、债务高企的国有企业、过剩产能行业及房地产的结构性供给失衡；在政府简政放权以及功能性重构中，在市场化领域需要大范围放松管制，劳动、土地和资本等关键要素都面临着准入障碍；一些领域比如金融市场等需要强化监管。权衡市场与政府间的关系，厘清政府与市场的边界，也是推动改革的重要难点之一。二是持续存量调整与增量调整并进，促进结构调整优化。存量调整关乎经济基本面，要避免引发经济系统性风险；增量调整为培育新的增长动力和经济增长点。存量调整，主要通过产品价格和要素价格改革，实现过剩产能的出清；增量调整表现为加大短缺供给的部门尤其是各类服务业的投资供给以及新兴产业、新型业态的培育。三是通过产品价格和要素价格改革，引导资本和劳动在不同部门的优化配置，提高全要素生产率。在商品市场改革方面，要进一步缩小国家定价或国家调控价格的商品范围，国家定价或调控价格要进一步公开透明；严格监控垄断企业商品价格，规范垄断环节商品价格管理；严格监控企业联手操控商品价格行为，打击部分占有市场份额较大的企业通过或明或暗手段联合定价、垄断市场的行为；通过统一市场规范，制止部分地方政府滥用行政权力对外地企业与产品进行多重检验和设置进入壁垒的行为；进一步规范政府采购商品行为，扩大市场公平公开定价。

此外，彻底改革我国的户籍管理制度，破除城乡户籍与大中小城镇户籍对劳动力自由流动的限制；完善劳动合同制度，实行全员公开公平、规范合理的劳动合同和劳动工资制度；全面推进、规范和完善劳动保障制度，健全劳动保险制度；深化土地制度改革，加快三权分置和流转制度改革。

二十一、转换宏观调控思维——防风险是稳增长的前提

◎ 债务刚性扩张

次贷危机后很长一段时间内，中国一直把稳增长、调结构作为宏观经济调控的主要目标，2016 年开始才将防风险纳入其中。在稳增长和防风险两条底线之间，我们一直是把稳增长作为防风险的前提，认为必须保持经济适当的增速才能有效防控金融风险。事实上，中国目前为止从未发生过严重金融危机的重要原因之一也恰恰是得益于强劲的经济增长。但近几年情况发生了一些变化。稳增长措施已取得了一些积极成效，但中国经济增长仍面临较强的下行压力，同时，债务违约风险不断累积并在 2018 年加速释放。在这样的背景下，我们应当把着力点放到防风险上，防风险应当作为稳增长的前提。

旨在稳增长的刺激政策使得金融危机后全球经济呈现中国一枝独秀的局面。没有刺激政策，中国不会有如此充裕的资金用于社会保障和基础设施建设，经济结构也难以改善。但是，稳增长政策所积累的风险正在逐步显现，这首先体现在债务比这个指标上。总债务与 GDP 之比在 2016 年第一季度已达到 254%，这一数据需要引起高度关注。在中国，人们对企业部门债务的认识有很大误区。我们通过对企业债务的梳理发现，很大一部分企业债务都来自地方政府的融资平台。这是因为次贷危机后中国版的量化宽

松政策主要借助于国有企业和地方政府的通道实施，中国版量化宽松政策的核心就是扩大政府的融资。换句话说，地方政府通过融资平台举借的债务应当归并到政府债务内。如果这样计算，中国政府的负债率在全世界范围来看已经不低了。如果再把政府信用支持的国有企业的债务囊括进来，该数字将进一步攀升。因此，中国的债务问题核心不是企业债务，而是政府债务。此外，我国债务利息水平高、融资成本大，给企业付息造成了很大压力。在极端年份，我们要用GDP的17%来偿付利息。可以认为我们是一个被各种利息压得喘不过气来的经济体。

讨论中国债务，首先要正视一个问题，即中国目前正处于债务刚性扩张的历史时期。这包括两方面的含义：第一，债务高速扩张；第二，债务是刚性的。债务为刚性的原因是有中国特色的，与其他国家的情况不同。在面对金融危机的时候，其他国家采取了一些量化宽松的政策，债务规模也有所扩张，但是那些国家的国有企业数量较少，可以回收债务。而在中国的刺激政策中，政府和国有企业都参与其中，地方政府还组建了很多新的国有企业，即地方融资平台。这些企业借到的债务在我看来都是刚性的。

那么，债务刚性扩张所带来的问题是否都是负面的呢？这一问题要从两方面来看。一方面，中国成为世界第二大经济体、世界第一大贸易国、资本输出国这些重大改变都发生在2009年以后，中国这些年可以说取得了很大的经济成就，基础设施建设也有了很大改善。这是不可忽视的重要成绩。另一方面，债务规模也要分三个部分来看：第一部分是原有的较低水平的债务规模，这留下了一定的增长空间；第二部分是债务规模正常增长的部分；第三部分才是超规模增长的部分。在讨论中国债务问题的时候，不能仅仅看到过去十来年债务的增长，还要看到过去债务率比较低的现实。债务真正超规模增长的部分可能并没有想象中的那样庞大。

但是，另一个不可忽视的问题是，在如此短的时间内，我们填补了之前的债务空缺，消耗了正常的增长空间，还出现了一部分超规模的增长，这是值得深思的。债务的本质是寅吃卯粮，是对未来的透支。很多发达国家在负债规模扩张之前完成了经济结构的转型等一些重大变化。而我国在债务扩张期间，经济的结构、质量并没有实现重大改善。我们的债务率目前已接近美国的水平，但经济质量在短时间内还不能与美国相比，这也是需要我们思考的问题，因为一个国家的债务增长对它经济增长的支持非常重要。

我们还要考虑债务规模能否持续的问题。目前，我们面临的困难局面是：一方面，债务工具的循环出现了问题，现在有大量新的债务需要还本付息；另一方面，债务工具效率降低。广义货币 M2 与 GDP 之比在 2016 年度达 210%，这意味着投入 2.1 单位的货币只能生产出 1 单位 GDP，即我们投放了大量货币，但其对经济增长的推动力却下降了。债务中用于资本形成的部分也在下降，其本质便是投资效率的下降。这可能会影响到未来的债务偿付能力，让现有债务成为沉重的历史包袱。

◎“防风险”重于“稳增长”

在投资效率下降、债务循环难以为继的背景下，我们应如何解决这一问题？在过去金融监管竞争的背景下，我们实现了债务工具的刚性兑付。包括民营企业在内的企业出现兑付危机时，地方政府会出面协调，保证债券如期兑付。刚性兑付在局部违约的情况下是可以实现的，但在多点、广泛违约的情况下，地方政府无论基于自己的能力、法制建设还是道德考量都不能再持续协调。从目前的情况来看，刚性兑付已经难以为继，因此大量的兑付问题显现出来。连环兑付问题一旦出现，将很可能引发社会信用危机。社会信用危机带来的一大问题就是债务工具不能继续发行，借新还旧不能循环。比如在东北地区的债券市场上，一些违约或接近违约的企业要想再发新债将极为困难，只能依靠银行贷款或者政府力量。而从整个社会的债务角度来看，风险并没有降低，市场化的问题要回到计划体制内去解决。在这种情况下，现在债务工具继续扩张的思维应有所调整。

另一个问题是要防范交易型风险。我个人的预计是，中国金融风险发生点会出在交易型产品上。因为信贷工具的违约可以被掩盖或展期，但交易型产品违约即刻便会发生，而且其中存在金融杠杆，可交易金融产品的杠杆率还要做进一步调整。当前大量发行的货币并没有如我们期望的那样进入实体经济，而是在金融系统循环，导致社会上的游资很多，一旦有机会加杠杆，就会形成新投资热点。

2015 年股市高杠杆引发监管机构的关注，监管机构采取了一些去杠杆措施。最典型的一点便是恒生电子交易系统退出加杠杆行列，引发了股市暴跌。此后，债券市场杠杆率又被推高。风险被发现后，债市也出现了剧烈波动。2016 年，房地产市场上居民首付也出现了明显的加杠杆。我们要对这些产品的衍生品、可交易型产品的风险进行控制，同时高度关注整体社会杠杆率，防止在社会资本较充裕的情况下，可交易金融产品高杠杆率引发系统性危机。在这一方面，我们要对风险进行多点排查，同时进行长期的、结构性的、制度性的改革，在高杠杆的基础上建立稳健的债务体系，防止系统性金融危机的发生。

过去，我们把稳增长放在首位，但现在应转变思维，要先做到防风险。只要风险不爆发，我们还可以稳增长；而一旦风险爆发，我们很难拿出更多稳增长的办法。这是我们当前所面临的格局。在防风险的过程中，如何维持金融的稳定？这就涉及现在的金融体系改革，还有金融协调等，这些都是需要我们进一步研究的问题。

二十二、新常态下我国宏观风险缓释机制

中国的宏观经济自2008年金融危机以来发生了一些变化：从经济增速上看是由两位数的“高速增长”阶段进入“次高速增长”阶段；从经济发展的动力上看是从“出口—投资”驱动转向“信贷—投资”驱动，但近几年的投资效率已经不断下降，而消费需求还没有成为经济发展的主要动力；从社会资源分配的情况看，则是明显地呈现出国有企业和政府的债务规模快速增长，配置资源的能力增强，而非公有制经济受到严重挤压的特征。

从经济形势的变化不难看出，虽然中国在全球性的金融危机中保持了较高速的经济增长，但是在这一过程中也存在很多问题，并导致积累了相当大的风险。事实上，中国实行市场经济以来并没有经历过一次真正的系统性大危机，这在市场经济国家里是不多见的，但这并不意味着中国经济消除了周期性的危机。风险积累到一定程度就需要释放出来，而如何避免爆发式的风险释放引起系统性危机，则是现阶段需要思考的关键问题。

◎ 现阶段中国经济面临的多种风险

寻求宏观风险释放的途径，首先要明确现阶段中国经济面临的高风险问题。从全球金融危机之后中国政府投放四万亿元资金救市到现阶段，中国经济面临的主要风险有以下几方面：

从宏观角度看，第一，应对危机的短期刺激政策常态化，经济增长严重依赖货币供给。这是2008年以后新出现的问题。金融危机之后，全球的

主要经济体都实行了短期刺激政策，中国政府也推出了“四万亿”的救市计划，主要通过扩投资、扩信贷来实现，但这与发达经济体的救市政策有很大差别。以美国为例，美国对企业的救助是通过市场化的方式完成的，并且政府完成救助之后陆续退出。中国借用了国有企业和地方政府融资平台这个通道来实施救市政策，至今没有退出的迹象，现金流的通道作用在加强。救市资金大部分流向国有企业，使它们获取了社会资源的配置能力，但很多企业本身并没有能力偿还这些债务。为了避免债务违约，中国政府加大货币供给，保持负债的可持续性，使得刺激政策常态化。

第二，尚未形成有收入支撑的消费需求，消费没有成为新的增长动力。这是一个老生常谈的问题。尽管在中共中央“十二五”规划建议书里已经非常清晰地提出要转换经济增长动力，提升消费需求成为经济结构调整的标志，但至今仍然没有完成这一转变。培养收入支撑的内需，依赖于收入分配结构的调整，以实现普通民众收入的普遍提高。但这并不容易，国家、企业和个人之间的收入分配结构至今没有调整完成。

从实体经济的角度看，地方政府和国有企业的杠杆率过高是最为严重的问题。过高主要是跟过去相比较。地方政府过去的负债较低，但近几年增长迅速，达到一个过去很长时间都没有达到的水平。地方政府的债务风险可控主要是因为有地方政府原本较低的债务基数以及较大规模的经营性国有资产作为保障。然而，地方政府在法制不完善、运行不透明的背景下短时间内大幅增加负债，资金使用的效率却很低。有相关的统计数据表明，国有企业负债成本与市场上资金成本的差额远高于国有企业实现的利润，这足以表明国有企业资金运行的低效率。高杠杆、低效率是地方政府类债务很严重的问题。

此外，产能过剩问题还没有解决。钢铁等资本密集型行业的问题更为突出，而它们往往也是高负债的行业，因此，它们对经济结构调整和金融体系的运行都有较大的负面影响。一方面，社会的投资效率因此降低；另一方面，这些企业可能发生的资金链断裂和债务违约也会给金融系统带来压力。

对于金融体系来说，规模庞大的“影子银行”和监管套利问题需要得到高度重视。中国的“影子银行”，其实只是银行的影子，因为无论是从资金来源还是投向看，银行都占有相当大的份额。很多出现问题的信托项目由银行买单，主要原因就是投融资双方实际都是银行的客户，只不过是银行以信托公司作为通道，引导存款客户把钱投资给银行的信贷客户，顺便把资产从表内转移到表外，以逃避监管。这样一来，“影子银行”所代表的银行表外业务就成为监管的盲区。这里既隐藏着资金链条不断加长的金融风险，还隐藏着银行对表外资产没有严格把关的道德风险。

与此同时，金融体系内流动性泛滥和实体经济资金短缺并存。流动性的泛滥已经在持续高速增长的 M2 及其与 GDP 增速的对比上有所体现；实体经济的资金短缺问题则既存在期限错配，也存在资金配置主体扭曲的问题。2013 年发生的“钱荒”就是一个例证。过去几年，监管机构已经加强了对金融机构资金期限错配问题的监管，但实体经济融资成本居高不下的问题仍然没有解决，大量资金仍然在金融体系内空转。这不仅降低了金融体系的运行效率，也没有为实体经济的复苏提供支持。

◎ 争取时间窗口，在发展中释放风险

现阶段，中国经济的风险累积到了相当高的程度，需要释放，市场对这一问题已经达成了共识。风险释放的核心是要避免系统性风险的爆发，这就要求延长风险释放的时间窗口。具体来说，就是要稳定经济增长，在

发展中解决风险释放问题，实现风险的缓释。这是在风险释放过程中应该树立的一个最基本的观点。

在延长时间窗口的基础上，就可能通过进行经济结构调整和体制改革来实现风险在发展中释放。经济结构调整是风险释放的必由之路。进行经济结构调整就是为了重振经济增长活力，解决经济增长动力和风险累积的问题。但是，这需要一个过程，不可能一蹴而就。而体制改革是风险释放过程中的重要一环，只有改革才能解决各种扭曲问题，已有的风险才能够逐步缓释，使经济沿着正常的轨道运行。中共十八届三中全会以来，改革在向前推进，有很艰难的道路要走。同时，改革还要进行法治的完善，这也需要更长的时间。由此，无论是进行经济结构调整还是体制改革，都需要以足够的时间窗口为基础。

1. 经济结构调整的方向是促进居民消费、降低企业杠杆

经济结构调整的话题自 20 世纪 80 年代提出，已经讨论了很多年。2008 年以后提出的结构调整包括宏观和行业两个方面。宏观上要把经济增长的动力排序由“出口、投资、消费”调整为“消费、投资、出口”。目前来看，虽然在外部环境的变化下，出口已经不再是经济增长的主要动力，但最终消费支出对经济增长的贡献率仅在 2011 年出现了明显增长，随后两年又出现连续下滑，而投资却代替出口成为主要驱动力。不过，近年来投资效率的下降已经向我们发出预警，依靠扩信贷、扩投资拉动经济增长的模式已经走到尽头。因此，现阶段所说的宏观经济结构调整就是要降低经济增长对投资，尤其是对政府投资的依赖程度，转而提升居民的消费需求来带动经济增长。在行业上，重点针对实体经济存量进行结构调整，进行去杠杆和去产能，实现产业结构的优化并提高抗风险的能力。正如前文所说，产能过剩行业往往也存在高杠杆问题。在当前的经济环境下，这类行业不

仅拖慢经济的复苏，还有引发金融体系风险的可能。因此，必须让这类行业淘汰落后产能，去除过剩产能，并且降低杠杆率，从而实现优化产业结构和降低金融风险的目的。当然，在调整存量经济的同时，创新意识是一刻也不应忽略的。只有不断创新，才能保持经济的活力。因此，科研创新带来的产业升级也是行业结构调整的重要组成部分。如此，通过经济结构调整让经济重拾增长活力，累积的风险就可以在调整和发展中逐步释放，从而避免集中爆发。

2. 加强体制改革

体制改革也是中国经济从根本上抗御风险很重要的一环。无论是决策者还是市场都已经认识到体制改革的红利是最大的红利。过去很多累积的风险都与经济体制有密切的关系，包括次贷危机爆发以后政府这只“看得见的手”对市场的调控造成政府和市场调节的双失灵，以及以国有企业和政府为主导的经济发展模式重现导致的社会杠杆率快速上升、资金利用效率较低、债务风险加剧等问题。要进行体制改革，一方面是要正确处理政府和市场的关系。党的十八大以前的说法是让市场在资源配置中起基础性作用，党的十八大报告提出让市场在资源配置中起决定性作用，两者应该相结合，基础性和决定性作用都应该依靠“看不见的手”。另一方面需要明确界定政府直接配置资源的权力边界。只有在明确的框架下，政府才能在市场经济中发挥其应有的作用。

除了明确政府资源配置的权力边界，还需要界定国有企业运营的边界，让国有企业从营利性行业中逐渐撤出，加快这些行业中国有资产的处置。2008 年以来的经济政策实际上让国有企业再次占用了更多社会资源，使得今天面临的改革比 20 世纪 80 年代的所有制改革还要艰难。因此，就更有必要认清当前改革的形势。

调整收入分配关系，特别是初次分配关系，也是改革的重要内容。从市场经济的运行机制上来说，必须要明确市场经济是法治经济。如此，通过体制改革才能结束过去产生风险的扭曲和错配，构建中国市场经济的新格局。需要明确的是，经济体制改革是立足长远的改革，有必要与短时间内的调控措施区分开来，从而理解改革与经济结构调整一样需要时间的保障。

在经济结构调整和体制改革的思路下实现风险的缓释，在发展中消化累积的风险，就能避免系统性风险的爆发，降低对经济的破坏力。完成存量资源的转换，使得一部分资源释放到更有效率的领域，这样推动经济增长的同时也可以延缓风险，有利于稳增长目标的实现。稳增长不仅是解决就业压力问题，最重要的是可以延长风险释放的市场窗口期，为风险的缓释创造条件。

◎ 控制金融风险、推进金融改革是重中之重

既然明确了风险释放的思路在于风险缓释，就要考虑具体需要怎样的机制来实现。实体经济的债务风险，长期来看需要市场化改革来解决，而短期应对债务危机则要分情况处理。在市场化水平较高的行业，要允许相关企业的债务违约，让局部风险释放出来，同时将这类风险的处置个案化，防止风险的传导。而杠杆率较高、产能落后的国企则要在经济结构调整的背景下进行降杠杆和去产能，发展混合所有制，处置国有资产，在这个过程中风险自然就会得到释放。以地方融资平台为代表的政府类债务过去处于盲目扩张的状态，由于发行人的特殊性存在刚性兑付的压力，并且有由底层逐渐向上一级政府传导的趋势。未来必须实现地方政府增量债务的市场化发行，编制地方政府资产负债表，将地方政府的偿债能力与发债规模

挂钩，从而实现地方债务的透明化管理，合理地控制地方债务规模。

除了应对实体经济的债务风险，控制金融风险、推进金融改革是重中之重。一方面，应加强对金融机构的监管，建立、完善相关的法律法规，减少金融风险的积累；另一方面，要加快构建多层次资本市场，让资本市场在更好地服务实体经济的同时给金融风险释放的空间。

在风险控制上，金融机构必须首先加强流动性管理，减少期限错配和供需错配的问题。同时，监管机构要加强对同业业务的治理，避免个别金融机构突发的流动性紧张传导到整个金融体系。此外，对“影子银行”的监管是风险控制的最核心问题。“影子银行”的风险来自它让银行的大量资产转移到表外，避开了监管，但风险仍然由银行承担。这种游离在监管之外的风险牵连资本市场的方方面面，极具传染性，因此十分有必要加强对它们的监管。此外，从业人员的道德风险也是不容忽视的问题。由于“影子银行”产品往往没有银行信贷那样严密的审批流程，产品的设计和销售人员很可能没有对项目的实际风险进行严谨的调研和评估，也没有向投资者做出风险揭示。应该建立相应的法律法规，明确从业人员的责任，避免道德风险的发生。

在控制风险的同时还要推进金融改革，实现风险的缓释。推进金融改革的大方向是构建多层次资本市场。资本市场的多元化发展，不仅可以更好地满足实体经济的不同需求，也可以缓解政府的债务压力，更为经济的稳定增长创造了条件，让风险有了释放的空间。此外，还应建立起金融市场优胜劣汰的机制，向市场传递一个清晰的信号：金融机构也是企业，经营不善也会破产，也可能被兼并或者接管，金融企业和金融产品都要破除终身制，消除刚性兑付。只有这样，才能保障金融市场的运行效率，让市场运行中产生的风险及时释放出来，而不是进一步累积。

总结风险释放的思路，简言之，就是通过保持经济增长延长风险释放的窗口时间，从而让风险在经济结构调整和体制改革的推进中逐渐得到释放，避免系统性风险爆发。而实现风险的缓释不仅需要市场正确看待局部的风险释放，更要从源头上注重风险的控制，还要在制度的建立和规范中创造风险释放的空间，尤其是通过推进金融改革化解风险，避免风险的进一步累积，支持经济的长期发展。

二十三、金融监管：刀尖上的平衡

风险的累积和规模的扩大都是渐进的过程，去杠杆与严监管的力度和节奏要谨慎把握。

◎ 宏观调控重心转向防风险

梳理十多年来中国的经济政策，不难发现，自 2008 年起，国际金融危机对中国产生影响，防风险逐步成为宏观调控的目标之一。2016 年，我明确提出了中国宏观经济政策的“双底线思维”：一条底线是“稳增长”，另一条底线是“防风险”。在“双底线思维”中，以前实际是把稳增长作为防风险的前提。我曾向中央建议，应对这两条底线进行调整，把防风险作为稳增长的前提。

为什么？一是稳增长政策基本达到预期目标。2016 年大体达到了这次中国经济增速调整的底部区域，6.5% 左右的底已基本探到，达到了预期目标。二是稳增长的政策效力在递减。同样是扩大货币投资，采取一系列财政扩张政策，但扩张效率下降，需要投放更多的货币才能带来相应的 GDP 增长。三是金融风险在累积，长期稳增长的政策使国内过去的经济结构性问题没有得到根本解决，反而加大了经济风险，风险已经累积到了相当大的程度。

经济和金融风险从哪里产生？显然是从金融机构产生。1929 年大危机以后，全世界的经济危机几乎都是金融危机。尽管 20 世纪 70 年代有一次所谓的石油危机，但石油危机背后仍是美元危机，本质上还是金融危机。在这些金融危机中，只有1929年美国经济大危机属于股市危机，之后的危机基本上都是债务危机，债务危机又以债券市场违约为爆发点。回顾20世纪90年代世界金融史可以发现，危机都来自这些金融工具和产品的交易。这一轮世界金融危机也是过度货币化和过度金融衍生化所带来的。

在这一背景下，监管十分重要。金融监管的重要目标是熨平经济周期——在经济过热的时候降温，在经济萧条的时候"拉一拉"。最近，金融监管在多个方面得到了加强，如实体经济去杠杆、防止房地产资产泡沫、加强地方政府债务管理等。从政策层面看，我们是在货币政策加宏观审慎政策的双支柱调控政策框架之中——一方面货币政策收紧，另一方面将宏观审慎政策渗透到金融领域。

金融领域的宏观政策调整影响是很深远的。2017年，人民银行已经开始将表外理财正式纳入MPA考核。事实上，很多金融衍生工具是为应对监管需要（比如为应对《巴塞尔协议》对资本充足率的要求、银行对资产分级的管理、对违约率的监管要求等）而产生的。资产证券化业务主体部分并不源于实体经济的结构性融资，而是为了应对金融监管的要求。我们发现表外和表内是打通的，在金融监管体系里，特别是对于理财资金池，大的金融机构负有不可推卸的责任。若理财资金池真的出现问题了，银行是否应该承担责任？金融机构过去采取把表内风险移到表外的办法——银行把不良资产打包，之后用自己理财池的资金购买，风险并没有脱离自己的体系。所以，表内表外一起监管非常必要。

金融机构的监管核心是对金融机构本身主体规模的判断。而中国非金融机构的债务杠杆率与金融机构的债务杠杆率密切相关。金融机构对于自身的扩张具有非常强的意愿，中国的金融机构是粗放式发展，讲的是规模效益。而在银行体系里，利差是利润的重要来源，扩大信贷规模就是扩大利润的有效方法。金融机构的过度膨胀，包括跨业经营的发展，以及杠杆率不断攀升，显示出大量充盈的资金在追求更高的杠杆率带来的更高利润。

为了应对这个局面，监管政策在全面升级。银监会出台的政策文件，监管力度是空前的。梳理“一行三会”的政策可发现，对同业业务、理财业务、委外业务、“影子银行”的监管都在加强。

◎ 市场面临风险超预期释放的挑战

实体经济方面，我们高度关注资产泡沫问题。资产泡沫的形成主要来自货币的投放。经济学基本原理告诉我们，更多的货币追逐同样多商品的时候就一定会引起通货膨胀。中国的确发行了很多货币，但没有引起商品价格的普遍上涨。为什么呢？因为这个时期中国出现了巨大的产能过剩，使一般消费品价格并没有上涨。也就是说，增发的货币去了资产端。

在国内的统计中，房地产并没有被当作消费品，而是被当作投资品。由于种种原因，特别是市场对监管的无所适从，人们对资本市场的信心不足，股票市场并没有吸引特别多的投资者；再加上中国人的消费心态，房地产市场火爆。房地产资产存在泡沫，在这种背景下政府加强了对房地产市场的调控。政府调控房地产市场是为了维持房价稳定，不想让房价高涨，更不想让房价大幅下降，因为房价大幅下降会引发很大的社会问题，甚至会引发整个金融体系的问题。过去，我们认为政府部门仍有潜力扩张资产负债表，虽然企业部门杠杆率过高，但居民部门加杠杆空间还很大。但现在该结构已经发生了很大变化。2016 年多个月份的大部分新增贷款面向居民部门，其结果是中国居民负债很快攀升。这是国内当前面临的一个问题，房地产在其中起了重要作用。

另一个问题是政府性债务问题。在传统的分部门债务结构下，企业部门债务率为177%，政府债务率只有60%左右。但如果将传统上列在企业部门债务里的地方政府融资平台负债转移到政府部门中核算，政府的债务率就会超过100%。地方政府融资平台的负债本就是政府的债务，只是用公司债的形式发出来而已。这样看来，中国政府的债务规模非常大。如果再把国有企业债务加进去，政府债务规模更大。就中央政府、地方政府和国有企业的负债加在一起所得的广义政府部门债务率而言，中国居世界第二，仅次于日本。绝大多数地方政府没有能力偿还这些债务，甚至无力偿还利息，寄希望于通过新一轮更大规模的负债来还本付息。这是非常危险的局面。

流动性收紧带来的一个重要问题是利率偏高。中国企业不仅负债规模过大，而且利息率偏高。中国债务总规模占GDP的比重已达到很高的水平，中国债务水平居于世界主要经济体的前列，已高于美国，仅次于日本。这样庞大的负债规模加上偏高的利息率，给中国企业带来了巨大的负担。利率上升与杠杆的边际改善是对冲的，如果想要降低杠杆率，但同时提高了利率，这实际上对冲掉了杠杆率下降的效果。2017年以来，货币政策收紧，金融监管趋严，市场利率上升，融资规模下降，使企业再融资遇到压力。因此，国内债务压力比较大。债务杠杆率下降不是一蹴而就的事情，应循序渐进，如果下药太猛，整个市场会出现极端情况，这是需要警惕的事情。

◎ 处理好监管强化与风险释放两者间的平衡

我们要处理好监管强化与风险释放这两者的刀尖平衡。

第一，金融监管应该把握好节奏和力度，不能力度过强、节奏过快。

因为风险的累积是一个缓慢的过程，规模的扩大也是一个渐进的过程，需要非常谨慎地把握金融去杠杆与严监管的力度和节奏。

第二，监管主体应加强协调。股灾之后，在金融监管改革方面基本达成一个共识，即要加强监管主体之间的协调。国内金融市场面对着很多监管机构，金融监管机构之间推卸责任、相互竞争是金融市场失灵的重要原因之一。需要防止监管竞争，关注监管过严、监管踩踏导致的市场风险。

第三，预期管理很重要。一个合理的预期是对市场合理方向的判断，监管应当防止参与者错误预期对市场的传导作用，而不是去改变正确判断的预期。此前股灾的教训是，当市场和政府的立场一致时，政府具有加大效应的作用；但当市场和政府的观点完全对立时，在一种巨大的市场行为操作下，政府也未必能够改变市场的方向，这是现在中国金融市场中的重要格局。在这种背景下，市场预期的引导和管理显得非常重要。

第四，监管政策要堵疏结合，以疏为主。这需要制定一项以中长期为目标的调控政策。当前中国宏观经济问题并没有达到危机的程度，或者说中国有能力应对一次小型危机，建议监管不要把短期应对作为政策主线，而应把中长期的培育作为一个重点。

从中长期出发，我们提出以下三个方面的政策方向：

一是要把扩充企业的股本作为一项重要政策。现阶段，中国企业股本比较低，企业愿意去借钱，或者说投资者愿意把钱借给企业，却不愿投资当股东，这是多方面因素造成的。未来需要改善这一局面，在提高企业股本的基础上再扩大债务规模，而不是只扩大债务规模。

二是要关注房地产政策。以往房地产市场调控政策的重心在于把房地产价格控制住，而没有想过在一、二线城市，特别是在一线城市扩大投资的供给，这实际上是缘木求鱼。有些房地产市场调控政策对非住宅房地产的清理力度很大，这会进一步扩大市场供需缺口。很多工业项目有很多土地，这些土地如果不转化为住宅，那么住宅的土地来源就会存在问题。很多学者统计过，就中国的土地供给而言，非农用地里住宅用地占的比例很低，可见提高住宅土地供给与土地红线无关。在这种背景下，一部分工业、商业项目转化为住宅用地或许可行。目前，很多地方采取的房地产调控措施只是在进一步增强需求的压力和价格上升的推动力，这与调控政策目标背道而驰。

三是要发展货币市场的对冲工具。中国居民储蓄很大一部分进入了房地产市场，未来有没有可能找到新的投资机会？我曾提出一项农地改革建议，即改革目前中国农村的土地制度，让农民拥有土地使用权，并且土地使用权可以在用地性质不变的情况下自由交易。这样，很多人就会用一部分储蓄去购买土地，整个社会资本就有了新去处，农民还可以获得新的收入来源。如果中国可以将土地资产释放出来，那对中国巨大的货币投放将会形成强大的对冲。

可见，中国当前的体制和转型策略还有很多机会，未来还要进一步挖掘。在这样的市场环境下，投资者不要惊慌失措，监管不要仅仅在货币工具上做一些技术性的调整，应更多着眼于长远政策来推动中国经济均衡、稳健地发展。

第四部分>>>

寻找新的经济增长点：新思路、新方案

美国投资大师巴菲特将自己的成功归因于看多美国、投资美国：当美国经济处于持续上升通道时，如果能坚持下去，一定就有收获。这一观点在讨论投资中国时同样适用。改革开放 40 多年来，中国经济快速发展，给看多中国、投资中国的企业和企业家带来丰厚的回报。历史的经验告诉我们，中国是值得投资的区域。

改革开放 40 多年来，中国经济持续平稳快速发展，经济建设取得了举世瞩目的成就。40 多年间，我国 GDP 维持了年均 9.6%的高速增长，超过日本成为全球第二大经济体；人均 GDP 从 1977 年的 198 美元持续攀升至 2017 年的 8 836 美元，居民人均收入年均增长 7.4%，人民的收入和生活水平都得到了极大提高。40 多年间，中国成功实现了从计划经济向市场经济的转型，从完全由行政计划主导的经济体转变为一个市场在资源配置中起主导作用的经济体；从一个几乎封闭的经济体转变为全球领先的贸易国和重要的资本输出国，是全球化重要的推动力量。

虽然当前中国经济面临大国博弈加剧和国内风险的双重挑战，但是中国经济依然处于稳定增长的轨道上，我们依然有理由看多中国。城镇化比率不断提高、居民收入持续提升、消费结构明显升级、社会保障逐渐完善、精准扶贫取得积极成效，这些因素都将继续支撑中国经济保持较快增长。完备的产业链带来的产业集聚优势不仅有利于降低企业生产成本，也可以在一定程度上分散风险，帮助中国更好地应对贸易争端可能带来的冲击。更为重要的是，当前中国新动能、新业态、新科技发展迅速，大国博弈背景下发达国家对中国的技术遏制进一步强化了中国政府和企业加大自主创新的决心，倒逼中国经济转型与技术升级。技术进步将进一步夯实中国经济发展根基，使中国经济的增长质量得到提升。在技术创新方面，中国正逐步实现从“跟跑”到“并跑”的转变。

中国营商环境的不断改善有利于降低企业特别是民营企业发展的不确定性，将继续激发企业创新创业的活力。民营经济已成为中国特色社会主义市场经济的重要组成部分和重要基础；企业家开拓创新重要作用的发挥是推动经济结构转型和创新发展的微观基础，民营经济的健康发展对增强中国经济增长韧性、促进经济长远健康发展具有重要意义。在中央的高度重视下，民营企业发展所面临的政策环境更加稳定，各地招商引资营商环境更为友好、透明，企业所面临的寻租压力减轻。

任凭风浪起，稳坐钓鱼船！中国的成就得益于改革开放，得益于在中国共产党领导下形成的改革开放的全民共识。我们有理由相信，在稳定的政治格局和良好的营商环境下，我们完全有能力应对外部形势的变化。展望未来，我们依然充满信心，相信我们能够在中国这片土地上创造新的历史奇迹。

二十四、共克时艰：企业减税、政府改革

2014年，中国拉开了大改革与大调整的序幕，中国经济进入“新常态”。一方面，内需下降、外需不足等因素使得GDP增速持续回落；另一方面，服务业的快速发展使得经济结构参数发生变化，物价水平和就业状况都得到稳定。2015年，随着改革与调整的全面展开，改革的深度和调整的力度都进一步加大。如果将2014年看作中国大改革与大调整的准备期，那么2015年就是中国大改革与大调整的攻坚期。

◎ 企业减税：“新常态”攻坚期的政策选择

之所以将2015年看作“新常态”攻坚期，是因为我国正面临在深化改革、调整结构、稳定增长等多重目标下的艰难选择，任何一个目标都不能放弃。然而，这些目标之间并非相互独立，而是会互相产生正面或负面的影响，这就大大增加了实现目标的难度。在这样的背景下，哪些政策有利于实现多重目标是值得关心的问题，而这一阶段市场对政策的出台也更为关注。以2014年11月21日央行公布降低存、贷款利率为例，这是28个月以来央行第一次降息，市场立即给出了较大的反应；在当时正在交易的海外市场上，美国市场的中概股涨幅超过10%，表明投资者对中国的货币政策由相对中性到适度宽松的转向产生了明显的预期。这种转向还会涉及降低存款准备金率。由于中国的存款准备金率一直较高，央行操作的空间很大，因而降息政策的推出也让市场对降准和资金面的宽松预期有所增强。

此次降息对于降低企业的有息债务负担和融资成本确实有直接的好处，有利于实现稳增长的目标，但是让金融体系内宽松的资金切实流入实体经济却不能仅靠货币政策实现。

结合不同政策对当前经济形势的影响来看，降准不如降息，降息不如减税。由于金融体系内的资金已经处在较为宽松的环境中，货币政策对刺激经济复苏的作用相对减弱，财政政策则是更为直接和有效的工具。财政政策除了可以调节财政收支的收缩和扩张，还包括调节税收这一重要方法。当前中国企业的税费负担较重，这不仅影响现有企业的经营活力，也减弱了投资者创办新企业的动力，从而拖累市场经济发展，影响经济复苏。如果企业的税费负担能有所减轻，对经济的复苏将十分有利。具体来看，企业减税可从以下六方面着手：

第一，对创新型企业减税。这符合我国经济结构调整、鼓励创新发展的目标。现行鼓励创新的政策以补贴形式居多，相比之下，减税既能够直接减轻企业负担，又能够避免政府在发放补贴过程中可能产生的寻租行为，是比补贴效率更高的鼓励企业创新的方案。

第二，对创业者减税。在经济环境下行压力较大的背景下，社会就业压力近几年逐年增加，其中以高知识水平的大学毕业生就业难问题最为突出。由于大学毕业生通常具有较高的知识水平，如果条件允许，自主创业对于他们来说便是实现自己理想和价值的一种有利选择。通过税收政策鼓励创业则是从一定程度上缓解就业压力、增加市场经济活力的有效方法。

第三，对劳动密集型企业减税。劳动密集型企业为中国的经济发展和就业做出了很多贡献。在我国，国有企业多是资本密集型和资源垄断型企业，民营企业多是劳动密集型和出口创汇型企业。因此，对劳动密集型企业减税也就是主要对民营企业减税，这对活跃市场经济、增强市场的竞争性和有效性十分有益。

第四，对企业的资本扩充行为减税。中国的企业现在面临的一个较大问题就是负债水平偏高。事实上，中国是全世界企业负债率最高的国家之一，由于企业有巨大的债务负担，因此企业抗风险能力相对较弱。对美国企业近两年的考察表明，美国经济已经基本走出了危机，其中一个重要的判断标准就是企业的负债率处在历史新低，部分企业甚至没有负债。较低的负债率和较高的股权融资比例给了这些企业较强的抗风险能力。而我国现在对股本融资的限制很多，企业上市、定增都要经过较为复杂的审批程序，这些审批程序给企业发展设置了较多障碍。而从税负方面考虑，企业扩充资本可以减少利息支出，但同时这部分支出的减少增加了企业的利润，反而增加了企业的所得税负担（这部分利息支出原本可以作为期间费用在计算利润前扣除。减少了这部分支出，企业的抵扣相应减少，在会计核算上增加企业的利润，也就增加了企业应缴纳的所得税）。如果能把这部分增加的所得税返还给企业，那么对于改善企业的资本结构、减轻企业负债包袱、提升企业抗风险能力都是较大的鼓励。

第五，对亏损的企业减税。当前我国的税收结构中环节税和所得税占比很高，这使得企业无论最终是否盈利，都要承担中间环节的大量税收。投资者创办企业，不仅吸纳了社会就业，也为经济增长做出了贡献，但由于需要缴纳相当数额的环节税，最终很有可能实际亏损。虽然有未来三年盈利可以弥补亏损的政策，但是鉴于当前亏损企业承受的压力，更应该考虑对亏损的企业减免或返还收取的环节税，从而减小企业在经营过程中的资金压力。

第六，调整个人所得税结构。个人所得税的征收除了具有财政意义之外，超额累进的设计结构主要用于调节贫富差距，促进社会公平和福利均等化。但目前的结构让低收入者的个税负担过重，并不合理。这种现状既限制了低收入者消费和民生改善，也不利于拉动内需。当前，拉动经济增长的主要动力需要向有收入支撑的内需上转移。这样一方面可以填补由反腐、限制三公消费等整治措施造成的政府部门消费下降形成的缺口；另一方面，也有利于促进经济结构调整和长期发展，均衡社会福利成果。个人所得税过高实际上影响了我国扩大内需和促进消费的实现。尤其是对低收入者来说，他们的工资收入主要用于基本生活消费，所得税边际效应明显。提高个税起征点的影响对于宏观税收来说并不算大，也可以通过提高高收入者的税率来弥补；但是对于增加中、低收入者个人收入，促进消费的作用却可能很明显。降低个人所得税，提高居民收入，十分必要，也切实可行。有机会释放出相当额度的消费需求，有利于经济的转型和增长。

◎ 政府改革：支出适当节流

从政府的角度考虑，减税政策虽然减少了对单个企业或个人的税收，却可能从未来企业数量和经营利润的增多中得到弥补。短期内，这一政策仍可能对政府开支产生一定的影响，这也正是改革中需要攻坚的难点之一，即对政府自身进行改革。与减税政策相适应，政府可以考虑适当减少一部分支出，一方面应对短期税收减少的影响，另一方面也是减少政府对市场的干预，推进市场化改革的重要步骤。具体而言，可以考虑以下四个方面：

第一，减少政府财政的直接投资支出，引入社会资本或发行政府债券进行投融资。有一定收入的公益型项目应交给市场来进行投融资，即引入社会资本，减少政府干预。这样既能让社会资本分享项目收益，也减轻了政府的投资压力。对于纯公益性质的项目，政府可以发行政府债券，并明确承担偿还责任，这将有助于控制政府债务的合理增长。

第二，降低政府的补贴支出，尤其是对企业的补贴。政府对企业尤其是国有企业给予无偿补贴，已经使企业对补贴产生依赖，降低了企业的创新动力，不利于企业竞争力的提高和相应市场的发展。对于创新型企业，如前文所说，直接给企业减税更能起到鼓励企业发展和创新的作用。同时，减少补贴可以降低出现寻租行为的潜在风险。

第三，减少政府的事业单位开支。有经营项目和收益的事业单位应该进行市场化转型，例如有专利收入的科研机构、艺术文化机构等。将这类事业单位的支出从政府的支出中剥离出来，不再由财政负担，既可以减轻政府的支出压力，从长期来看也可以在市场环境下，通过竞争促进这些机构甚至行业的发展。

第四，减少政府公务员数量，这也是改革深水区的攻坚内容之一。我国的公务员比例近年来不断攀升，这与当前进行的政府职能改革、加快简政放权背道而驰。目前，公务员服务效率偏低，也从客观上造成人员冗余。如果能提高公务人员办事效率，那么在公务员数量上将有很大的压缩空间，从而进一步实现简政，逐步化解庞大的公务员群体给政府造成的负担。

◎ 国企降杠杆，扩大减税范围：牵住攻坚期的两个“牛鼻子”

2013年，我就曾经撰文指出：降低国有企业的杠杆率，是中国经济改革的“牛鼻子”。之所以得出这样的结论，是因为2008年金融危机之后，国有企业通过提高杠杆、增加负债的方式获得了大量社会资源的配置能力，占有的新增货币量接近90%，大大改变了中国经济的版图，增强了经济结构上的扭曲，也导致了中国艰难的经济现状。而在当下中国经济“新常态”攻坚期，政府改革的“牛鼻子”就是减税。在企业税费负担过重、发展动力不足的情况下，货币政策孤掌难鸣，政府债务迅速扩大也使得依赖政府投资拉动经济增长难以为继。减税政策一方面能够在短期内刺激企业的投资行为，让货币政策放出的“水”真正流入实体经济中，并且刺激居民消费，从而实现稳增长；另一方面，从长期来看，减税政策以及政府部分支出的节流不仅能够促进政府改革，增强市场在资源配置中的作用，也对鼓励创新型企业发展、调整经济结构大有助益。

二十五、厘清政府边界，保护和弘扬企业家精神

最近几年，围绕营商环境建设和新型政商关系构建，我国采取了一系列行动。比如，2017 年 9 月 25 日，中共中央、国务院印发了《关于营造企业家健康成长环境 弘扬优秀企业家精神 更好发挥企业家作用的意见》（以下简称《意见》），这是中华人民共和国成立以来首次专门以文件形式明确企业家精神的地位和价值；2018 年 11 月 1 日，习近平总书记在民营企业座谈会上专门强调要保护企业家人身和财产安全。这一系列举动极大地提升了企业家尤其是民营企业家群体对于未来发展的信心。企业家开拓创新重要作用的发挥是推动经济结构转型和创新发展的微观基础。在新常态背景下，尤其需要进一步保护和弘扬企业家精神，通过保护产权、降低行政执法弹性、减少司法机关对于经济案件的介入等方式，进一步完善维护企业家信心的体制机制，鼓励企业家创业创新，进一步激发市场活力，引领中国经济转型发展。

◎ 正确认识有限政府与有为政府关系，“有限”是“有为”的前提

政府适当“有为”，对经济社会发展具有重要的积极作用。市场失灵理论认为，垄断、公共物品、外部性和信息不完全或不对称的存在，使得市场难以解决资源配置的效率问题，因此需要政府通过宏观调控，在一定程度上弥补自由市场经济制度的缺陷。40 年来，在一系列改革开放政策措施的指引下，我国经济取得了飞跃式发展，综合国力不断提升，人民生活水

平不断提高。我国改革开放以来的经济社会实践充分证明，政府积极有为，通过不断完善相关体制机制，采取适当的经济发展政策，对于推动经济社会进步、增进人民福祉具有重要作用。

政府有为并不是无边界的，如果政府行为超出了适当的边界，反而会产生负的外部效应。一方面，政府权力过大、管得过多，反而会束缚企业等市场主体的手脚，导致其主观能动性难以充分发挥，从而降低资源配置的效率。另一方面，政府对经济的宏观调控，往往是通过其代理人的活动来实现的，因此公务员队伍知识结构和阅历的局限有可能影响其判断的准确性。与此同时，政府代理人掌握的权力过大，还有可能导致寻租、腐败等问题。此外，当前对于政府替代市场所做出的选择并没有完善的绩效考评机制，我们很难在事前和事中判断其“好”“坏”，而主要是根据其产生的结果来判断。但是，彼时“木已成舟”，要么已经难以纠正，要么纠正要付出高额的成本。而如果把这一选择权交给市场，市场中各个微观主体可以根据情况的变化及时调整其策略，通过众多微观市场主体的理性选择实现资源的优化配置。政府“有为”并不是万能的，政府失灵的情况同样存在。政府的强制性权力仅限于实施正当行为规则。也正是因为如此，准确地厘清有限政府和有为政府的关系显得尤为必要。

另外，有为政府必须建立在有限政府的前提之上。所谓有限政府，即在社会主义市场经济环境下，限制和规范政府行为，政府这只“看得见的手”不能伸得过远、管得太多，在适合运用市场机制的领域适当放权，让行政干预从不该插手的领域撤回来。对此，党的十八届三中全会通过的《中共中央关于全面深化改革若干重大问题的决定》做了明确阐述：当前我国经济体制改革是全面深化改革的重点，核心问题是处理好政府和市场的关系，使市场在资源配置中起决定性作用和更好发挥政府作用。

◎ 保护和弘扬企业家精神是推动中国经济创新发展的关键

在当前经济增长平台下移、结构调整、发展转型的新常态背景下，曾经引领中国经济增长的人口、土地、储蓄等红利正逐步消退，中国经济的转型发展亟待寻求新的红利源泉。而其中最为重要的红利，就是通过持续的供给侧结构性改革，进一步厘清政府“有为”的边界，将有限政府作为有为政府的重要前提，将政府伸得过长的手缩回来，真正让位于市场，让位于市场上成千上万的企业家，让他们在新的体制机制下不断创新发展，推动中国经济产业结构转型和新旧动能转换。

新古典经济增长理论的索洛模型将物资投资视为经济增长的关键，但在实践中却遭遇了资本报酬递减规律的困境，资本驱动型增长被证明不可持续。此后，新经济增长理论的罗默模型将知识投资视为经济增长的关键，但是教育、政府科技资助等政策工具也遭遇了现实的挑战。比如，欧洲在高技能人力资本方面扮演了全球领导者的角色，但并没有很好地将这些知识投资转变为经济增长。对此，合理的解释是：“知识过滤”导致企业家精神缺失，成为知识投资和创新驱动之间缺失的一环。

著名经济学家熊彼特的创新理论认为，只有通过企业家的创新，“创造性地破坏”经济循环的惯行轨道，推动经济结构从内部进行变革性的破坏，才有经济发展。企业家作为现代市场经济中的一种特殊要素资源，作为企业“创新者”群体中的领头者，对企业发展具有重要的引领作用。没有企业家的“头羊效应”，企业就难以焕发蓬勃生机，而企业的蓬勃发展是市场活力得以充分展现的必要条件。20 世纪后半段，日本、韩国等国家的成功转型也证明，这些经济体之所以成功实现产业升级与结构调整，一个重要原因就是有具有国际视野的企业家群体，创造了三星、丰田、索尼等众多全球性的品牌，从而带动了本国相关产业的发展。因此，在我国现阶段，要充分发挥市场在资源配置中的决定性作用，并通过市场的良性运作推动经济转型发展，其中的一个重要选项就是持续弘扬企业家精神，构建有利于企业家创业创新的良好环境。

当前，发挥企业家作用、推动企业创新发展的一个新的黄金时代已经来临。经过改革开放以来的高速发展，中国经济取得了长足进步，中国的企业积累了相当多的经验，为企业进一步创新打下了坚实的基础。与此同时，随着我国城镇化进程的持续推进，居民消费水平有所提高，也实现了消费结构的转型升级，中国由资本输入国转变为资本输出国，企业家创业创新发展面临较好的内外部环境。虽然在中国潜在经济增长平台下移的背景下，中国经济面临一些困难和挑战，但过去多年来的改革开放使中国不仅积累了较为雄厚的资本，也积累了大量应对危机的经验，锻炼了企业家在市场环境下寻求发展的能力，提升了中国应对危机的综合实力，因此，这并不足以成为企业家创业创新的绊脚石。在此背景下，构建良好的保护企业家精神的体制机制，对于推动我国顺利跨越中等收入陷阱，实现经济社会平稳健康发展，实现中华民族伟大复兴，具有战略性意义。

◎ 进一步完善体制机制，为企业家创新发展营造良好环境

《意见》及习总书记的讲话充分体现了党中央、国务院对于企业家精神地位和价值的肯定，极大地提振了企业家的信心。文件和会议精神的逐渐落地，将对推动我国企业创新产生积极作用。与此同时，进一步推进保护企业家信心的体制机制改革，为企业家创新发展营造良好的环境，也是落实文件和会议精神的题中之义。具体可从以下几个方面着手：

1. 落实对企业家财产权的保护

"有恒产者有恒心"，产权制度是社会主义市场经济的基石。只有在完善的产权保护制度下，才能消除企业家尤其是民营企业家的困扰和疑虑，才能让企业家保有持续创新的动力。《意见》提出依法保护企业家财产权，充分体现了党中央、国务院对民营企业及老百姓私有财产的重视。公平保护产权，最重要的就是要树立法律的权威。法律是一视同仁的，法律法规让公有财产和非公有财产一律受到保护，使公众有财产安全感，全国上下都会因为有良好的预期而产生动力和活力。对于政府而言，为了激励和保护企业与投资人，一定要"守信践诺"，取信于民。各地政府不能以政府换届或领导人更替等理由违约，不能将公权力凌驾于法治之上。

进一步约束和规范政府行政行为，降低行政执法"弹性"。《意见》提出通过多种措施营造促进企业家公平竞争、诚信经营的市场环境，促进各种所有制经济依法依规平等使用生产要素、公开公平公正参与市场竞争、同等受到法律保护。但是，目前我国对于政府公务执法规范尚存在不完善之处，行政执法依然存在较大的"弹性"，导致国家一系列有利于构建公平竞争市场环境的制度设计难以有效落实，"好经被和尚念歪了"的情况依然存在。以税收执法为例，在实际操作过程中，民企往往比国企面临更为严厉的执法环境，导致民营企业和国企往往难以公平竞争。同时，执法弹性过大，增大了相关政府部门的寻租空间，容易导致腐败的产生。形成促进企业家公平竞争的市场环境，必须通过法律法规的完善，进一步规范政府行政执法行为，使得政府之手平等地对待每一家企业、每一位企业家，为企业发展构建公平合理的政策环境。

2. 避免司法过度干预企业正常经济活动

完善的法律和司法环境对于企业发展和企业家信心的树立至关重要。

但是，在司法改革的过程中，同样需要厘清政府与市场之间的边界，避免司法过度干预经济活动。当银行与企业之间发生借贷违约时，应主要将其视为民事行为，由当事人双方通过法院裁决，降低公安机关在经济民事纠纷当中介人的概率，避免一些民营企业家由于经济纠纷而遭遇违法关押。

3. 真正实现“亲”“清”的新型政商关系

企业家身处经济建设的第一线和最前沿。国家在制定重大经济政策的时候，多聆听优秀企业家的意见，不仅对企业家自身是极大的鼓励，对于提高政策制订的前瞻性、科学性也具有重要的积极作用。同时，要进一步完善制度设计，建立起党政领导与企业家畅通、务实、高效、阳光的沟通平台。

二十六、理性看待民营企业“走出去”

◎ 中国企业海外投资持续上升

2015 年以来，民营企业海外投资的占比越来越高，已经超过了 60%；民营企业海外并购占比超过了 70%。关于民营企业的海外投资，甚至民营企业家的移民，不再是一个新话题，但仍然是一个敏感话题。

这是历史发展的自然规律，也是企业家的真实需求。民营企业海外投资顺应了大国崛起的发展潮流。研究过经济学的人大都知道，主要的西方国家和发达国家的发展经历了四个阶段：劳务输出、商品输出、资本输出和文化品牌输出。

早期是以劳务输出为主，比如奴隶贸易。进一步发展才是商品输出。商品输出分为两个阶段。第一阶段以拥有技术优势为开端。早先的资本主义国家获得了技术上的突破，提高了劳动生产率，向世界其他国家倾销商品。到了第二阶段，那些技术上没有突破，但是有劳动力成本优势的国家，在主要资本主义国家完成资本输出后，也开始资本输出。中国所经历的商品输出阶段，其实是主要西方国家资本输出带来的结果。资本输出到了一定的阶段，便是文化和品牌的输出，当然文化和品牌输出需要有很强的技术支持。

如今，中国刚好处于资本输出阶段。值得注意的是，2008 年以后，在全球金融危机的背景下，中国发生了三个历史性变化：一是 2009 年中国超过日本成为世界第二大经济体；二是 2013 年中国成为世界第一大贸易国；三是 2014 年中国成为资本净输出国。这些变化反映了在全球经济低迷的情况下，中国的经济保持了增长。过去，中国的 GDP 在很大程度上依赖于出口，但是随着中国贸易增速的下降，出口贡献率进入了负数时代，此时中国却成为世界第一大贸易国。这反映出全球贸易总量在下降，也就是说，全球不同国家的海外需求水平在下降，这是一个值得研究的现象。

中国资本输出走的道路并不平坦，国际环境也不是一帆风顺。主要发达国家过去依赖自己的技术优势、资本优势，极力推行全球化，现在开始反全球化，全球贸易缩水就是在这种背景下出现的。另外，世界范围内外商直接投资（foreign direct investment，FDI）显著下降。联合国《全球投资趋势检测报告》指出，2016 年全球 FDI 为 1.52 万亿美元，较 2015 年下降了 13%，这是非常重要的一个标志。中国就是在这样一个背景下，进入了资本输出阶段。2014 年，中国对外直接投资（overseas direct investment，ODI）首次超过 FDI，中国成为资本净输出国。中国海外投资遍布全球 188 个国家和地区，ODI 存量累计超过 1 万亿美元。

全球贸易塑造了大英帝国的全球经济版图，也支撑了美国经济的强势崛起；资本输出则让日本保持了强大的经济实力。20 世纪 90 年代，日本经历“广场协议”和日元升值后，企业开始大幅加大海外投资。截至 2015 年年底，日本政府、企业与个人投资者拥有的对外净资产余额约为 339.26 万亿日元（约合人民币 20.3 万亿元）。日本连续 20 多年成为对外净资产最大的国家。

所以，中国海外投资的发展也是中国走向经济大国和强国的必由之路。那么，如何完成这个过程？仅仅靠国家投资是不行的。国家当然要领军，站在中国走出去的前列，此外民营企业也非常重要。民营企业海外投资上升就是在这样的背景下出现的。

◎ 民营企业“走出去”的客观需求

民营企业大量“走出去”，也是当前民营企业发展的客观需求。第一，当前中国经济处于增速换挡期、结构调整阵痛期、前期刺激政策消化期“三期叠加”时期，国内投资回报率下降、投资机会不足。第二，2008 年以后货币超发催生的资产泡沫，加剧了国内投资风险。货币超发和资产泡沫带来的财富效应，也有通过资产转移加以固化的需求。第三，金融资源配置集中在国有企业，挤占了民营企业生存空间。统计显示，2008 年国际金融危机以来，七成债务融资投向国有企业。在债券发行方面，这一失衡更为显著，国有企业与民营企业债券融资规模之比大致为 3∶1。金融资源配置的扭曲，不仅挤压了民营企业生存空间，也加剧了金融系统运行风险。近年来，出于环境、成本和安全等方面的考虑，以及追求子女更好的教育和医疗条件的原因，部分民营企业选择“走出去”进行投资，甚至移民。

近年英国脱欧、特朗普上台等“黑天鹅事件”的涌现，凸显了逆全球化趋势有所抬头。这种新格局也迫使中国民营企业勇敢地“走出去”。特别是美国总统特朗普上台后，中美之间出现贸易战、金融战。特朗普作为商人所具有的强烈的胜负观，可能使他具有一些“新冷战”思维。民营企业“走出去”是应对未来贸易战的有效手段之一，也是“新冷战”隐患下对政府主导的资本输出模式所做的必要调整。

我国正迎来一个资本输出的窗口期。第一，民营企业“走出去”，可以抓住当前全球资产估值偏低的契机，加大全球产业链布局力度，寻找到新的投资机遇。第二，民营企业“走出去”，可以更好地发挥民营企业投资灵活、多元、高效的优势，让对外投资可持续并在海外深深地扎根。第三，鼓励成熟的民营企业和老一辈民营企业家“走出去”，还可以为年轻企业家提供本土成长的空间，从而在国内形成一个完整的企业家梯队，促进国内市场经济的良性竞争，以及企业家队伍的代际更替。

不要过于担心短期内资本外流对国内经济的冲击，更应该看到海外华人华侨资本的特殊贡献。辛亥革命时期，华人华侨大力支持和宣传革命。抗战时期，华人华侨大量捐资支持抗日，甚至参军和组织抗日救亡队伍。即便是冷战时期，华人华侨也给予了祖国技术、资金、信息等方面的支持。改革开放以后，华人华侨更是我国外商投资的重要来源。统计显示，1979—1997年，海外华人华侨资本占外商投资的60%以上。今天“走出去”的中国民营企业家，也必将以各种形式反哺国家和民族。

我们要以开放的胸襟吸纳外商投资，也要以开阔的胸怀看待民营企业“走出去”，甚至部分企业家的移民。我们要为民营企业“走出去”营造更加宽松的制度和舆论环境。

◎ 企业家移民潮背后的原因及可能影响

民营企业“走出去”的同时带来一部分企业家移民也是正常现象。有报告称，目前在中国有差不多3/4的企业家已经移民和准备移民（有27%已移民，47%正在考虑移民）。现在中国企业家移民，大概有五方面的原因：第一，国内经济增长放缓，赚钱不容易了。这是一个很现实的问题。第二，国内的社会矛盾加剧，社会安全感降低。社会上涌动着某种收益重新分配的力量或者说一种思潮。整个中国的改革就是一种收益分配改革，但我们讲的收益分配改革和企业家面临的收益分配改革是不一样的。我们所讲的收益分配改革的核心是要减少政府的所得来扩大基层劳动者的所得，成为国内消费的一个最基本的来源；而企业家所面临的收益分配改革其实就是“仇富”。第三，国内生态环境不佳，例如水、空气，人们最基本的生存环境暴露出越来越多的问题。第四，国有企业的挤出效应。这个很重要。2007 年以后，中国经济面临下行趋势，采取了一系列扩张政策，其中很大一部分是信贷和资本市场的扩张。据统计，85% 的新增资金给了国有企业或者与国有企业相关的地方政府融资平台。这大大强化了国有企业在整个社会资源占有方面的能力，所以它们基本上能够以不受制约的规模和超低的成本来参与竞争。此外，山西的煤矿等都以各种名义被收编，重新回到了国有企业的手上，挤出效应也很明显。第五，国外经济的变化。国外主要经济体的资产泡沫缩小、货币贬值，也使得一些人愿意到国外购买资产。

企业家移民有合理的一面。中国经济已从传统的商品输出时代进入了资本输出的时代，这是国家经济走向全球或走向发达的一个重要标志。相比国有资本，中国的民营资本“走出去”相对容易，因此带来一部分企业家移民也是正常现象，而且这些“走出去”的民营企业和民营企业家有可能产生中国未来跨国公司的雏形。

当然，企业家移民带来的问题也值得高度关注：一个就是对整个国家经济体来讲，企业家人才的短缺；另一个就是民间资本的流失。但是，人和资金是流动的，可以去，也可以来。如何促成这些人和资金的回归，关键取决于我们自己环境的改善，包括自然环境、社会环境、经济环境。现在，大家都在呼吁改革，提出路线图、时间表。企业家也非常关注改革，他们最关注的事情就是法治的进程。改革首先要告诉人们：这个合法财产是你的，不是出于任何一种原因或者想法就可以被别人轻易拿走的。

二十七、“一带一路”背景下资本流动的风险与对策

全球经济贸易一体化是时代的主题，也是未来的趋势。资本的输出和流动是资源要素的全球化配置的重要方面。历史上，资本输出和扩张与国家、大公司发展紧密相连。随着经济全球化和投资自由化程度的加深，国际资本流动已经成为世界经济活动的主要形式之一。国际资本流动的主要表现形式有对外直接投资或者跨国直接投资，以股权投资为主。《新帕尔格雷夫经济学大辞典》认为：当一国居民（资本输出者）向另一国居民（资本流入者）提供贷款或者购买财产所有权时，就形成了国际资本流动。国际货币基金组织（IMF）在《国际收支手册》中将国际直接投资定义为：从事获取投资者所在国之外的企业的长期利益的投资活动，投资者的目的是能够对企业的管理拥有有效的控制。本书讨论的资本流动主要包括资金在国与国之间流动以寻求较高的回报率和较好的投资机会。资本流动已经是经济全球化以及国际交往中最活跃和最引人注目的因素。

从世界经济发展尤其是美国等发达国家的发展历史来看，国际资本流动最先表现为国际商品资本流动（国际贸易），继而出现国际货币资本流动，最后出现国际生产资本流动（国际直接投资）。跨国公司成为国际资本输出即国际直接投资的主要承担者。20 世纪 70 年代中期以来，跨国公司迅速发展，无论是数量、经营规模，还是经营范围，都空前扩大。跨国公司通过实施全球战略以协调、整合其在全球的活动，利用全球合作网络的优

势加强其竞争优势，使其竞争优势更具持续力[①]。

从世界经济发展历史来看，国际资本流动是全球化背景下要素流动配置的必经之路，而“一带一路”正可为全球资本实现世界规模的积累和流动提供融通渠道。资本流动的核心动力是风险与收益的匹配和识别，这个过程中对风险的评估是基本的前提。“一带一路”实施过程中，资本腾挪可能面临制度风险、政治风险、经济风险以及财政风险等，制度不完善、政治不稳定带来的市场环境风险是最为核心的部分。推动“一带一路”沿线国家在经济领域的市场化改革，实现项目管理、融资体系市场化和标准化，克服因市场体系的不完善以及合理制度安排的欠缺带来的制度风险和市场风险，可为资本互通以及产业合作乃至全球化发展，为双边合作以及多边合作提供制度保障。中国在经济领域的渐进式改革与开放的成功经验可以为这些国家提供参考和借鉴。需要强调的是，“一带一路”是合作倡议，中国没有特别的地缘战略意图，无意谋求地区事务主导权，不经营势力范围，不会干涉别国内政[②]。

◎ 国际资本流动促进“一带一路”沿线国家经济增长与产业升级

“一带一路”是指 2013 年 9 月和 10 月期间，习近平主席先后提出的“丝绸之路经济带”和“21 世纪海上丝绸之路”。近年来，中国与“一带一路”沿线国家有了广泛的投资和贸易合作。“一带一路”沿线国家多为发展中国家或新兴经济体，整体经济实力不强，而且国别之间差异很大。在“一带一路”沿线 65 个国家中，有 51 个国家的人均 GDP 未达到全球平均水平，低于全球人均 GDP 平均水平的国家占比高达 78%。从世界经济发展的

---

① 波特．国家竞争优势．北京：华夏出版社，2002：568.

② 张业遂．“一带一路”应优先发展，逐步实现“五通”．http：//world.people.com.cn/n/2014/0325/c1002—24731635.html.

历史来看，第二次世界大战后国际直接投资在全球范围内迅猛发展，对发展中国家的经济增长起到一定的促进作用。对于处于经济发展转型期、整体水平相对滞后的“一带一路”沿线国家而言，国际直接投资的流入对当地经济发展具有重要的推动作用。

从既有的研究文献和实践经验来看，“一带一路”沿线国家吸引国际直接投资，可以在资本形成、技术水平、产业结构升级以及就业四方面形成积极促进作用。第一，国际直接投资有助于促进“一带一路”沿线国家的资本形成。国际直接投资是“一带一路”沿线国家的重要资本来源。一方面，国际直接投资能够直接扩大“一带一路”沿线国家的投资规模，扩充资本配备，调整有效要素比例，提高“一带一路”沿线国家初始要素的生产率。另一方面，国际直接投资常常会带动“一带一路”沿线国家政府和企业追加投资，从而增加“一带一路”沿线国家当前的资本存量。第二，国际直接投资可以促进“一带一路”沿线国家的技术进步。跨国公司作为国际直接投资的载体，拥有世界顶尖的技术。在全球扩张过程中，跨国公司为“一带一路”沿线国家提供技术上的援助或供给，直接或间接地促进“一带一路”沿线国家的技术进步。第三，国际直接投资可以促进东道国的产业结构优化升级。从供给方面来看，国际直接投资通过增加“一带一路”沿线国家资本要素的存量，改变其初始禀赋条件，加速产业结构的演进。同时，劳动者的素质也有助于推动“一带一路”沿线国家产业结构的优化升级。从需求方面来看，国际直接投资通过积极的经济效应，增加“一带一路”沿线国家的国民收入，带动“一带一路”沿线国家的消费和投资，形成新的需求热点，间接地推动产业结构调整变革。第四，国际直接投资在进入“一带一路”沿线国家市场后，会产生就业创造效应，主要体现在增加就业数量和提高就业质量两个方面。

根据国际经验可以预测，国际直接投资将会极大推高“一带一路”沿线国家的经济增长水平，但也应当关注到这些国家的投资环境处于较低水平，国际投资者将面临较大的风险。

◎“一带一路”倡议下资本流动面临的风险与挑战

从美国等国的资本输出历程来看，国际资本的流动最终都体现在对投资风险和收益的决策环节，更多的是基于对风险的考量。而东道国的经济发展、制度环境、政治安全、市场环境等都将给投资决策带来不同的风险。“一带一路”为过剩资本的全球化配置提供了通道，对沿线国家蕴含着巨大的发展机遇，对世界经济格局的变化也将产生重要影响。但是，由于沿线涉及的众多国家经济社会发展水平不一、投资环境差异巨大、地区安全风险频发等，这一过程的资本流动和投资活动将面临众多风险。其中，首先也是最为重要的是由于沿线国家大部分处于发展初期阶段，相对规范的市场经济体制和市场规则比较欠缺，从而有可能出现投资无法收回的制度风险。

1. 沿线国家经济体制差异带来的制度风险

从全球国际直接投资的历程来看，制度安排或者说经济制度和体制对投资风险的影响尤为关键。在统一、健全的市场经济体制环境中，规范、完善的法律环境，相对统一的市场规则，以及稳定的市场环境等，可以降低跨国资本流动过程中面临的制度风险和市场风险。从“一带一路”沿线国家的情况来看，由于大部分国家处于发展转型过程中，市场经济体系以及经济制度发展较为滞后，流入资本面临的市场环境和市场规则具有一定的不确定性，从而可能使资本流出国企业面临商业合同无效或者取消，汇率波动，东道国政府采取征用、国有化或没收措施[①]，以及诚信失信等带来

---

① 雷建，梅新育．美国海外投资保证制度．计划与市场，2000（8）：37－39.

的投资无法收回等各种风险。近几年，我国企业在“走出去”过程中面临诸多此类问题。从本质上来讲，“一带一路”建设的目的是通过沿线国家发挥比较优势，互助合作，达到资源优化配置以及经济结构升级，从而实现共同发展。然而，市场体系的不完善，以及合理制度安排的欠缺带来的制度风险和市场风险，成为目前各国资本互通以及产业合作乃至全球化发展中双边合作或多边合作的最重要的制约因素和关键障碍。

2. 大国地缘政治博弈带来的全局性风险与各国的政治风险

对于资本流动而言，政治风险从来都是影响投资安全的重要因素之一。从理论上讲，政治风险与制度风险密切相关，但又有所不同。政治风险更侧重地缘政治冲突、宗教以及民族冲突、东道国政治机构变更或者更迭、改革进程及力度超出预期、法治情况不稳定等带来的风险。政治风险会影响国家偿债能力或履行偿债义务。本节主要论述外部的大国政治博弈带来的风险以及国内的政治风险两类。从实际情况来看，“一带一路”沿线地缘政治关系错综复杂，而沿线国家多具有重要的地理位置和战略价值，是大国战略博弈的敏感区域。大国的战略判断及其政策立场对推进“一带一路”建设以及国际投资具有重大影响，由此产生的全局性政治风险不容小觑。如美国在东盟的影响力、俄罗斯在欧亚联盟国家的影响力、印度的不合作、日本的战略性搅局，都会对“一带一路”建设形成制约。与此同时，沿线国家种族和宗教的多样化冲击、政权更迭频繁，不仅提升国家的主权信用风险，对于投资安全性也存在加大了的风险①。从发展阶段来看，“一带一路”

① 经济学家雷蒙德·维农在其《主权困境：美国企业的跨国扩张》中提出“过时谈判”，来解释国际投资在进入东道国后遭受的政治风险。他认为，在投资进入东道国之前，跨国公司拥有谈判优势；投资一旦到账，之前的谈判就失效了，跨国公司讨价还价的筹码变成了“沉没成本”（sunk cost）。而东道国政府可以趁机要挟，强行征用跨国公司的资产，或是毁约收回承诺的优惠条件。

沿线许多国家正处于新旧体制转轨期、“民主改造”探索期和社会局势动荡期。由于体制不健全、旧体制惯性强大等问题突出，政权更替频繁化、政局动荡常态化将对“一带一路”建设构成系统性风险。从中诚信国际主权信用评级结果来看，政治风险分布如图 28－1 所示，吉尔吉斯斯坦等中亚三国、伊朗、巴基斯坦以及柬埔寨等东南亚国家及非洲国家风险较高①。

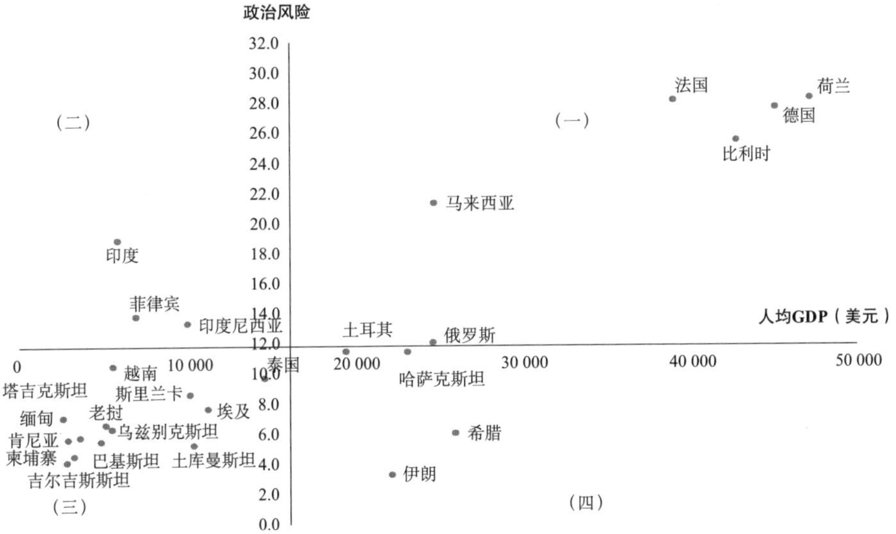

图 28－1 “一带一路”沿线国家政治风险分布

资料来源：中诚信国际主权信用评级数据库。

3. 沿线国家发展水平差异带来的经济风险与财政金融风险

世界主要评级机构以及国外学者的研究认为，经济风险是指东道国宏观经济基本指标的变化导致外商投资面临损失的可能性。“一带一路”沿线国家发展水平差异大，大多数国家处于经济转轨的过程中，部分国家经济基础薄弱、经济结构单一，经济弹性和韧性差，过度依赖外部市场，容易受到区域外

① 毛振华，闫衍，郭敏．“一带一路”沿线国家主权信用风险报告．北京：经济日报出版社，2015.

经济波动的冲击。而经济发展水平与相应的制度、结构和管理技术变迁的不对称也会带来宏观经济风险。分区域来看（见图 28－2），经济实力较强的部分欧洲、东盟国家经济发展前景向好；而实力较弱、产业贸易发展相对滞后的塔吉克斯坦、老挝等国经济风险较高；经济基础相对薄弱的东盟九国，不稳定的内部环境加剧其经济风险①。总体而言，由于发展水平差异较大，同时受自然禀赋、产业结构以及政治因素等综合影响，区域的经济风险具有极大的差异性。

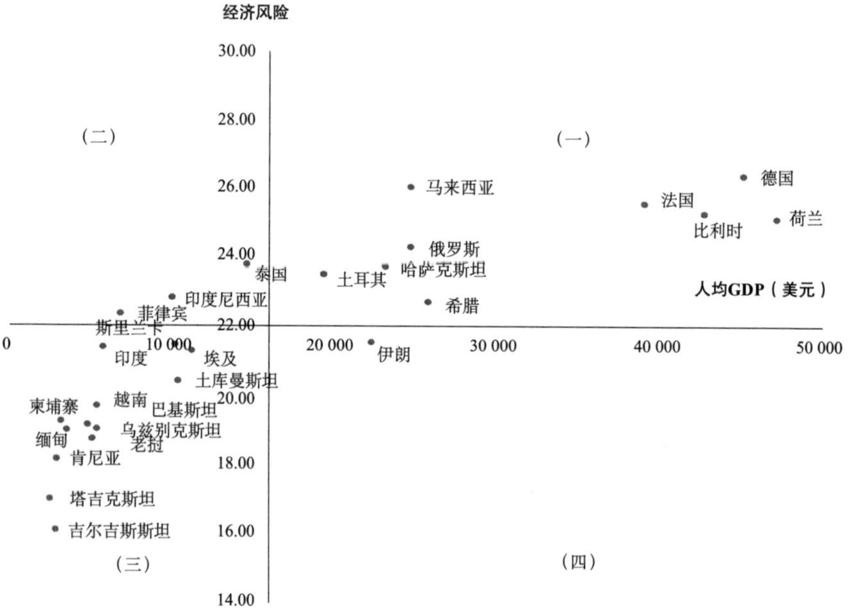

图 28－2　“一带一路”沿线国家经济风险分布

注：横轴代表人均 GDP 水平；纵轴代表经济风险得分；原点为各国人均 GDP 与各类风险指标的平均值。第一、二象限代表各类风险低于平均水平，第一、四象限代表人均 GDP 高于平均水平。从图可知，吉尔吉斯斯坦、塔吉克斯坦、肯尼亚等国经济风险相对较高，荷兰等欧洲四国及马来西亚相对风险较小。

资料来源：中诚信国际主权信用评级数据库。

---

① 毛振华，闫衍，郭敏．“一带一路”沿线国家主权信用风险报告．北京：经济日报出版社，2015．经济风险评分来自中诚信国际主权信用评级结果。

与此同时，“一带一路”沿线部分国家财政实力偏弱，政府财政赤字较高，经常账户逆差，面临一定的财政风险；一些国家高企的债务比率、不断放缓的经济增长与宽松的财政政策并行，财政赤字恶化，债务负担加剧。此外，部分国家对外资本依赖度高，面临货币贬值、汇率波动和信贷紧缩压力，容易导致资本外流以及资金成本上升，信贷和金融风险加大。具体来看，希腊、埃及、斯里兰卡等国财政风险较高，乌兹别克斯坦、俄罗斯、伊朗等国财政风险较低（见图 28-3）。[①]

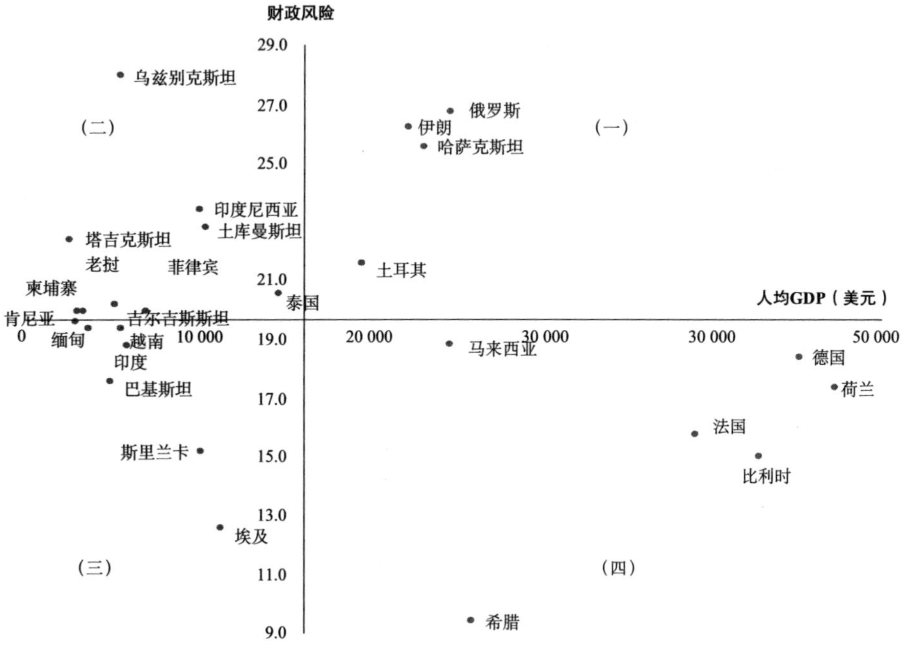

图 28-3　“一带一路”沿线国家财政风险分布

资料来源：中诚信国际主权信用评级数据库。

① 毛振华，闫衍，郭敏．“一带一路”沿线国家主权信用风险报告．北京：经济日报出版社，2015.

4. 基础设施不完善以及信息获取难度较大带来的风险

除了上述问题，基础设施的不完善以及信息透明度、信息获取难易等对国际直接投资落实而言至关重要。沿线国家铁路、公路和管道等通道建设能力有限，大部分国家基础设施建设落后，互联互通能力差。同时，由于“一带一路”沿线国家大部分处于体制不健全、经济社会转型的发展阶段，部分国家信息公布渠道较窄、相对闭塞，因此信息获取难度较大。对于准备进行国际直接投资的企业而言，信息获取难度较大有可能加大企业运营难度。同时，对国外的商业环境、法律制度不熟悉，也导致诸如“合同失效”之类的商业风险，企业面临投资损失或者机会成本加大。

5. 沿线国家的行为缺乏国际规则约束带来的风险

“一带一路”沿线国家地缘政治复杂，这些国家大多不是世界贸易组织成员，也大多不是其他国际多边投资协定的成员国。这些国家的行为缺乏国际通用规则的约束，给投资国进行国际投资带来较大的风险。如在地缘政治风险较低的国家进行投资，投资国的项目可能会获得较高的投资回报率，但也将面临较大的被国有化的风险。因此，我国通过与“一带一路”沿线国家的经贸合作，可以抓住国际投资的机遇以提高本国的经济水平，同时加强国际沟通，借鉴其他国家的经验，帮助本国进行制度改革，如改革不合理的投资管理体制、提高监管水平以及提升行政效率等，从而降低投资风险，改善本国投资环境。

虽然国际直接投资对于“一带一路”沿线国家的经济发展、产业结构升级以及技术进步具有推动作用，但沿线国家市场体系的不完善以及合理制度安排的欠缺、不稳定的政治状况带来的政治风险、经济发展水平差异大以及财政保障能力较差带来的财政金融风险、基础设施不完善以及信息获取难度大、“一带一路”沿线国家的行为缺乏国际规则约束等，都给国际直接投资落地带来了阻碍。从理论上讲，经济发展水平差异大、财政金融风险差异大甚至缺乏国际规则约束并不一定会导致国际投资无法获取收益，二者之间并不存在必然的联系。如果这些国家存在有效的经济体制、稳定的市场环境，那么经济体系就能有机协调运作；相反，经济发展水平较低，经济运行体制僵化，政治局面不稳定，经济运行就很容易受到内外部因素的冲击，从而增加国际直接投资无法获取收益的风险。因此，从“一带一路”沿线国家吸引国际直接投资落地的制约因素来看，经济体制的不完善以及市场体系的不健全是核心原因。通过制度完善以及市场经济的建立，促进投资环境的规范和成熟，可以降低国际直接投资所面临的风险，推动实现资本收益与风险的匹配。

◎“一带一路”沿线国家进行制度改革的框架性思考

从世界经济发展的历史来看，资本在全球范围的流动和配置是世界经济发展的常态。尤其是随着经济全球化、金融自由化的不断发展，国际资本流动的双向特征更为明显。国际直接投资对“一带一路”沿线国家的经济发展具有重要的作用，而沿线国家制度不完善、市场经济体系不完备等使其吸引国际直接投资面临一些阻碍。从中国的发展历程来看，中国经济取得的成绩，尤其是通过吸引快速涌入的国际直接投资带来生产力水平和技术水平的提高等，与其脱离任何教科书范式的渐进式改革最为相关。中国的渐进式改革中，市场化改革和有中国特色的市场经济制度的建立是最为成功的经验。通过改革释放的制度红利是推动中国经济高速增长的重要动力之一。其中最为成功的是建立了基本的市场经济体制和相对安全、公平的市场环境，完成了从计划经济体制向市场经济体制的转变。这是中国经济有序发展和吸引国际直接投资流入的基本保障。那些处于经济、政治、体制多重转型期的新兴国家和发展中国家可以借鉴中国体制改革的成功经验，通过建立完善的市场经济体制吸引国际直接投资，促进资源配置效率和经济发展市场化程度的提升。

1. “一带一路”沿线国家制度改革的基本原则：追求改革成本最小化的渐进式改革

“一带一路”沿线不少国家面临着政治稳定、经济发展、社会转型和政策调整等多方面的挑战。大多数国家的商业运营环境不佳，这些国家可将吸引国际资本当作提升本国发展的重要路径，但最基本的前提是要改善本国的营商环境。中国的渐进式改革可提供重要的经验。

改革必定带来利益的变动，这会直接引起不同利益集团之间的摩擦及对现有秩序的破坏。为避免改革所引起的利益不均衡及由此导致的不稳定，改革注定是具有过渡性和渐进性的。根据转型经济学的理论，在经济体制转型过程中，最重要的是要在达到既定改革目标的前提下，寻求改革成本最低的路径。任何改革都要支付一定的成本，而改革的成本取决于改革方案在改变规则的同时，是否同时改变了收入分配结构，以及改变了多少、触动了多少人的利益，还有损害的程度有多大。触动的人数越多，损害的程度越大，引起的反对改革的力量就越大，改革成本就越高，改革就越不容易成功。如进行激进式改革，完全推翻原有的旧制度，一方面，旧制度下的利益群体会形成阻碍改革的巨大势力；另一方面，因为无法试错，往往会带来毁灭性的打击。渐进式改革是从局部展开、部分试点试错再推广的逐步达成目标的过程。“一带一路”沿线国家制度改革的时候，同样有必要遵行这样的改革原则——追求改革成本最小化的改革路径。

具体来说，渐进式改革的方法有两点可供“一带一路”沿线国家借鉴：第一，增量改革。增量改革在一定时期内维持两种制度，既允许现有制度在既有存量内继续运行，又在存量外建立新的制度。如“新人新办法，老人老办法”。这种改革方式既可避免既得利益集团的阻挠，也为原有制度提供一个参考系和评价系统。这种改革方式现已在很多领域内得到实践，如中国的住房制度、社会保障制度等。第二，特许改革或试验推广。这种改革方式是指在一定地区、某个产业甚至小到某个企业，进行局部的市场化试点改革，待取得示范效应后逐步推广。这样做的好处是，最大限度地降低改革的风险，减少改革的成本，避免重大失误。如改革开放早期设立深圳经济特区的改革，已经成为可以推广至“一带一路”沿线国家的成功经验。

2.“一带一路”沿线国家制度改革的框架设计

渐进式改革是“一带一路”沿线国家制度改革的核心原则。在这一原则的指导之下，“一带一路”沿线国家若要改善其营商环境，需要同时把握住以下三个方面的内容：建立和完善市场经济体制，培育真正的市场化主体；建立和完善相关法律法规；加强国际交流与合作。这三个方面是相辅相成、同时进行的。

（1）建立和完善市场经济体制，培育真正的市场化主体，成为开放的经济体，是“一带一路”沿线国家制度改革的最终目标。中国经济取得的重要成就，重要的一点是让市场在资源配置中逐步起决定性的作用。市场经济把资源配置效率提升至过去不可比拟的高度，它不仅使各类生产要素总量空前增长、质量空前提高，而且使各类生产要素发挥更重要的作用。历史与现实经验表明，与其他经济体制相比，市场经济是资源配置最有效率的体制，是发展生产力和实现现代化的最优途径。“一带一路”沿线有不少国家市场经济制度很不完善，这些国家可把握住这一改革目标，逐步增强本国的经济自由化和减少政府的干预程度。另外，要培育和发展真正的市场主体。让市场在资源配置中起决定作用的一个根本标志是，逐步培育和发展真正的市场经济主体。如中国在农村赋予农民生产经营自主权，在城市对国有企业进行渐进式改革，逐步培养真正的市场主体。同时，市场经济的一个重要标志是逐步改变本国与国际的关系，成为一个开放的经济体。如中国从进口先进国家商品，到引进先进国家技术与管理经验，再到引进境外资本与企业；中国市场已经广泛向国外开放，外资经济已经成为中国经济发展重要的推动力量。从出口商品、加工贸易，再到中国企业"走出去"进行国际直接投资，中国经济已全面进入全球市场，已经与世界经济全面融合。而"一带一路"沿线有一些国家的市场开放度不高，在贸易畅通方面，还需要加快投资便利化的进程并消除一些领域的投资壁垒。

（2）建立和完善相关的法律法规是"一带一路"沿线国家制度改革重要的前提和手段。在中国的改革进程中，从全国人大、国务院到各部委、各地方政府，均配合经济改革目标出台了大量的法律和法规，这些法律法规为市场化改革铺路，也提高了市场主体的积极性和风险保障程度。"一带一路"沿线急需制度完善的国家，需要建立不同层次的法律法规以加强本国的市场化改革，有效保护市场化改革的成果。如在本国最高的法律层面，要明确市场化改革的目标，同时在不同领域，如金融、对外贸易、劳动力市场等领域建立以市场化为原则的相关配套的法律法规。

（3）加强国际交流与合作是"一带一路"沿线国家制度改革的重要机遇和方式。在当前国际交流密切以及逐步开放的国际关系中，对于"一带一路"沿线国家而言，要加强国际交流与合作，抓住国际投资的机遇以提高本国的经济水平，同时加强国际沟通，借鉴其他国家的经验，帮助本国进行制度改革。在金融监管方面也要加强合作，帮助本国建立完善的金融体系和稳定的金融市场，从根本上促进国际投资政策的稳定性和公平性。

“一带一路”沿线不少国家面临着政治、经济、社会和政策等多方面的挑战。“一带一路”沿线国家若要吸引国际直接投资，需要改善其投资环境，而中国吸引国际直接投资的做法以及渐进式改革的经验可以给“一带一路”沿线国家提供有效借鉴。“一带一路”沿线国家进行制度改革后，可以改善本国的营商环境，在法律法规、管理体制、监管体制等方面得到全方位的提升，也可以降低投资国的国际投资风险，增强国际投资的稳定性，从长远来看有利于提高东道国的经济增长水平。

◎ 小结

从全球经济发展历史和经验来看，国际直接投资对东道国的经济促进效应显著，而“一带一路”建设为“一带一路”沿线国家完善基础设施建设、发挥不同国家的比较优势、形成新的经济增长点等提供了重要的发展机遇。然而，“一带一路”沿线国家很多处于发展初级阶段，经济社会发展落差极大，投资环境具有较高的不确定性，地区安全风险频发，缺乏国际规则的约束，等等。因此，在“一带一路”实施过程中，最核心的风险是相对规范的市场经济体制和市场规则比较欠缺，从而有可能出现投资无法收回的制度风险。这些问题本质上与这些国家制度不完善紧密相关。

中国吸引国际直接投资的成就以及渐进式的发展和改革经验在很大程度上可以为“一带一路”沿线国家提供参考和借鉴。中国的渐进式改革大大降低了由改革带来的风险成本，使得经济社会在相对稳定的情况下保持持续的快速发展。那些处于经济、政治、体制多重转型期的新兴国家和发展中国家可以吸收借鉴我们体制改革中的成功经验。在此基础上，我提出了“一带一路”沿线国家制度建设框架：第一，“一带一路”沿线国家制度改革的基本原则是追求改革成本最小化的渐进式改革，具体的改革方法有体制外改革、增量改革以及特许改革或试验推广等。第二，建立和完善市场经济体制，培育真正的市场化主体，成为开放的经济体，是“一带一路”沿线国家制度改革的最终目标。第三，建立和完善相关的法律法规是“一带一路”沿线国家制度改革的重要前提和手段。第四，加强国际交流与合作是“一带一路”沿线国家制度改革的重要机遇和方式。上述制度框架是中国渐进式市场化改革的成功经验，也是可供“一带一路”沿线国家进行制度建设和改革的重要借鉴，不仅可以有效降低国际投资的风险，构建稳定的投资和营商环境，更可以从根本上提高东道国的经济发展水平。

二十八、以深化市场化改革、扩大开放应对中美冲突的挑战

2018年4月以来，中美贸易冲突的升级和演化打破了两国关系长期维持的钟摆状态，矛盾、竞争、冲突的因素达到历史高位。贸易战无助于消除中美贸易逆差，也不是美国经济复苏的原因。美国挑起贸易战源于其国内对中国为应对次贷危机冲击而实施的对内调控、对外交往政策与实践的担忧和误读。从短期看，以最大努力让中美冲突止于贸易领域，防止全球经济重回区域一体化时代，特别是防止中美关系陷入“新冷战”，是中美冲突的最优解。从长期看，再次调整后次贷危机时期被迫调整的改革开放路线图和步伐，坚持市场化改革方向，扩大对外开放，能为中国发展营造有利的内外部环境。

◎ 中美冲突可能不会止于贸易争端

自1972年“破冰”以来，中美关系经历“孤立与限制”“建设性战略合作”“战略竞争”“利益攸关”“合作与竞争”几个不同阶段。如果以历任总统的对华态度划分，那么卡特是“破冰”与合作，老布什和克林顿则是孤立与限制。在合作期、蜜月期，美国对华关系有所调整，这期间发生台海危机；此后，克林顿上台，调整中美关系，形成建设性战略合作。到小布什时代，发生了一个重要事件——“9·11”，自此中美关系调整为战略竞争。小布什后期，中国被美国正式定义为利益攸关者。奥巴马任内中美关

系则又变成了合作与竞争。可以说，中美相交的道路并不平坦。但总体来看，中美关系处于“钟摆状态”——既好不到哪里去，也坏不到哪里去。美国历来奉行“盟国策略”。中国虽然一直不是美国的盟友、与美国存在一些利益冲突，但也从来不是美国公开的敌人，而且在上一轮全球化浪潮中两国多有合作并成为世界上最大的两个受益者。但是，特朗普当选后，中美关系钟摆运行的状态被打破，特别是他提出的中国是美国首要的战略竞争者，在一定意义上意味着在目前的中美关系中，矛盾、竞争、冲突的因素已达历史高位。2018 年 4 月以来的中美贸易争端，是这些矛盾、竞争、冲突在当前条件下的集中表现，但可能不是中美冲突的全部。对此，我们先简单分析一下贸易战对中美两国可能产生的影响。

1. 贸易战不是美国经济复苏的原因，也无力解决美国的贸易逆差问题

虽然特朗普反复强调美国经济走势好转，但事实上美国经济回暖主要源于国内的周期性因素，如次贷危机影响消退、居民消费提振、减税措施刺激国内投资上升、美联储加息导致资本回流等因素共同作用，让美国经济重新处在上升通道。美国固定资本投资和个人消费支出都处于次贷危机以来的相对高位，美国经济复苏是其自身规律所致，并非由国际关系主导。

“消除贸易逆差”是贸易战初期美国提出的目标，但事实上贸易逆差部分是由美国经济结构与美元特殊的国际货币地位决定的。从 20 世纪五六十年代开始，美国制造业逐渐向海外转移，其消费品和工业制成品相应依赖进口，整个社会进入高收入的后工业化阶段。如图 29－1 所示，2017 年，美国人口仅占全世界的 4.6%，居民消费却占全球总消费支出的 30%以上，其中相当一部分需要靠进口满足，区别只在于是从中国进口还是从其他国家和地区进口。另外，美元是当前最重要的国际支付货币和储备货币。为了维持这一特殊地位，以贸易逆差输出美元、满足其他国家和地区对美元

的需要是必然结果；更何况以出口货币换取物资使得美元成为国际货币后美国得以享有“铸币税”的国家利益。因此，美国的贸易逆差本身体现的是国家政策与国家利益，针对中国发起贸易战无助于这一问题的解决。

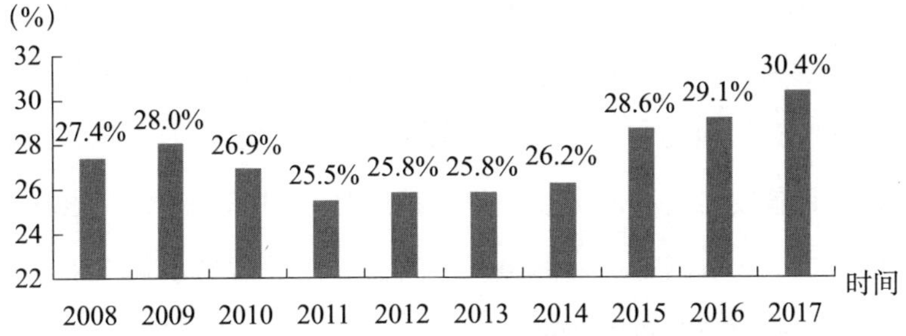

图 29－1　美国家庭消费占全球总消费支出比重

资料来源：世界银行网站。

2. 贸易冲突对中国经济的直接影响有限，不是中国经济走低的主要原因

次贷危机后，消费、投资、出口对我国经济增长的贡献度发生了调整，体现为消费的作用逐渐上升，投资特别是出口的作用显著弱化，中国经济对外贸易依存度逐渐下降（见图 29－2）。关于美国加征关税的影响，本书做了一个简单的测算：美国对 500 亿美元的商品加征关税后，大概会将中国 GDP 增速拉低 0.1 个百分点，出口拉低 0.55 个百分点；对 2 000 亿美元商品征收 10%的关税，拉低 GDP 增速 0.3 个百分点，拉低出口增速 1.4 个百分点；再对 2 000 亿美元商品征收 25%的关税，拉低 GDP 增速 0.5 个百分点，拉低出口增速 2.7 个百分点。简单来说，贸易冲突会对中国经济增长产生负面影响，但是影响程度有限。

当然，美国的贸易保护主义行为的确伤害了中美之间的商业往来，极大地对冲了中美经济的互补性。贸易是中美经济关系的压舱石，商业往来则是中美关系友好的基础，有助于调和中美文化差异，促进双方的技术进步与经济增长。与此同时，中国的反制措施有可能导致输入性通胀，美国对中国高科技产品出口征税和实施投资限制可能制约中国高科技产业发展，预期变化导致人民币汇率贬值和资本外流压力加大，贸易争端带来的外部不确定性可能延缓国内“去杠杆”进程等，也是中美贸易冲突背景下需要谨慎防范和应对的问题。但是，经过改革开放四十余年的发展和历练，中国经济已经具备较强的抗冲击能力，经济管理部门和企业部门也积累了比较丰富的应对、化解困难局面的经验和智慧，中美贸易争端带来的负面影响完全是我们能够承受和消除的。

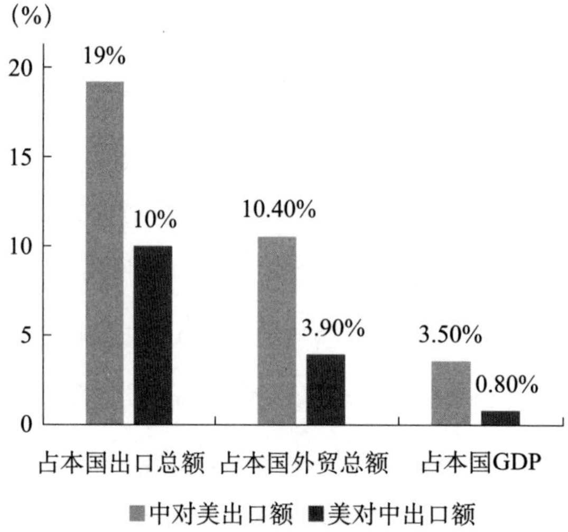

图 29－2　中美外贸依存度比较

资料来源：根据 Wind 数据库整理。

3. 贸易争端可能只是中美冲突的前哨

如果贸易争端带来的负面冲击可以承受，为什么我们依然如此关注贸易争端、关注中美冲突？背后的一个核心判断是：贸易争端或许只是中美冲突的前哨，中美关系可能处于“新冷战”的前夜。所谓“新冷战”，是与“旧冷战”相对而言的。与“旧冷战”一样，其冷战思维仍然是以联合盟国、制造隔离为特征的“铁幕政治”。中美之间不会诉诸武力，但可能会在贸易、金融、能源、外交、地缘政治乃至武器装备等层面展开对抗与竞争，并互相划定势力范围。但与“旧冷战”时美苏之间几乎不存在贸易关系和商业往来、经济结构也难言互补性不同，中美可能的“新冷战”发生在全球最大的两个经济体之间的依赖、融合与互补之上，一旦进入产品、技术、资金、人员全面切割和阵营分化的阶段，不仅中美两国利益会受损，在中美对世界经济增长贡献率合计高达 51.7%①的条件下，如果中美关系恶化，势必给本就孱弱的全球经济带来更大的不确定性与危害。

做出贸易争端只是中美冲突的前哨这样一个判断，一个重要依据是：虽然当前美中之间并不像历史上美国与日本的冲突那样是一个简单的守成大国与新兴大国之间的竞争关系，但争端背后依然体现的是美国遏制中国的强烈意图，而且这种遏制已经超越贸易，开始向市场、投资、科技等领域蔓延。事实上，对中美冲突的研究，不能仅从特朗普上台或者是 2018 年的贸易冲突开始，至少要向前追溯到 2011 年时任美国国务卿希拉里提出的“重返亚太”战略。最近几年，美国国内遏制中国的主张愈演愈烈，并前所未有地超越党派，成为政商精英对华政策的共识。在这样的背景下，即便出于对彼此的经济依赖方面的考虑，中美贸易争端最终达成和解，国家间利益分配和调整的博弈所带来的潜在冲突也仍将长期持续下去，甚至是常态化。

在谈到中美关系时，习近平总书记曾经强调：我们有一千条理由把中

---

① 国际货币基金组织初步估计数据。

美关系搞好，没有一条理由把中美关系搞坏。这是我们处理新时期复杂局面下中美关系的指导思想和行动指南。具体到实际问题来看，我们首先要做到相对准确客观地认识中美冲突的本质，找出冲突的根源。

◎ 中美冲突一定程度上源于美方对中国内外政策的误读

中美建交 40 多年来，中美关系虽然并非一帆风顺，但美国在某种程度上已经接受了中国的发展体制和道路，和中方一道共同推进着经济全球化。为什么局势会突然发生变化？矛盾和冲突在短时间内显化，甚至可以说中美关系到了改革开放以来最严峻、最困难的时期。这背后有美国国内政治情况、社会环境发生变化的原因，但是诚如习近平总书记所说，“中美两国如何判断彼此战略意图，将直接影响双方采取什么样的政策、发展什么样的关系”①。以美国为代表的西方世界对中国 2008 年以来内外政策与实践的误读是冲突的一个重要诱因。

1. 美国对中国内部经济调控政策与实践的误读

对内政策方面，如本书前面所提到的，次贷危机在美国爆发后很快波及全球。2008 年第三季度，受出口萎缩拖累，我国经济增速出现明显下滑。我们习惯称消费、投资、出口是拉动经济增长的“三驾马车”，但是三者的“马力”并不相同。危机前的 2007 年，出口支撑着中国经济增长的半边天，但是 2008 年上半年出口增速急剧下滑 10%左右，包括广东在内的经济外向型省份、民营企业和纺织印染等行业出口增幅回落更加明显。为防范危机冲击进一步扩大、促进经济平稳较快增长，宏观经济管理部门推出一系列

---

① 2014 年 7 月习近平在第六轮中美战略与经济对话和第五轮中美人文交流高层磋商联合开幕式上的致辞，参见 http：//cpc. people. com. cn/xuexi/n/2015/0917/c385474 - 27596546. html。

扩大内需特别是扩大投资的政策，包括“四万亿计划”、十大产业振兴规划以及宽松的信贷和货币政策等。在出口疲软条件下，选择投资而不是消费作为扩大内需的抓手并不难理解——消费观念的转变、消费能力的提升是一个缓慢的过程，不能一蹴而就，相比之下，扩大投资则显得容易得多。部分因为民营企业出口需求受阻更加严重，短期内无法明确进一步投资的方向，再加上我国的国有企业与政府部门先天具有更加密切的联系、国有企业通常规模较大从而形成了更强的投资吸收能力和投资扩张能力、现代企业制度未完全建立健全导致国有企业仍存在预算软约束、金融机构信贷投放明显偏好国有企业等制度条件的约束，国有企业和作为“准国有企业”的地方政府融资平台成为实施投资刺激政策的主要通道，以这两类主体大幅“加杠杆”的方式吸收宽松的信贷和货币政策释放的资金①，转而以投资形式完成产业调整和布局。从结果看，以投资稳增长的措施成效显著：在全球经济一片低迷的背景下，中国经济率先企稳，在后危机时期赢得了难得的发展机遇。

事物总有两面。为实现快速稳增长目标所选择的宏观调控方式使得中国的经济格局相应发生了转变：首先，和危机前相比，政府在资源配置中的权力有所放大，市场的作用相对缩小，发挥政府职能固然能够在一定程度上弥补市场失灵，但其间不乏政府主导的资金配置与企业根据自身经营发展需要做出的融资决策不匹配的情况。其次，虽然政策层面一直强调保护、提升私营经济的地位，比如十八届三中全会在强调“两个毫不动摇”的基础上，明确提出公有制经济财产权和非公有制经济财产权“两个不可

① 截至2017年的统计数据显示，从信贷余额看，民营企业获得的贷款不到35%，国有企业则超过55%；从债券融资比例看，民企债券融资存量占信用债存量的比例不到10%，国有企业的这一数字则超过70%。

侵犯”，党的十九大报告中再次强调“两个毫不动摇”，并明确提出“支持民营企业发展，激发各类市场主体活力”，但是在执行层面，一些国有企业在资本裹挟下，凭借固有优势不断向并非关系国计民生的竞争性领域扩展，挤占非国有企业投资经营空间。从对内的影响看，这些变化是目前我们面临的国有企业杠杆率高企、地方政府隐性债务风险加剧的直接原因。更重要的是，这些变化引发了外资企业和跨国公司管理层对中国政策环境的担忧，公平竞争问题甚嚣尘上。最后，经济发展进入新阶段后对外资利用方式提出更高要求，人力和土地成本抬升导致的利润空间压缩使得一些外资企业从中国迁移到成本更低的东南亚国家，随着经济发展水平提升，中国由资本输入国转变为资本输出国，这都给美国商界带来一种“中国不再需要外资和外资企业”的错觉。在一定程度上，正是这些担忧和错觉导致美国商界从过去对华关系的支持者转变为怀疑者甚至是反对者，而商界态度的这种变化无疑会强化美国一些政客和专家对中美关系的负面看法。

2. 美国对中国参与全球治理的误读

次贷危机后，中国在对外交往方面出现了两个新的变化：第一，更加积极地参与国际事务，承担与中国全球第二大经济体身份相符的国际责任。第二，中国加大“走出去”步伐，并且在2014年由资本输入国转变为资本输出国。从中国的视角和立场看，这是经济实力提升的必然结果。中国在维和、海上护航、对发展中国家进行援助等方面承担更多的国际义务，既体现了中国的大国担当，也是对国际社会呼声的回应，其中不乏金融危机背景下发达国家做不到而中国被迫承担、被动承担义务的方面。从商品输出国向资本输出国转变更是一国经济发展过程中的必经阶段。次贷危机初期，欧美国家大量企业濒临破产，美国、法国和英国等主要国家的领导人都曾明确表示鼓励、支持和感谢中国企业的投资。之后，随着发达国家贸易保护主义思潮泛起，中国对外直接投资转向与西方资本不存在正面竞争、后者所不愿意涉足的“一带一路”沿线和非洲国家。虽然中国的作为确实为全球政治、经济均衡发展做出了重要贡献，但中西方文化制度方面存在差异，中西方在全球治理等根本性问题上看法相左，中国资本输出的快速增长以及中国为配合资本输出构建的一系列框架，如“一带一路”倡议、亚投行等，依然引起了西方国家的误读与焦虑，担心中国意欲挑战国际政治经济体系的既有规则，重塑现有世界格局。这种情况反映到美国国内，则是越来越多的政治精英和意见领袖认为，对美国而言，“中国不但是个战略挑战，而且中国的崛起已经损害了美国利益”。

综上所述，次贷危机后，中国在内政外交方面确实出现了一些调整和变化。虽然这些调整和变化或者是中国为了应对危机冲击被动做出的，或者是中国经济实力提升后国际社会的客观要求，虽然中国只是希望为推动全球治理体系改革、构建人类命运共同体提供新思路新方案，无意挑战他国，我们相信“宽广的太平洋有足够空间容纳中美两个大国”[①]，但是在复杂、敏感的时期，中国的变化依然引发了包括美国在内的西方世界的误读和担忧，并招致连锁反应。

◎ 新形势下的政策再调整、改革再出发

如何应对当前复杂敏感的局势？从短期看，我国要设法推动多渠道、多层面的沟通与对话，以文明交流、互鉴，超越文明隔阂、冲突；以最大努力让中美争端止于贸易领域。从长期看，也是更重要的，我国要再次调

① 2014 年 7 月习近平在第六轮中美战略与经济对话和第五轮中美人文交流高层磋商联合开幕式上的致辞，参见 http：//cpc. people. com. cn/xuexi/n/2015/0917/c385474 - 27596546. html。

整后次贷危机时期被迫调整的改革开放路线图，继续坚定不移地沿着十八届三中全会确定的市场化方向推进改革，扩大开放，为经济发展和民族复兴营造有利的内外部环境。中国的成就因改革和发展而来，矛盾因改革和发展而生，必须也只能依赖改革和发展来解决难题。

1. 短期应对：以最大努力让中美冲突止于贸易领域

如果不主动做出调整，中美博弈可能经历三步而至全面对抗，或者说“三步曲”：第一步是贸易争端；第二步是美国联合其盟国对中国进行孤立与隔离，在能源、技术、资本交流等方面逐渐与中国进行切割，经济全球化进程受阻，重回经济区域一体化时代；第三步是美国及其盟国、中国及其合作伙伴将分化为两大阵营，“新冷战”全面爆发。这三步是时间递进关系，但并不是必然结果，处理得当，完全有可能止于第二步甚至是第一步，最后建立稳定、可预期的正常中美关系。

从中国利益视角看，止于贸易争端是最优解。没有任何一方可以从贸易战中获益。随着中国在全球治理中承担起与自身经济实力相称的国际义务，中国与作为守成大国的美国或其他西方国家不可避免地会产生这样那样的冲突，而经济特别是贸易往往是冲突发展演化的前站。因此，我们应该以“平常心”看待贸易战。一方面，不能乌托邦式地幻想一劳永逸地平复贸易战，不再与其他国家发生贸易战。特别是，经过 40 多年的发展和积累，中国已经具备承受一定程度的贸易战的能力，我们有迎接贸易战的信心和底气。另一方面，要“多栽花，少栽刺”①，不主动将贸易战扩大到超越贸易和经济的层面，尽最大努力让冲突止于贸易战。

2018 年，除不断提高关税税率、扩大应税产品范围外，美国政府的一

① 2014 年 7 月习近平在人民大会堂会见美国前财长保尔森的讲话。

系列举措，比如对包括“千人计划”学者在内的中国学者和学生发起严厉调查、暂停敏感领域与中国机构的合作、否决中国企业计划在美开展的无关国家安全且能创造大量就业的投资项目、升级对中国高技术企业华为的打压等，似乎都表明中美关系开始向第二个阶段发展。“历史和现实都表明，中美两国合则两利，斗则俱伤”①。当下，应借着2018年年底中美元首阿根廷会晤给中美贸易战带来缓和曙光的契机，管控分歧，推动中美关系朝着于我有益的大方向发展。国与国之间的博弈永远是有进有退、有得有失的。对于中美关系，最重要的是从大处着眼，在不放弃核心利益的基础上，始终把握两国关系的正确走势。

与此同时，我们也要做好最坏的打算，未雨绸缪，为可能的“新冷战”做好预案，以防只能被动回击。当然，即便“新冷战”不可避免，也要尽力延缓它的到来。虽然传统的韬光养晦已经不适应中国目前的世界地位与扮演的角色，但是韬光养晦可以也应该与时俱进并被赋予新的内容。“风物长宜放眼量”，作为全球第二大经济体，我们应该以一个大国应有的胸怀和眼界去缓和、化解矛盾与冲突，避免与美国的关系陷入“修昔底德陷阱”，保持战略耐心，因为“我们比任何时候都需要一个和平稳定的外部环境”②。

2. 长期战略：坚持市场化改革方向，进一步扩大开放

如前所述，中美关系存在矛盾和冲突符合新兴大国与守成大国力量此消彼长过程中的客观规律，但是，2018年以来形势的突然变化在一定程度上源于后危机时期我国对内调控、对外交往的一些政策与实践引起了美国政

---

① 2014年7月习近平在第六轮中美战略与经济对话和第五轮中美人文交流高层磋商联合开幕式上的致辞。

② 关于中美关系，习近平提到的几个“关键词”. http：//www. xinhuanet. com//politics/2015 - 09/17/c _ 128238173. htm.

商各界的误读和焦虑，了解“中国发生了什么”、是否“偏离了市场化改革的路线”已成为美国的重大关切。

对此，最有力的回应是再次调整次贷危机后被迫调整的改革开放路线图和步伐，坚定社会主义市场经济改革方向，贯彻十八届三中全会和党的十九大报告精神，深化经济体制改革、扩大开放。经济体制改革的核心问题是处理好市场这个“看不见的手”和政府这个“看得见的手”的关系。一方面，充分发挥市场在资源配置中的决定性作用。“从广度和深度上推进市场化改革……让市场在所有能够发挥作用的领域都充分发挥作用，推动资源配置实现效益最大化和效率最优化，让企业和个人有更多活力和更大空间去发展经济、创造财富”①。另一方面，更好地发挥政府作用，政府要“更多从管理者转向服务者，为企业服务，为推动经济社会发展服务”②，应在尊重市场规律的基础上，激发市场蕴含的活力，“该放的权放到位，该营造的环境营造好，该制定的规则制定好，让企业家有用武之地”③，“坚决克服政府职能错位、越位、缺位现象”④。

推进市场化改革，还要为不同所有制企业参与经济建设营造公平竞争环境。以公平竞争促进优胜劣汰，是发挥市场机制在资源配置中的决定性作用的前提，也是激发并保持中国经济活力的关键。对内，宏观经济调控和管理部门应形成公平竞争理念，打破各种各样的“卷帘门”“玻璃门”“旋转门”，破除市场壁垒，鼓励不同所有制企业共同发展。对外，保持战

---

① 习近平在中共中央政治局第十五次集体学习时强调正确发挥市场作用和政府作用 推动经济社会持续健康发展. http://www.gov.cn/xinwen/2014-05/27/content_2688228.htm.

②③ 习近平. 谋求持久发展，共筑亚太梦想. 人民日报. 2014-11-10. http://cpc.people.com.cn/xuexi/n1/2017/0619/c385474-29347581.html.

④ 习近平在中共中央政治局第十五次集体学习时强调正确发挥市场作用和政府作用 推动经济社会持续健康发展. http://www.gov.cn/xinwen/2014-05/27/content_2688228.htm.

略定力，不因个别国家的逆全球化选择放弃来之不易的开放成果。与此同时，我们应仔细梳理现在的对外投资、对外援助和国际合作方面的政策，认真研究、交流中美彼此的重大利益关切，属于我国核心利益的坚决不让，不属于核心利益的适当调整，以符合稳定中美关系这一战略目标的要求。

中国的成就得益于中国共产党领导下、动员社会精英和平民参加的、形成了全民共识的改革开放。中国是经济全球化的受益者，未来也应做经济全球化的推动者，进一步扩大改革开放，以改革和开放回应包括美国在内的西方国家的担忧和质疑，以改革和开放促进中国企业竞争力提升，以改革和开放开创中国经济发展的新局面。

二十九、新冠肺炎疫情对经济运行的影响分析

2019 年 12 月以来爆发的肺炎疫情或将给中国经济乃至全球宏观经济带来短期冲击，湖北等重点区域及部分相关行业影响尤为明显。当前仍处于疫情的高发期，现在要对疫情对于经济的影响进行完全准确的评估仍较为困难。但“凡事预则立，不预则废”，本节将对疫情对于中国经济乃至全球经济的影响做一个初步评估，重点关注疫情对部分重点行业和湖北等重点区域的影响，据此提出相应的政策建议。

◎ 疫情对中国经济与全球经济的整体影响

疫情发生后，交通运输、餐饮住宿、旅游等服务业首当其冲，成为经济增长最大拖累因素。疫情爆发及采取严厉的管控措施恰逢春节，在此期间，实体经济的生产活动相对较弱，服务业受影响最大。在疫情影响下，一季度交通运输、餐饮住宿、娱乐等行业增速回落将难以避免。我们认为，如果疫情持续发展且防控形势严峻，2020 年一季度第三产业增速将较上年底出现较大程度的回落，或将回落 3 个百分点，同比增速将回落至 3%～4%；但如果防控得力，疫情快速扩散态势得到遏制，回落幅度或小于这一估计，但疫情之下第三产业的增速回落已经在所难免。尤为值得关注的是，参照非典的情况来看，在疫情缓解后服务业的恢复仍需要较长的时间。与此同时，当前我国与非典时期所处的经济周期不同。2003 年非典期间的中国经济正处在重化工业化、城镇化和消费升级的高增长阶段，上升动力较

足；而当前在内外多重因素影响下，我国经济面临持续下行的压力。此外，2003 年非典期间，我国第三产业占比相对较低，但 2015 年以来我国第三产业占比已经超过 50%（见图 29－1）。考虑到第三产业占比的攀升，即使本次肺炎疫情对第三产业的冲击与非典期间相似，其对中国经济增长的负面影响也或高于非典期间。疫情导致的返工延迟、农民工推迟返城等因素将对第二产业的增速产生明显拖累。但是，在疫情缓解之后，面对经济下行压力，一系列稳增长措施或加码，同时前期累积的生产力的释放也有望给第二产业增速在疫情缓解之后反弹提供机会。目前，第一产业的生产旺季尚未来临，且农村地区疫情依然可控，疫情对第一产业的影响较小，我们认为第一产业仍有望基本与上年同期持平。

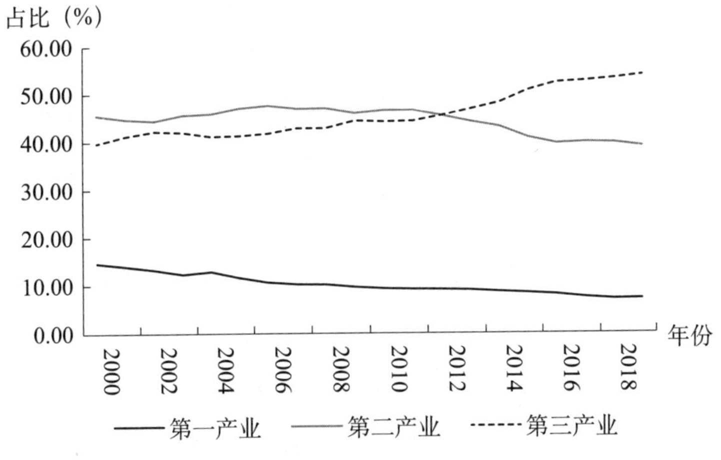

图 29－1　当前三次产业结构与 SARS 时有所不同

资料来源：中诚信国际整理。

国际关注的突发公共卫生事件（PHEIC）并不必然对经济增长产生大的负面影响，关键在于疫情严重程度及持续时长。世界卫生组织已经宣布将新型冠状病毒疫情列为 PHEIC。但从以往宣布的 PHEIC 主要涉及国巴基斯坦和巴西的情况来看（见图29-2），被宣布为PHEIC似乎并没有对疫情主要发生国产生巨大的影响。从中国的实际情况来说，虽然疫情之下部分国家对中国或中国部分区域采取旅行限制，这必然会给中国对外交流带来不便，但未必会对中国经济产生巨大的负面影响。从服务业来看，入境游及其相关交通运输与国内旅游业发展状况及交通便捷度密切相关，在疫情之下旅游、交通运输等行业受到巨大冲击已难以避免，即便没有PHEIC，入境游等相关业务同样难以开展，所以PHEIC并不会导致更坏的结果。从对第二产业的影响来说，PHEIC也并不必然导致各国对中国出口品的限制；具体各国如何应对，仍要视疫情的发展而定。在当前出口低迷的情况下，海外国家提高对我国出口商品的检疫要求可能会使我国出口雪上加霜（见图29-3）。但从2019年以来的情况看，出口交货值增速持续低迷，工业生产主要由国内需求带动，因此第二产业尤其是工业生产能否在疫情缓解之后反弹仍主要依赖于国内需求的恢复程度。此外，如果疫情能在一季度得到较为有效的控制，PHEIC的持续时间或较短，这有助于进一步降低PHEIC对中国宏观经济的影响。总而言之，PHEIC对中国经济的冲击并没有一些网络传言所渲染的那么突出，其影响如何仍主要取决于疫情的进展及严重程度。

综合来看，我们认为，疫情对中国宏观经济的冲击将在一季度集中体现，2020年一季度中国经济增速将有较大程度的放缓，初步预计经济增长在3%～4%。如果疫情在一季度被基本控制，稳增长政策发力以及消费、生产计划的后置可能会给二季度经济反弹提供机会。在下半年，随着逆周期宏观调控政策的发力，经济增速或将回升，2020年全年或将呈现前低后稳的特点，疫情对全年经济增长的影响在一个百分点以内，较大概率影响0.5～0.6个百分点。参考非典的情况，如果疫情得到有效控制，疫情对中

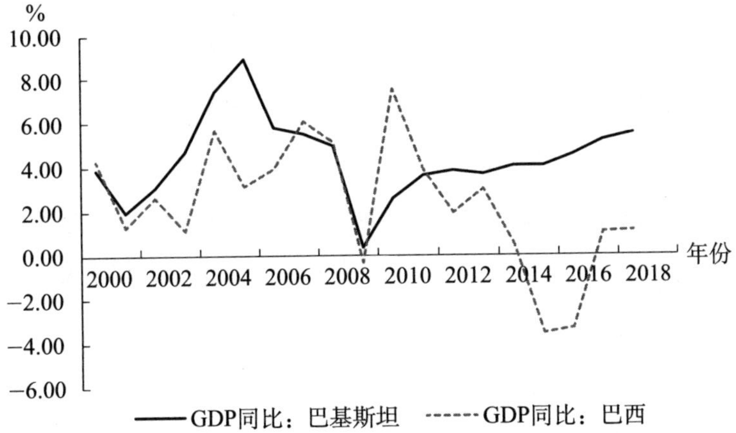

图 29－2 PHEIC 下巴基斯坦与巴西经济仍有改善

资料来源：中诚信国际整理。

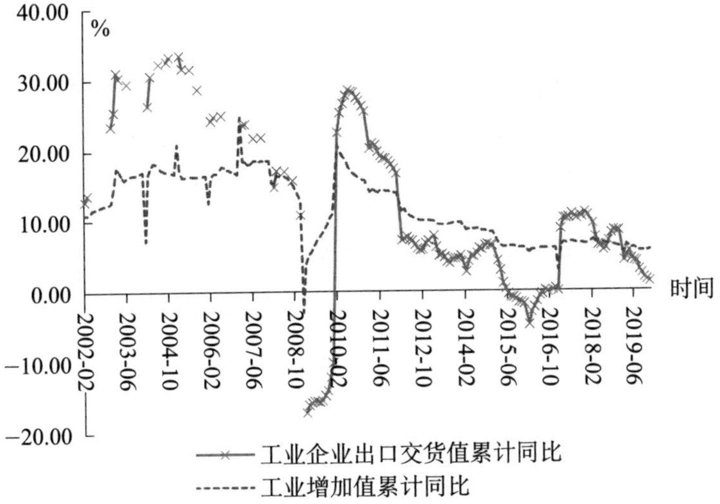

图 29－3 工业企业出口交货值与工业增加值走势

资料来源：中诚信国际整理。

国经济的负面影响将主要体现在 2020 年特别是 2020 年上半年，对后续年份影响较小。由于疫情拖得越久，经济影响也就越大，同时考虑到世界卫生组织将此列为国际关注的突发公共卫生事件，所以后续实际情况需要视疫情的严重程度和持续时间而定。

本次疫情在影响中国经济的同时，也将对全球经济产生冲击。2019 年，中国经济总量占全球经济的比重超过 16%，对全球经济增长的贡献度达到 30%；同时，中国是全球第一大贸易国，而 2003 年中国经济总量占比低于 4%，贸易额远低于现在的水平。此外，目前中国深度参与全球产业链，并具有不可替代性，在全球经济体系中有着极为重要的地位。以中国对全球经济增长贡献度约为 30%和全球 3%的增长率为基准，预计本次疫情导致的中国经济增速下滑对全球经济的直接影响约为 0.08 个百分点。然而，考虑到中国在全球经济中的地位，中国经济放缓以及应对疫情的措施对其他国家经济的影响，预计全球经济受到的影响更大。具体来看，疫情对全球金融市场带来短期冲击，也将通过进出口、旅游、大宗商品等冲击传导至各国经济，降低全球消费和投资预期。综合来看，如果疫情能够得到较快控制，则对全球经济的影响主要集中在短期，一季度预计影响在 0.5～0.9 个百分点，全年影响约 0.15～0.25 个百分点。若疫情持续时间较长，或在全球范围内进一步升级，则中长期影响将更为广泛和显著。更为值得关注的是，疫情引发的隔离举措有加剧全球保护主义及民粹主义倾向的可能，进而影响全球经济发展乃至导致一些国家加速与中国脱钩。

◎ 疫情对部分重点行业的潜在冲击

从宏观层面看，新冠肺炎疫情的持续对中国经济乃至全球经济都将产生较大的短期冲击。“覆巢之下，安有完卵”，从中观层面看，多数行业尤其是服务业细分行业同样面临较大程度的冲击。因篇幅所限，本节选取部分重点行业进行分析。

受疫情影响，短期内国内居民出行意愿明显下降，加之出行条件受限，国内出游人数将大幅下降；同时，一些国家暂停了直飞中国的大部分航班，入境游客同样将骤减，预计2020年第一季度国内景区待客量和酒店入住率将同比大幅下降，景区运营和酒店类企业业绩承压；在线旅游和线下旅行社面临大量退订现象，短期内疫情对在线旅游和线下旅行社持续经营产生负面影响。疫情对2020年旅游行业的影响取决于疫情周期长短和居民出游意愿的恢复情况，预计上述行业将于疫情结束后6～9个月出现恢复性增长。值得关注的是，疫情将加速出清资质偏弱企业，部分民营旅游企业偿债风险或将逐步暴露。

疫情将对零售行业形成一定冲击，但细分业态之间分化明显，超市行业影响有限，电商行业或逆势增长。疫情之下，居民消费受到较大程度的限制，一季度社会消费品零售总额增速或将出现较大程度的回落，零售行业受到冲击在所难免。但肺炎疫情对零售市场的冲击主要体现在以非必需品销售为主的百货和购物中心，以必需品销售为主的超市以及电商业务占比较大的零售企业仍然保持了很强的抗风险能力。同时，受政府管制以及民众规避聚集性场所的影响，疫情期间网络零售的渗透率进一步提升，日用品及医疗卫生用品的销售增长明显，进而带动物流快递需求的增长。

刚需属性支撑下，农林牧渔等行业受疫情影响相对较小，但仍要关注疫情持续可能给其生产带来的负面影响。由于产品具备较强的刚需属性，以农林牧渔为主的第一产业和食品生产加工业所受到的终端需求冲击或较小，但仍要关注延期开工和物流受限对食品饮料生产加工企业的影响。截至目前，包括湖北省在内的部分省市区域，因交通管制、加工企业停产等原因，鸡苗、饲料等生产资料及鸡蛋等农产品运输受阻，加之活禽屠宰、买卖受限，养殖企业生产和销售两端双重承压。值得关注的是，由于冬季处于传统的休耕期，故对种植和水产养殖行业影响较小，但若疫情持续发展，导致春耕期种子、肥料等农资运输受阻，预计将对当期粮食、蔬菜等农作物产量造成一定的影响，或持续影响下游行业及居民生活。

◎ 疫情对湖北省经济发展的影响

在此次疫情之前，湖北省和武汉市的经济保持较快速度增长。2003—2019 年，湖北省 GDP 增速均高于全国平均水平。2019 年，湖北 GDP 同比增长 7.5%，高于全国 GDP 同比增速 1.4 个百分点。但在此次疫情中，湖北省尤其是武汉市作为疫情中心，相较于全国来看，其感染人数更多、持续时间更长、隔离管控措施更为严厉，由此带来的直接经济损失和延续的影响也会更大。

服务业将是湖北受冲击最为明显的行业。当前，湖北省景区运营、酒店等旅游行业经营已基本停滞，而湖北省住宿业中旅游饭店所占比重超过一半；同时，居家隔离措施使得湖北省及武汉市居民外出消费需求大幅缩减，餐饮门店及商铺纷纷歇业。一季度，湖北省住宿和餐饮业产值可能面临“腰斩”，考虑到旅游业恢复滞后的影响，预计湖北省及武汉市住宿和餐饮业二季度仍将持续低迷，甚至波及三、四季度。同时，在严厉的“封城”措施下，湖北省客运及货运基本处于停滞或半停滞状态（见表 29 - 1），一季度交通运输、仓储和邮政业同样受到巨大冲击，虽然在刚需影响下，二季度的货运及客运情况会有所改善，但难以完全冲抵一季度的影响。住宿、餐饮、交通运输等行业所受到的冲击将很大程度上拖累第三产业的发展，且冲击很大概率或延续至二季度，甚至波及三、四季度。服务业将成为 2020 年湖北经济增长最大的拖累因素。尤为值得一提的是，湖北省住宿、餐饮等行业经营规模偏小，个体户较多，抗风险能力较弱，疫情冲击之下大量企业或会倒闭，给当地就业带来冲击。

表 29-1　　湖北省春运期间客运量情况及历年情况　　（单位：万人次）

客运方式＼时间	2020 春运（湖北省公开预测数据）	2019 年 1～3 月	2019 年	2018 年	2017 年
铁路客运量	2 122	4 576	19 231	14 877	15 700
航空客运量	247	367	1 496	1 276	1 382
水运客运量	11	102	664	625	648

说明：由于 2019 年全年数据暂未发布，因此用 2019 年 1—11 月的数据估算 2019 年全年数据。
资料来源：湖北省统计局。

疫情对第二产业的冲击主要取决于疫情的持续时间，需要关注疫情对汽车等湖北优势产业的影响。考虑到复工延迟导致的生产停滞，疫情对第二产业的影响主要体现在工业及建筑业生产的供给侧，但如果加上全面复工后可以赶工的因素考量，则全年的增速回落幅度较为可控，因此，疫情之下第二产业发展情况如何取决于疫情的严重程度与持续时间。但是，此次疫情对湖北省制造行业生产物资价格的影响预计将明显高于全国，复工之后仍应高度关注湖北企业生产成本的上涨情况。值得一提的是，湖北省汽车产能占全国总产能的 9%，有中部重要的汽车生产基地，汽车制造业是湖北重要的优势产业之一。湖北汽车制造业产能主要体现在东风系车企，其他车企在湖北省产能占比较小，短期看东风系将承受较大生产和供应链资金压力，如果复工时间继续延迟，或对品牌格局产生影响。

疫情或大概率导致湖北省全年 GDP 增长低于全国平均水平。作为疫情的中心区域，湖北省的复工时间将晚于全国，这将对区域内企业生产产生较大影响。根据我们的初步测算，2020 年湖北省经济增速将出现较大幅度的回落，难以再保持高于全国的 GDP 增速，大概率跌落至全国整体增速之下。

◎ 政策建议

疫情当前，首要任务依然是防止疫情的进一步扩散，但在抗疫同时可以适当采取稳预期、稳消费措施。加大疫情的防控，尽可能地减少疫情的扩散，缩短其持续时间，依然是当前最为紧迫的任务。但在防控疫情的同时，应当采取适当措施稳定市场预期、稳定消费。首先，有必要充分利用移动互联网时代的优势，在进一步公开信息的同时，进一步加强对疫情及经济走势的预期引导，避免公众将控制疫情的希望寄托在疫苗或“特效药”等耗时较长的项目上，避免一旦进度不及预期可能带来的市场信心的波动。其次，可以适当释放“疫情影响下适度降低经济增长速度目标”的信号，这一方面体现了我党实事求是的工作作风，更为重要的是，避免市场强化“疫情之后宏观政策必然大幅宽松以保经济增长”的预期，导致后续宏观政策的灵活性与空间受限。再次，即便在疫情持续期，仍应保障各地交通、物流的畅通，支持仓储、运输等行业企业有效有序开展业务，这有助于实现物资的平稳运输，为防控疫情提供物资保障，同时有利于电商行业发展，促进居民部门消费。当前，网络消费占我国社会消费品零售总额的比重已经高达20%，网络消费的快速增长可在一定程度上缓冲消费下行。

疫情缓解之后，稳增长节奏有必要适度加快，以促进生产的尽快恢复。2019年12月召开的中央政治局会议与中央经济工作会议明确2020年经济工作“稳”字当头，确保经济运行在合理区间。但在疫情爆发期，人员流动受到较大限制，稳增长政策的效果将受到较大程度抑制。而一旦疫情缓解之后，挤压的需求与产能都需要释放，此时适度加快稳增长节奏，可以带动全年在后几个季度的经济保持较快增长，从而实现全年经济相对平稳的增长。

积极的财政有必要加快节奏，并适当加大对服务业的减税降费力度。截至2020年1月29日，各级财政已经投入273亿元用于疫情防控，但受疫情影响，广义财政（包括专项债支出）投向基建领域的资金进度或将有所放缓。在疫情有所缓解之后，应加快一般公共财政和政府性基金向基建领域的投放进度，尤其是需要加快地方政府专项债的发行与投放工作，尽快落实到位，以尽快发挥基建托底作用。此外，在此次疫情中，服务业受到的冲击较大，不少服务业企业不得不关门歇业，财政政策可以借鉴非典时期的经验，对服务业企业采取阶段性的税费减免措施，以减轻企业负担。考虑到疫情冲击导致的财政收支压力的加大，财政政策可以更加积极，将赤字率提高至3%甚至以上水平，并可考虑发放“公共卫生国债”用于疫情防治及后续医疗卫生事业建设。

货币政策在保持稳健基调的同时加强结构性调整，为企业恢复生产提供较为充足的资金保障。要充分利用再贷款以及结构性降准等工具，加大对受疫情影响较大的行业企业的支持力度，为企业恢复生产提供资金保障。在降准的时间节点上，我们此前认为，年初、年中及年末三个重要时点进行结构性降准操作，预计全年或有三次，除了1月份已经落地的一次降准外，主要的降准时间窗口在6～7月、11～12月。但在疫情冲击下，为了合理引导市场预期和满足企业恢复生产融资的需要，可视疫情进展适当增加降准次数或将降准时间窗口提前至一季度，以满足市场流动性的需要。值得一提的是，一季度经济下滑确实已成定局，但是根源在于疫情冲击，难言长期基本面发生变化。鉴于我国宏观杠杆率处于较高水平，结构性通胀仍处于高位，货币政策边际宽松仍应综合考量，避免货币强刺激导致杠杆率再度快速攀升的风险。

图书在版编目（CIP）数据

双底线思维：中国宏观经济政策的实践和探索 / 毛振华著．-- 北京：中国人民大学出版社，2020.6

ISBN 978-7-300-28107-0

Ⅰ.①双… Ⅱ.①毛… Ⅲ.①中国经济—宏观经济—经济政策—研究 Ⅳ.①F120

中国版本图书馆 CIP 数据核字（2020）第 072458 号

双底线思维

中国宏观经济政策的实践和探索

毛振华 著

Shuangdixian Siwei

出版发行	中国人民大学出版社		
社　　址	北京中关村大街 31 号	**邮政编码**	100080
电　　话	010－62511242（总编室）		010－62511770（质管部）
	010－82501766（邮购部）		010－62514148（门市部）
	010－62515195（发行公司）		010－62515275（盗版举报）
网　　址	http://www.crup.com.cn		
经　　销	新华书店		
印　　刷	天津中印联印务有限公司		
规　　格	170mm×230mm　16 开本	**版　　次**	2020 年 6 月第 1 版
印　　张	19.75	**印　　次**	2020 年 6 月第 1 次印刷
字　　数	246 000	**定　　价**	59.00 元